Brennpunkt

TEACHER'S RESOURCE BOOK

Claire Sandry   Judy Somerville

Nelson

BATH NELSON
LANGUAGES

Thomas Nelson and Sons Ltd
Nelson House Mayfield Road
Walton-on-Thames Surrey
KT12 5PL UK

Nelson Blackie
Wester Cleddens Road
Bishopbriggs
Glasgow
G64 2NZ UK

Thomas Nelson (Hong Kong) Ltd
Toppan Building 10/F
22A Westlands Road
Quarry Bay Hong Kong

Thomas Nelson Australia
102 Dodds Street
South Melbourne
Victoria 3205 Australia

Nelson Canada
1120 Birchmount Road
Scarborough Ontario
M1K 5G4 Canada

© Thomas Nelson & Sons Ltd 1994

First published by Thomas Nelson and Sons Ltd 1994

I(T)P Thomas Nelson is an International Thomson
      Publishing Company.

I(T)P is used under licence.

ISBN 0-17-449137-9
NPN 9 8 7 6 5 4 3 2 1

Printed in Great Britain by
Hobbs the Printers of Southampton

Contents

Dear Language Teacher

The rationale on which Brennpunkt is based is the result of extensive consultation with teachers and students of German across the UK. The following list of priorities emerged from our research. Teachers and students want a course which will help them:

- to build on the skills acquired during previous study;
- to ease the transition from pre-16 to post-16 language learning;
- to prepare students for post-16 examination, taking full account of the general criteria in the wide range of exams available;
- to revise and increase knowledge of grammar and vocabulary and develop a deeper awareness of the sound system of German;
- to develop fluency and accuracy;
- to develop communicative skills and strategies along with cross-curricular skills both within and beyond the classroom;
- to develop both independent study skills and collaborative learning styles;
- to encourage personal reflection and opinion forming;
- to promote global awareness and equal opportunities;
- to provide insights into the culture and civilisation of German-speaking countries; and
- to encourage maximum use of the target language by both teachers and students.

This presented a real challenge! But as authors and teachers, we were determined to produce a course which would be primarily communicative in its philosophy but which would not neglect the structural building blocks of language that require specific attention at this stage of learning. To this end, tasks have been given clear objectives and study of the language itself is achieved in using authentic materials and contexts.

Our aim was to create a model that will both motivate 16 to 19 year olds and provide them and their teachers with manageable and stimulating sets of activities. We have also tried to give a new slant to the traditional topics which feature regularly on examination board syllabuses.

The structure of Brennpunkt

There is a carefully structured progression within the course. Each chapter introduces, through its magazine-style leader page, a new range of linked topics around a general theme.

New vocabulary and structures are then introduced gradually and the student is guided from a concrete, factual approach to the topic to a more sophisticated, abstract analysis.

The first six chapters are presented as foundation units in which the emphasis is specifically on:

- revision and extension of key grammar points such as the formation and use of tenses;
- providing new insights into familiar topics such as relationships, leisure, education and health; and
- gradual development of advanced comprehension skills through discovery, practice and production.

The remaining nine chapters build upon this foundation by developing greater student autonomy, by tackling more sophisticated topics and grammar and by the progressive introduction of examination skills practice.

Throughout the course the exercises and activities we have devised gradually move the learner on from highly structured to open-ended, more creative or practical tasks. Students are encouraged to produce interpretative and evaluative responses as well as purely factual ones.

The two reading sections after Chapters 6 and 15 consist of accessible and appealing items to encourage reading for pleasure. Students can read these immediately after studying the relevant chapter or could come back to them for additional work at a later stage in the course, or use them as a source of reference for coursework. In either case, we have proposed at least one open-ended activity for each page that will stimulate discussion and, especially in the later chapters, appreciation of style and genre.

The self-study cassette contains a variety of listening material, including off-air recordings, interviews and songs. There are primarily designed for listening for pleasure, but we have also suggested a number of open-ended activities for each item to give a focus for the listening and to stimulate individual reflection. This cassette may be copied for your students. The photocopiable transcripts are to be found at the back of the Students' Book.

Reference is frequently made in the chapters to the Grammar Section at the end of the Students' Book. These pages are intended to supplement the notes of explanation and exercises found in the chapters. Students should be encouraged to incorporate study of the relevant grammar section pages as they progress, not to leave their grammar learning to the last minute! A summary of the grammar covered is provided at the beginning of this section, to help them find their way around.

Special features

The following special features and symbols appear throughout the Students' Book:

GRAMMATIK

Explanations, in German, of grammatical points with examples and exercises, e.g. **ÜBUNGEN**.

ACHTUNG!
Quick reminders of tricky points or rules.

KOMMUNIKATION!

Key phrases for developing communicative skills relevant to the tasks, but also of general application.

LERNTIP

Tips and hints to help you to organise your work as effectively as possible.

Projektarbeit

Ideas for individual and group projects or coursework.

NOCHMAL

A cross-reference to remind you of a point already encountered.

WUSSTEN SIE SCHON...?

Snippets of useful background information.

Fürs Leben

Life skills, often with a professional slant.

There are also four essential symbols that you should be familiar with before you start to teach the course. They are:

Class cassette activity for whole-class or group-work.

Self-study cassette activity. The transcripts of these recordings can be found on pages 134–143 of the Teacher's Resource Book.

Item on a photocopiable worksheet. These include additional grammar practice games, role-plays or listening tasks.

Suggestions for using information technology, including building a data-base, word-processing etc.

To help your planning, an overview of each chapter is provided in the Teacher's Resource Book, itemising the various elements which make up the pages of the Students' Book and explaining the nature and purposes of the various activities. We also make a number of suggestions for introducing the topics, supporting students' work and further possibilities for additional activities, plus tasks which will stretch them even further.

We hope that you and your students enjoy using **Brennpunkt**. With your support and encouragement, students will derive enjoyment and intellectual stimulation, develop positive attitudes to foreign language learning and a critical awareness of the issues facing young people in German-speaking societies.

Claire Sandry

Judy Somerville

Overview

Chapter	Topic	Themes	Communication	Grammar	Study skills	Reading
1 Wer sind wir?	Youth	■ Personal identity ■ Youth ■ Becoming an adult	■ Phrases for hesitation in conversation ■ Approving (or disapproving)	■ The present tense ■ Modal verbs	■ Collecting vocabulary in a database ■ Looking up verbs in bilingual dictionary and verb list	66 - 68
2 Zusammen oder allein?	Relationships	■ Relationships ■ Family ■ Old age	■ Agreeing (or disagreeing) ■ Using 'ja', 'doch' and 'schon' ■ Presenting statistics	■ Adjective endings ■ Separable verbs ■ The perfect tense ■ Word order	■ Predicting gender of a noun ■ Past participles: formation and dictionary skills	69 - 71
3 Pause machen!	Leisure holidays	■ Leisure ■ Holidays ■ Environment	■ Comparisons ■ Expressing lack of comprehension ■ Expressing enthusiasm and contempt ■ Convincing somebody of something	■ um … zu ■ The subject (nominative) The object (accusative) The indirect object (dative) ■ The imperfect	■ Looking up strong verbs in bilingual dictionary and verb list	72 - 74
4 Die Qual der Wahl?	Education	■ School and Education ■ Future ■ The world of work	■ Making comparisons ■ Giving advice ■ Using 'zwar'	■ The genitive case ■ Adjective endings ■ The future tense	■ Learning adjective endings ■ Study tips	75 - 77
5 Heimat!	The German-speaking world	■ Stereotypes ■ German-speaking countries and people ■ Minorities	■ Expressing one's opinion ■ Analysing literature ■ Making comparisons	■ Personal pronouns ■ The comparative and superlative ■ Prepositions and their cases	■ Predicting adjective formation ■ Starting to structure an essay ■ Analysing literature ■ Interpreting dictionary abbreviations ■ Using a mnemonic	78 - 80
6 Leib und Seele	Health and religion	■ Food ■ Health ■ Religion	■ Giving orders and making suggestions ■ Expressing doubts	■ The imperative ■ Relative clauses	■ Using a monolingual dictionary ■ Recognising a relative clause	81 - 84
7 Geld regiert die Welt	Wealth distribution and the economy	■ The world of work ■ Wealth distribution ■ The economy ■ The developing countries	■ Asking questions ■ Expressing counter-arguments	■ Verbs with prepositions ■ The passive	■ Making a flow diagram to summarise arguments ■ Avoiding use of passive	194 - 196
8 …Und nichts als die Wahrheit?	Mass media	■ Television and the press ■ Advertising	■ Using 'mal' ■ Reacting to others' speech ■ Agreeing and disagreeing	■ Word order with 'damit' ■ The attributive adjective ■ Indirect speech: present and perfect subjunctive	■ Analysing visual and aural material	197 - 199
9 Warum in aller Welt?	Environment	■ Protection of the environment ■ Energy ■ Technology	■ Complaining about something ■ Explaining news items ■ Expressing a preference	■ The imperfect subjunctive ■ The conditional ■ Clauses with the infinitive	■ Making adjectives from verbs ■ Researching for coursework	200 - 202

Chapter	Topic	Themes	Communication	Grammar	Study skills	Reading
10 Alle Menschen sind gleich …	Equal rights	■ Immigrants ■ Equality ■ Human rights	■ Taking a negative or positive standpoint ■ Giving examples ■ Expressing one's opinion strongly	■ The subjunctive with 'tun, als …' ■ Modal verbs with passive infinitives ■ The conditional	■ Using an essay check list to minimise error ■ Speaking without reference to notes	203 - 205
11 Damals …	Aspects of 20th century German history	■ History ■ War and peace	■ Describing events in the past ■ Describing people ■ Describing memories	■ Adjectival nouns ■ Darauf, worauf, etc.	■ Collecting vocabulary groups on a database	206 - 208
12 Von mir aus …	Politics	■ Politics ■ Europe	■ Expressing one's point of view ■ Asking for someone's opinion	■ The use of the dative ■ The impersonal passive	■ Avoiding use of passive with dative verbs ■ Looking up information in an encyclopaedia/developing reference skills	209 - 211
13 Unter dem Einfluß …	Social problems	■ Violence ■ Crime ■ Drugs	■ Expressing concern about something ■ Encouraging someone to see something from a different perspective	■ The use of the infinitive ■ Nouns and verbs with prepositions	■ Revising vocabulary ■ Finding main points of paragraphs to summarise a text	212 - 214
14 Drück dich aus!	The arts	■ The arts ■ Culture ■ Media	■ Apologising ■ Pacifying and persuading ■ Expressing anger ■ Claiming your right to something	■ Complex sentence construction	■ Revision skills ■ Reading comprehension techniques	215 - 217
15 Es liegt an uns!	Responsibilities	■ Science and technology ■ Responsibility for the future ■ Environment	■ Developing an argument ■ Justifying one's views	■ Starting sentences ■ Weak masculine nouns	■ Exam techniques ■ Use of monolingual dictionary in exams	218 - 220

SPIELKASTEN!

1 Was haben wir gemeinsam?
Group game, page 1

Each group member notes down eight simple questions, e.g. 'Hast du Geschwister?'. They then interview one another with their own questions, noting the responses in tabular form:

Frage	Anne	Ben	Carmen	Luke
1 Hast du Geschwister?	3 Schw.	keine	1 Br., 1 Schw.	1 Stiefbr.

Each student decides which group members have, according to their interviews, the most in common.

2 Zwanzig Fragen *Pair game, page 1*

Person A assumes the identity of a famous person from one of the following five categories:

Politiker(in)/Sportler(in)/Schauspieler(in)/ Musiker(in)/Fernsehstar

Person B asks a maximum of twenty questions requiring the answer 'ja/nein' to discover the mystery identity, e.g. 'Sind Sie jung/tot/Deutsche(r)/schön?', etc.

3 Alles oder nichts! *Pair game, page 1*

Person A describes himself/herself in six sentences, two of which must be false.

Person B has two guesses to identify the two false sentences, e.g. 'Satz Nummer eins und Satz Nummer drei sind falsch.' He/she wins one point for each correct identification and can decide either to keep them ('O.K. Du bist dran.') or to try to double them by correcting the false sentences ('Ich mache weiter.') If, however, the corrected sentences are wrong, Person B loses all his/her points in this round.

It is then B's go.

A and B then split up and find another interview partner, keeping a running total of points gained.

The game continues until everyone has interviewed everyone else. The highest score wins.

4 Vergißmeinnicht *Group game, page 1*

Everyone sits in a circle. Each student says his/her name and one thing that he/she likes, e.g. 'Ich heiße Anna, und ich mag Schokolade'.

The next student tries to recap in the second person everything that has gone before, e.g. 'Du heißt Anna, und du magst Schokolade', then adds his/her own statement to continue the chain.

5 Hexagonspiel *Group game, page 6,* ■₁

Copy Blatt ■₁ onto an OHT.

Write letter clues in the hexagons to practise a particular grammar or vocabulary area, e.g. present tense verbs: E (for 'essen'), F (for 'fahren').

The students divide into two teams. Team A tries to build a continuous line from left to right of the grid; Team B from top to bottom. All lines have to begin and end with a shaded hexagon.

Teams take it in turns to choose a hexagon. The game leader asks a question corresponding to the chosen letter, e.g. E = 'Wie sagt man "he eats" auf deutsch?' Teams try both to build up their own line and block that of their opponents. Correct answers are indicated by circling or shading the letter in the team's colour. The team first to complete their line wins.

6 Dominospiel *Group game, page 19*

A large piece of paper or card is ruled into a grid so that groups of three/four students can compose and write sixteen sentences onto it, one word per box.

Weil	ich	so	viel
geredet	habe,	habe	ich
meinen	Bus	verpaßt.	Es
ist	wichtig,	daß	ich
mindestens	einmal	pro	Tag
Pommes	esse.	…	usw.

A copy is made and kept as a reference/answer sheet in the centre of the table. The original grid is then cut up into single word cards. These 'domino' cards are then shuffled and dealt out.

The players in turn place a domino on the table, trying to build sentence from the reference sheet. All members of the group must work on this one sentence until it is complete. Adjoining words may be added in either direction. If a player has a suitable card he/she *must* play it. If, however, no suitable domino is available the player misses a go.

Each completed sentence wins one point. The first person to get rid of all their dominoes wins three

bonus points. A second round can then be played without the reference sheet. Students can either build the same sentences or create their own variations.

7 Menagerie *Group game, page 25*

Everyone sits in a circle. The first person introduces himself/herself as an animal, e.g. 'Ich bin der Hund'. This continues until everyone in the group has assumed the identity of a different animal.

The first person then points to someone and says what he/she is going to feed them, e.g. 'Ich werfe der Katze einen Fisch.' The 'cat' then does likewise, and so on.

Each person has three lives. They lose a life: if the animal they refer to in their sentence does not match the person they have pointed at; if they make a mistake in the grammar being practised (in this case, in the use of the direct and indirect object) – the teacher can judge this; or if they hesitate for more than a designated number of seconds (the teacher can set this time according to the group's ability).

The game can be made harder if, after a few minutes, everyone moves one place around the circle, taking over the identity of their neighbour.

8 Quartett *Group game, page 30*

Students (in groups of four) use paper or cardboard to prepare a pack of cards consisting of 12 verb 'families' made up of the infinitive, the present tense form, the imperfect form, and the perfect form of a verb in the third person, e.g. sprechen, spricht, sprach, gesprochen.

The cards are shuffled and dealt out among the four players. If anyone already has a complete family in their hand they lay it on the table.

The first player can ask anyone in the group for a card he/she needs by inventing a sentence containing the relevant verb form, e.g. 'Meine Mutter SPRICHT italienisch.' If the person asked has the requested card, he/she replies with a phrase of agreement, e.g. 'Ja, genau', 'Ja, richtig, das stimmt' and hands over the card. The successful player can then continue their go until they meet a refusal. Refusals are signalled by phrases such as 'Ach, quatsch!', 'Nein, das stimmt überhaupt nicht' and play then passes to the next person to the left.

N.B. If a sentence is grammatically incorrect the person asked is not obliged to hand over the requested card. The person who has collected the most families by the end of the game is the winner.

9 Ferienromanze *Pair game, page 30*

A variation of 'Consequences'. Two students take it in turns to write down on a piece of A4 paper a sentence in the imperfect tense describing part of an imaginary holiday romance. Then the paper is folded over to conceal the sentence and is handed to the other person. At the end of the game the paper is unfolded to reveal the whole story.

N.B. The game is made easier if the teacher provides some headings in advance, e.g. sein Name ... ihr Name, sein Beruf ... ihr Beruf, wie sah er aus? ... wie sah sie aus?, wo begegneten sie sich?, was sagte er? etc.

10 Wer geht auf die Party?
Group game, page 36

This is played in a group of three or more people, the more the better. The teacher explains that a party is being given this evening and that invitations depend on what clothes one is wearing. He/she then describes an article of clothing which he/she is going to wear to the party, e.g. 'Ich trage einen roten Pullover'.

The students take turns to suggest clothes which they are going to wear to the party. (All sentences should contain an adjective with its correct ending.) The teacher, however, has decided in advance on a secret precondition, e.g. one can only wear an item of clothing which someone sitting two places to one's right is wearing, or one's answer is only correct if one is resting a hand on the desk at the time of speaking, and so on.

If a student's suggestion meets the precondition the teacher will allow him/her to attend the party. If not, the teacher refuses and goes on to the next person. As the game continues more and more students guess the precondition and begin to make acceptable suggestions, thereby giving the others ever more opportunity to solve the puzzle.

11 Beschreibungsspiel *Pair game, page 49*

Person A quickly sketches a picture which could be described using a number of prepositions, e.g. their bedroom, a landscape, etc. He/she then conceals the picture from Person B and describes it orally. Person B tries to produce as similar a picture as possible based on the description given. Then it is Person B's go.

12 Konsequenzen *Group game, page 179*

A version of 'Consequences'. The optimum number of players is five, but it could be played in pairs, threes or fours. The first player chooses a subject for the five-part sentence to be built up, e.g. 'Der Mann', and writes it at the top of a sheet of paper without letting anyone see. He/she must, however, tell the other players the GENDER and NUMBER of the chosen subject, e.g. masculine singular. He/she then folds the paper over and passes it to the second player who has to add a relative clause to the sentence, e.g. 'der da drüben schwimmt', and so on, the third player adding an 'um ... zu ... ' clause, e.g. 'um ein Brot zu holen', the fourth person adding a verb and the rest of the main clause, e.g. 'kommt aus Italien', and the fifth player adding a 'weil' clause, e.g. 'weil er seinen Regenschirm vergessen hat'. The paper can then be opened out to reveal the nonsensical but hopefully grammatically correct sentence that has developed.

The game can be repeated several times, each time with a different player starting off the sentence.

1 Wer sind wir?

Chapter overview

Page	Reference	Activities	Possible extension
1	Spielkasten: Games 1–4	■ These games are intended to encourage students in their first few lessons to speak as much German as possible and to use vocabulary they already know.	
	▭ Interview mit der Lehrerin	■ Students listen to the cassette and note down any questions they would like to use to interview a German teacher or other German speaker.	■ Students formulate their own additional questions.
		■ **Kommunikation!** Students listen out for and note down the three expressions of hesitation used by the teacher, i.e. „Es kommt darauf an", „Na ja, ich weiß es nicht …", „Tja, schwer zu sagen".	■ Students use phrases of hesitation to develop a short role-play between an interviewer and an awkward interviewee who refuses to give any straight answers.
		■ Students record their own interview on cassette or video.	■ Interviews could be printed in a school magazine.
	Cartoon	■ Students imagine the boy's reply.	
	Acrostic	■ With the aid of a dictionary students create their own acrostic using the word 'Jugendliche' or their own name.	■ Students brainstorm the words 'Jugend' (e.g. Mode, Energie, kein Geld …) or 'ich' (e.g. sportlich, Skorpion, Schüler(in) …).
	Definitions	■ Students look for other definitions in a monolingual dictionary, e.g. 'alt', 'Erwachsene'.	■ Students present a 'web' of definitions for a wall display.
	Survey	■ Students brainstorm their own list of needs.	■ Students carry out their own survey.
	Photos of young people	■ Students use their imagination and known vocabulary to describe the young people, e.g. name, age, clothes, likes, dislikes, etc. and see to what extent their judgements agree or differ.	■ Students use adjectives from their acrostics to describe what image the young people are putting across, e.g. „Er/Sie sieht cool aus …".
2	Ich will so sein… ▭ and Cartoon: Die Jugend von heute	1 Match vocabulary to English meaning. ▣ 2 Prioritise list of adjectives. 3 Compare and present results.	■ Students create own variation of cartoon.
		■ **Lerntip:** set up a database or notebook for new vocabulary. ▣	
3	Was für eine Person sind Sie? Wer bin ich? – Jugendquiz	1 Answer quiz questions on separate sheet of paper. 2 Match adjectives to quiz questions. 3 Pair dialogue based on quiz results.	
		4 Group prepares self-portraits for identification game.	■ Students present self-portraits for wall display, e.g. on silhouette portraits made of sugar paper.
4–5	Was macht Menschen erwachsen?	1 Comprehension questions. 2 Translate Swiss German sentence.	
	▭ Was macht Menschen erwachsen?	3 Fill in table without referring to written texts. 4 Pair dialogue to compare results leading to discussion of personal experience.	
	▭ Wer denkt was?	5 Match 12 sentences to the young people in Texts 1–9.	
		6 Write a paragraph (c. 80 words) on theme of 'Erwachsenwerden'.	■ Present the opinions of the group in magazine format as on pp. 4–5. Possible opportunity to use DTP.
	▭ Unsere Sprache	7 Pronunciation of German 'r'.	■ Make up own tongue-twisters to practise 'r' sound.
6	Grammatik: Das Präsens	a Verb list game.	■ Students learn present tense irregular verbs by heart and test each other in pairs.
	▮ Hexagonspiel	b Game to practise present tense verbs. See 'Spielkasten' no. 5 for rules and copy grid onto acetate for OHP.	
	▮ Freie Wahl	c Choice of four group games to practise present tense; cut up and distribute.	
	▮ Präsens präsentiert ▭ Desperado	d (1) Listen to song on cassette and complete cloze text. (2) Extract from a letter: fill in gaps with verbs from pool.	
		e Write letter to magazine.	

Page	Reference	Activities	Possible extension
	📼 Werbespots	f Listen to adverts; note down verbs in present tense.	■ Make up own advert, using the present tense.
7	📼 Text: Verständnis-barrieren?	1 Match statements on cassette to replies on page.	
		■ **Kommunikation!** Phrases of disagreement. 2 Sketch in pairs: 'die Jugendlichen heute!'	■ Students record their sketch on cassette or video.

	Graffiti	3 Write own graffiti on the themes of 'Jugend' or 'Erwachsene'.
		■ **Projektarbeit 1:**
		  a Exchange creative work on the theme of youth with a German-speaking school abroad.
		  b Tune in to German radio broadcasts for young people.
			■ Students look for stereotyped images of youth in German/Swiss/Austrian magazines. These can be linked to the three reading items in 'Zum Lesen' p.67.

8–9	Was dürfen wir?	1 Find words in text to match German definitions. 💾 2 True or false exercise. 3 Cloze text: fill in modals and infinitives from pool to complete summary of text. 💾	
		■ **Kommunikation!** Agreement and disagreement. 4 Pair discussion: 'Rechte und Pflichten'.	■ This could be widened to a group discussion.
		5 Design a poster for younger pupils; school rules.	
		■ **Projektarbeit 2:** research the legal rights and duties of young people in their country and present the information in tabular form (cf. p.8).	■ Further research into legal procedures in German-speaking countries could be carried out, e.g. driving test, marriage ceremony, etc.
10	Grammatik: Modalverben	a Telephone conversation to practise modal verbs. b List personal strengths. c List personal goals.	■ Students design cartoons with captions using modal verbs.
	📼 Erwachsene	d Listen to cassette and fill in table. General question.	
66-68	Zum Lesen	■ Short extracts on the themes of life and growing up, written by young people in Switzerland. ■ Two articles and a poem on the theme of youth stereotypes.	■ Youth, adulthood and the clothes people wear: a poem by Erich Kästner and an extract from Ulrich Plenzdorf's 'Die neuen Leiden des jungen W'.

Class cassette transcripts

Interview mit der Lehrerin

Seite 1, zum Aufwärmen

Zwei Schüler interviewen ihre Lehrerin für das Schulmagazin.

Hören Sie sich das Interview an und notieren Sie Fragen, die Sie Ihrer eigenen Lehrerin oder Ihrem eigenen Lehrer stellen möchten. Was sagt die Lehrerin hier, wenn sie ihre Antwort nicht gleich weiß? Suchen Sie drei Ausdrücke.

1. Schüler: Guten Tag! Dürfen wir Ihnen bitte ein paar Fragen stellen?

Lehrerin: Ja, natürlich!

1. Schüler: Also, wie lange arbeiten Sie schon hier?

Lehrerin: Na ja, seit vier Jahren jetzt.

1. Schüler: Was für Fremdsprachen können Sie?

Lehrerin: Englisch, Französisch und ein bißchen Schwedisch. Ich mache gerade einen Abendkurs.

1. Schuler: Was gefällt Ihnen am besten in der Schule?

Lehrerin: Die Schüler – jedenfalls die meisten!

1. Schüler: Was gefällt Ihnen nicht so gut?

Lehrerin: Die Hektik; zu wenig Zeit, zu viel zu tun!

2. Schüler: Was machen Sie gern in Ihrer Freizeit?

Lehrerin: Mein großes Hobby ist Joggen. Ich höre auch gern Musik.

2. Schüler: Was für Musik hören Sie am liebsten?

Lehrerin: Es kommt darauf an … Jazz und Blues wahrscheinlich.

2. Schüler: Was ist Ihre Lieblingsfernsehsendung?

Lehrerin: Na ja, ich weiß nicht … . Ich habe keine besondere Lieblingssendung, aber ich sehe sehr gern Krimis.

2. Schüler: Was essen und trinken Sie am liebsten?

Lehrerin: Italienisches Essen und Rotwein!

1. Schüler: Wohin möchten Sie am liebsten in Urlaub fahren?

Lehrerin: Tja! Schwer zu sagen … . Nach Neuseeland vielleicht.

1. Schüler: Wen bewundern Sie am meisten?

Lehrerin: Leute, die für die Umwelt kämpfen.

1. Schüler: Was ist Ihr größter Luxus?

Lehrerin: Weiße Schokolade!

2. Schüler: Stellen Sie sich vor, Sie sind nicht mehr Lehrerin. Was für einen Beruf möchten Sie?

Lehrerin: Na, eine schwierige Frage; ich weiß nicht … doch! Ich möchte Athletin sein und an den Olympischen Spielen teilnehmen!

2. Schüler: So, das wär's. Vielen Dank Frau Schultz. Das war sehr interessant.

Lehrerin: Bitte sehr.

Machen Sie jetzt Ihr eigenes Interview mit einer Deutschlehrerin, einem Deutschlehrer oder mit jemandem, der Deutsch spricht! Sie können es auf Kassette oder Video aufnehmen und es vielleicht nachher in Ihrem Schulmagazin drucken.

Die Jugend von heute

Seite 2, Aufgabe 1

Vater: Ach! Die Jugend von heute! Als ich in ihrem Alter war, waren Jugendliche doch fleißig … und ehrgeizig … großzügig und spontan … aber auch selbständig … und verantwortungsbewußt. Wir waren anpassungsfähig und rücksichtsvoll … . Tja! Ich bin doch aufgeschlossen, aber sag mir, wie sind denn Jugendliche heute?

Sohn und Tochter: Geduldig!

Was macht Menschen erwachsen?

Seiten 4–5, Aufgabe 3

Nummer 1 Palino: Ich be alt gnueg zum Läbe!

Nummer 2 Torsten: Ich fühle mich noch nicht erwachsen. Ich lebe in den Tag hinein, sitze so rum. Zur Zeit arbeite ich nicht. Ich sehe das alles ganz locker. Irgendwann werde ich vielleicht wieder normal leben.

Nummer 3 Manuela: Manchmal habe ich Angst, daß das Leben, der Beruf und die Partnerschaft langweilig werden.

Nummer 4 Nicole: Meine Eltern behandeln mich manchmal wie eine Erwachsene: Ich mache zum Beispiel Babysitten und Haushalt für sie. Oft behandeln sie mich aber wie ein Kind: Sie geben mir keine Freiheit. Ich möchte am Wochenende mehr ausgehen und später nach Hause kommen.

Nummer 5 Simone: Ich bin 17 und werde nun bald volljährig, aber ich muß sagen, ich fühle mich keineswegs so, als ob ich bald erwachsen werde. Einige Leute denken, daß erwachsen sein heißt: Nicht mehr träumen. Irgendwie lebt man mit einer Maske als Erwachsene.

Nummer 6 Marc: Gut am Erwachsenwerden finde ich, daß man Auto fährt oder abends in Discos geht. Angst habe ich davor, daß später nichts aus mir wird, daß ich keinen Job finde und daß ich die Verantwortung für eine eigene Familie nicht tragen kann.

Nummer 7 Peter: Erwachsenwerden heißt: Ich akzeptiere mein Unwissen. Als Erwachsener erkenne ich meine Grenzen. Erwachsenwerden heißt aber auch andererseits, daß ich meine Fähigkeiten erkenne. So gesehen kann man schon mit 14 oder aber erst mit 40 erwachsen sein. Leider gibt es viele Erwachsene, die nur biologisch, nicht psychisch erwachsen sind.

Nummer 8 Susanne: Ich habe gute Erfahrungen mit dem Erwachsenwerden. Das liegt wahrscheinlich daran, daß ich mit meinen Eltern über alle Probleme spreche. Positives beim Erwachsenwerden: Man bekommt immer mehr Rechte. Mit 18 kann man den Führerschein machen

und wählen gehen.

Nummer 9 Verena: Für mich war es schwierig, im Kreis meiner Freunde eine eigene Meinung zu haben. Als Erwachsene mache ich viel alleine. Ich löse mich von Freunden und Eltern und fühle mich selbständig.

Verständnisbarrieren

Seite 7, Aufgabe 1

Nummer 1: Die Jugend hat die Zukunft nicht im Griff.

Nummer 2: Jugendliche von heute leisten zu wenig. Sie sind faul.

Nummer 3: Zu viele Jugendliche heute sind von Alkohol, Nikotin und anderen Drogen abhängig.

Nummer 4: Jugendliche sind selbstsüchtig. Politisch sind sie desinteressiert.

Erwachsene

Seite 10, Übung d

Von Erwachsenen erwartet man, daß sie verständig und ordentlich sind. Sie müssen arbeiten und immer einen Ausweg wissen, nicht auf die eigenen Gefühle achten. Sie dürfen keine Fehler machen und können ins Gefängnis kommen. Niemand ist für sie verantwortlich, sie müssen selber auf sich aufpassen, selber für sich geradestehen. Sie werden nicht von einem anderen Menschen beschützt. Außerdem haben sie oft so wenig Phantasie.

Ich möchte nicht erwachsen werden!

Erwachsene dürfen abends weggehen, wohin und wie lange sie wollen. Niemand mischt sich in ihre Angelegenheiten (oder vielleicht doch auch). Sie werden für voll genommen und können wählen.

Ich möchte erwachsen werden!

Johanna Castell, 14 Jahre, München

Answers

Seite 1, zum Aufwärmen

⊟ Interview mit der Lehrerin

Es kommt darauf an.

Na ja, ich weiß nicht.

Tja! Schwer zu sagen.

Na, eine schwierige Frage; ich weiß nicht.

Seite 2, Aufgabe 1

⊟ Die Jugend von heute

fleißig ....*industrious*

ehrgeizig ....*ambitious*

großzügig ....*generous*

spontan ....*spontaneous*

selbständig ....*independent*

verantwortungsbewußt .....*responsible*

anpassungsfähig ....*adaptable*

rücksichtsvoll ....*considerate*

aufgeschlossen ....*open-minded*

geduldig ....*patient*

Seite 4, Aufgabe 1

a Simone fühlt sich keineswegs erwachsen.
b Susanne kann nächstes Jahr mit 18 den Führerschein machen.
c Torsten sieht das Leben ganz locker an.
d Nicole macht Babysitten und Haushalt für ihre Eltern.
e Marc findet es gut, daß man Auto fährt und abends in Discos geht.
f Peter erkennt seine eigenen Fähigkeiten, aber auch seine Grenzen.
g Manuela hat Angst, daß sie im späteren Leben das Leben, den Beruf und die Partnerschaft langweilig finden wird.
h Verena macht viel allein und löst sich von Freunden und Eltern.

Seite 4, Aufgabe 2

„Ich bin alt genug zum Leben!"

Seite 4, Aufgabe 3

📼 Was macht Menschen erwachsen?

fühlt sich erwachsen	fühlt sich noch nicht erwachsen	hat eine positive Einstellung	hat eine negative Einstellung	hat Angst
Palino Nicole Verena Peter	Torsten Nicole Simone	Palino Torsten Verena Susanne	Simone	Manuela Marc

Seite 7, Aufgabe 1

📼 Verständnisbarrieren

Herr Jauß	Michael
1	B
2	D
3	A
4	C

Seite 8, Aufgabe 1

a freigegeben
b Branntwein
c Religionsmündig
d an einer Hochschule
e je nachdem, wie reif man ist
f volljährig
g man besitzt das Wahlrecht
h Männer sind wehrpflichtig
i vor Gericht kommen
j Verträge abschließen

Seite 8, Aufgabe 2

a F
b R
c F
d R
e R
f F

Seite 9, Aufgabe 3

darf, besuchen, sehen, darf, rauchen, muß, haben, kann, kommen, darf, heiraten, trinken, kann, sagen.

Seite 10, Übung d

📼 Erwachsene

Erwachsene		
müssen	**dürfen**	**können**
verständig und ordentlich sein	keine Fehler machen	ins Gefängnis kommen
arbeiten	abends weggehen (wohin und wie lange sie wollen)	wählen
immer einen Ausweg wissen		
nicht auf die eigenen Gefühle achten		
selber auf sich aufpassen		
selber für sich geradestehen		

Chapter overview

Page	Reference	Activities	Possible extension
11	Pictures	■ Teacher could ask questions about pictures, e.g. "Wie viele Familienbilder gibt es hier? Ist das eine Familie? Was ist eine Familie? Was gehört dazu? Möchten Sie lieber zusammen oder allein sein? Warum?"	■ Students invent positive and negative descriptions for each picture.
	🎧 Was ist eine Familie?	■ Teacher explains unknown vocabulary in advance and writes this on the board as support for the students. S/he should also teach the following: "Ich stimme darin (nicht/nur teilweise) überein."	
		■ Students listen to cassette at least twice. They should have time to consider whether or not they agree with the statements. The opinions are often controversial or narrow, so that students can consider the meaning of 'family' and come to a better understanding of the term.	■ Students discuss their opinions about the definitions of the word 'Familie'.
12	Eindruck machen!	1 Vocabulary discovery exercise.	
		2 a Describe ideal boy/girlfriend. ■ **Achtung!** Adjectival endings. b Present opinions in magazine format. 💾 c General question for discussion.	■ Act out a TV quiz show scene with people describing their ideal partner.
	🎧 Hägar der Schreckliche	3 Cloze text to complete from cassette and general questions to answer.	
13	🎧 Aller Anfang ist schwer 📹 Aller Anfang ist schwer	1 📹 (1) Put key events into correct order. (2) Match synonyms. (3) Find out meanings of vocabulary using dictionary. (4) Fill in crosses on listening comprehension grid. (5) Crossword puzzle.	■ Students may not need to tackle every exercise. Weaker students might prefer to concentrate on a limited number of sections.
		2 Use of 'ja', 'doch' and 'schon'.	
	🎧 Unsere Sprache	3 'u/ü' pronunciation.	■ Find/think of other examples of 'u/ü'.
		4 Role-play: write and act out sketch 'Gedanken und Gespräch'.	■ Students could write their own 'thoughts and words' poem instead of acting out a sketch.
14–15	Die Tür ist offen	1 Put sentences into correct order. 💾 2 List problems from text.	
		3 Gapped sentences: separable verbs. 4 Noun/verb grid to complete. ■ **Lerntip:** recognising gender of '-ung' nouns.	■ Find more examples of separable verbs and make up sentences using them.
	📹 Rollenspiel	5 Role-play arising from text: Andrea, Marco and counsellor.	
	🎧 Phone-in	6 Monika and her future stepfather: offer Monika advice.	■ Record own solutions to Monika's problem and offer advice.
16	Grammatik: Das Perfekt	a Find past participles.	
	🎧 Andreas Geschichte	b Correct answers to a using cassette. c Rewrite sentences in perfect tense. d Write own sentences in perfect tense (cues given). e Game: Alibi game in groups. Rules as for 'Kennen Sie Ihre(n) Freund(in)?' on Blatt 1 .	
		f Write a diary account or continue Andrea's story in perfect tense. 💾	■ Other grammar games to practise perfect tense – see 'Spielkasten' and/or use games such as Noughts and
17	Die Ehe – eher nicht?	1 Role-play: 'Ehestreit'. Practises 'weil'. ■ **Achtung!** Word order with 'weil'. 2 Write marriage guidance tips leaflet. 💾 3 General questions and survey on marriage. 4 Mathematical puzzle based on statistics.	■ Decide on other reasons why men and women annoy each another.
	🎧 Die Ehescheidung	5 Students use adjectives to describe feelings of people on tape.	■ As this is a challenging text, students may wish to follow the transcript as they listen.
18	Cartoon	1 Answer questions about cartoon. 2 Draw a Venn diagram.	
	📹 Neue Väter hat das Land!	3 📹 a Jigsaw text to piece together. b Reading comprehension questions.	■ Give an account of Michael Specht's day, as if you were him.
	🎧 Das Familienrecht	4 Make notes while listening to cassette.	

Class cassette transcripts

Was ist eine Familie?

Seite 11, zum Aufwärmen

Sind Sie damit einverstanden? Stimmen Sie darin überein?
Hören Sie sich die Kassette mindestens zweimal an.
Nach jeder Meinung notieren Sie auf einem Blatt Papier:
Ja, wenn Sie darin übereinstimmen.
Nein, wenn Sie darin nicht übereinstimmen.
Oder **Es kommt darauf an,** wenn Sie nur teilweise darin übereinstimmen.
z.B. – Eine Familie ist normalerweise eine Gruppe von vier oder mehr Leuten.
– Nein.
Nummer 1: Es gibt nur eine richtige Definition einer Familie: Die Eltern und mindestens ein Kind.
Nummer 2: Die Katze oder der Hund ist ein Teil der Familie.
Nummer 3: Alle Leute in einer Familie sind Blutsverwandte.
Nummer 4: Man kann nur eine Familie haben, wenn man Kinder hat.
Nummer 5: Ein Mann, eine Frau und ein Kind oder mehr können eine Familie sein, auch wenn der Mann und die Frau nicht verheiratet sind.
Nummer 6: Eine Person, die allein wohnt, hat keine Familie.
Nummer 7: Ein Ehepaar ohne Kinder ist eine Familie.
Nummer 8: Eine Familie ist eine Gruppe von Leuten, die unter einem Dach wohnen.
Nummer 9: Die Großeltern sind auch ein Teil der Familie.
Nummer 10: Eine Familie ist normalerweise mindestens ein Elternteil und ein Kind oder ist mindestens zwei Verwandte. Diese Leute sind aber nicht immer Blutsverwandte. Die ‚Kinder' können auch erwachsen sein.
Vergleichen Sie jetzt ihre Resultate mit einem Partner oder einer Partnerin oder mit der Gruppe.
z.B. Nummer 1: Ich stimme darin überein; Nummerr 2 Ich stimme darin nicht überein; Nummer 3: Es kommt darauf an!

Hägar der Schreckliche

Seite 12, Aufgabe 3

Sohn: Was soll ich machen, wenn ich ein Mädchen kennenlerne …?
Hägar: Oh!! Das kann ich dir sagen! Mein Sohn, wenn du ein Mädchen kennenlernst, solltest du auf drei Dinge achten … . Zuerst – zeige deine Kraft, starke kräftige Muskeln. Das ist das Wichtigste! Und Haare – viele Haare – überall an den Beinen und Armen! Und Lächeln … nicht viel, aber zeige deine Zähne! He! Wohin gehst du?

Aller Anfang ist schwer

Seite 13, Aufgabe 1, Blatt **4**

Den ersten Schritt macht **ER.** So war's früher, und so ist es auch heute meistens noch beim Kennenlernen. Muß das sein? Hier sind einige Meinungen zu diesem Thema.

Zuerst Daniel, 17:
„Samstag nachmittag. Regenschauer. Heute ist einer dieser Tage, an denen ich ziellos durch die Stadt gelaufen bin und schließlich im Café sitze. Eigentlich ist mir heute alles zuviel. Ich sinke etwas tiefer in meinen Stuhl und schlürfe meinen Milchkaffee. Dabei streift mein Blick das Mädchen am Nebentisch – irgendwie süß … ein schönes Lächeln, lange blonde Haare, blau-graue Augen … . Mein Milchkaffee wird kalt – energisch versuche ich mich zurückzurufen, aber irgendwie will mir dieses Mädchen nicht aus dem Kopf. Schüchtern, ich? … Nein, wirklich nicht! Hmm … . „Mieses Wetter heute, was?" Das klingt nicht sehr vielversprechend … . „Wieviel Uhr haben wir?" … Nein, das auch nicht … . „Hey, kennen wir uns nicht von irgendwoher?" Ach, furchtbar! Man hat es nicht leicht als Junge. Mädchen haben es doch leichter. Sie können einfach abwarten, daß jemand sie anspricht. Kein Kopfzerbrechen, kein Streß, kein Risiko … .Tja! Typisch Frauen – nur Rechte, keine Pflichten! Na, ja, Pech! … ."
Mädchen: „Darf ich mich zu dir setzen?"
Daniel: „J-Ja! Natürlich!"

Und jetzt hören Sie Carmen, auch 17 Jahre alt:
„Normalerweise spreche ich unbekannte Jungen nicht an, weil ich Angst habe, daß man das als miese Anmache interpretiert. Wenn ein Junge den ersten Schritt nicht macht, kannst du es sowieso vergessen; er wird schon kein Interesse an dir haben."

Micha, 17, hat eine andere Meinung:
„Klar spreche ich Jungen an, die mir gefallen. Meist ganz spontan – in der Disco, in der Straßenbahn, im Café – je nachdem. Angst vor einer Abfuhr habe ich eigentlich nicht. Was kann mir schon passieren? Schlimmstenfalls sagt er nein. Ich probiere es eben aus. Schließlich herrscht ja Gleichberechtigung. Die Jungs, die uns ansprechen, gehen ja auch das Risiko ein, einen Korb zu bekommen."

Und schließlich Ali, 20 Jahre alt:
„Wenn man wie ich in einer Band spielt, wird man oft von Mädchen angesprochen. Das ist doch heute normal; wir Jungen machen das ja schließlich auch. Manchmal ist es aber schon etwas komisch. Für eine feste Beziehung ist es mir schon lieber, wenn das Mädchen etwas anständiger ist und nicht jeden anquatscht."

Andreas Geschichte

Seite 16, Übung b

Andrea ist mit 16 ins Heim gekommen. Viel ist vor diesem Zeitpunkt passiert: Die Großmutter ist gestorben, der ‚Onkel' ist ausgezogen, die Mutter hat immer mehr getrunken. Dann ist ein Freund und Saufkumpan eingezogen. Andrea hat versucht, eine Lösung zu finden und hat oft die Schnapsflaschen ins Waschbecken gegossen. Manchmal hat sie die Flaschen bloß versteckt, aber nichts hat geholfen, und zum Schluß ist sie weggegangen. Im Heim war alles anders. Sie hat Frank getroffen und war zum ersten Mal glücklich.

Das Familienrecht

Seite 18, Aufgabe 4

Kinder kosten viel Geld. In Deutschland bekommt man aber Kindergeld für jedes Kind bis zu seinem 17. Geburtstag, oder beim Studium sogar bis zum 28. Geburtstag. Nach der Geburt des Babys darf die Mutter oder der Vater einen Erziehungsurlaub von 18 Monaten nehmen. Der Arbeitsplatz ist während dieser Zeit garantiert. Wenn man weniger als 19 Stunden pro Woche arbeitet, bekommt man monatlich bis zu zwei Jahren Erziehungsgeld.

Was wird aus der Familie?

Seite 20, Aufgabe 1

Tochter: Vati, wann besuchen wir Oma wieder? Können wir am Wochenende zu ihr fahren?

Vater: Naja, das ist ein bißchen schwierig, jedes Wochenende scheint etwas los zu sein… . Ach nein, das geht nicht, ich bin mit der Volleyballmannschaft weg, und Mutti hat vor, mit dir in die Stadt zu gehen, um dir Winterkleider zu kaufen.

Tochter: Toll! … Aber, wir haben Oma seit langem nicht gesehen … Vati, warum wohnt Oma nicht bei uns, dann könnten wir sie jeden Tag sehen.

Vater: Weil sie lieber im Heim wohnt. Außerdem haben wir nicht genug Platz für sie hier.

Tochter: Aber Annas Oma wohnt doch bei ihrer Familie. … Und ihr Haus ist nicht besonders groß …

Vater: Ja, vielleicht, aber …

Tochter: Anna sagt, es ist toll, ihre Oma da zu haben, weil sie immer Karten spielen will und Bonbons hat und so. … Und wenn ihre Eltern ausgehen, macht es viel Spaß, bei der Oma zu bleiben.

Vater: Das ist ja schön, aber, weißt du, deine Oma ist nicht so jung wie sie war und wird schnell müde. Im Heim gibt es viele nette Pflegerinnen, die für die Oma sorgen können.

Tochter: Aber als wir sie vor ein paar Wochen gesehen haben, sah sie gar nicht müde aus! Ich glaube, sie sieht sehr fit aus.

Vater: Ach, laß das jetzt! Solche Sachen verstehen kleine Kinder nicht. (…)

Tochter: Vati, könnten wir nicht die Garage in eine kleine Wohnung für Oma umbauen? Sie könnte bei uns essen und fernsehen, aber da schlafen. Das wäre wirklich Klasse!

Vater: Das ist eine nette Idee, Schatz, aber soviel Geld haben deine Mutter und ich im Moment nicht.

Tochter: Dann beginne ich von nun an mein Taschengeld zu sparen!

Vater: Das genügt jetzt! Ich will meine Zeitung zu Ende lesen, bevor ich zum Stammtisch gehe. (…)

Tochter: Vati, glaubst du wirklich, daß Oma lieber im Heim wohnt?

Vater: Natürlich wohnt sie lieber da. Da hat sie viele Freunde in ihrem Alter, weißt du, und das macht ihr viel Spaß. Außerdem glaube ich, daß Oma nicht so gut mit unseren Freunden auskommen würde. Ihre Generation sieht die Welt anders als unsere.

Tochter: Aber Annas Großmutter sagt, sie ist gerne mit *jungen* Leuten zusammen. Dadurch bleibt sie selbst jung, sagt sie.

Vater: Das mag wohl sein, aber Annas Oma ist nicht deine Oma. Jetzt Schluß damit! Mach dir keine Sorgen darum, wir sehen die Oma bald wieder. Vielleicht kannst du am Samstag ein kleines Geschenk für sie kaufen, wenn du mit Mutti in der Stadt bist.

Familienleben

Seite 20, Aufgabe 3

Nummer 1: Je größer eine Familie, desto glücklicher ist sie.

Nummer 2: Der Vater sollte immer ‚Chef' der Familie sein.

Nummer 3: Eine Familie sollte mindestens einmal pro Tag zusammen essen.

Nummer 4: Die Familie ist wichtiger als Freunde.

Nummer 5: Wenn man Probleme hat, kann man immer zur Familie gehen.

Nummer 6: Eine Familie muß Regeln haben, um gut zu funktionieren.

Nummer 7: Eine Mutter sollte bei den Kindern zu Hause bleiben, bis die Kinder in die Schule gehen.

Nummer 8: Eine Familie funktioniert besser, wenn beide Ehepartner über 25 Jahre alt sind, bevor sie Kinder bekommen.

Nummer 9: Leute über 40 sind zu alt, um Kinder zu adoptieren.

Nummer 10: Heiraten ist altmodisch.

Answers

Seite 12, Aufgabe 1

Eindruck machen; abgeblätterter Nagellack; ein gepflegtes Aussehen; ehrlich und treu sein; ein schmuddeliges Aussehen; Sauftouren mit Kumpels; ein Plappermaul; die Beleidigte spielen; witzige Klamotten; höflich sein; schlank, aber nicht dürr; geheimnisvolle Augen; ein pfiffiger Kurzhaarschnitt; ein affektiertes Auftreten.

Seite 12, Aufgabe 3

🎧 Hägar der Schreckliche

Kraft, Muskeln, Haare, viele Haare, Beinen, Armen, deine Zähne.

Seite 13, Aufgabe 1, Blatt ▣4

🎧 Aller Anfang ist schwer

1 1 E 2 A 3 C 4 B 5 D
2 a (4) b (5) c (2) d (6) e (3) f (1)
3 a harassment, pick-up
   b snub, rebuff (removal)
   c at worst
   d to try out, have a go (to test-drive)
   e to rule, reign, hold sway
   f equal rights, equality
   g to be turned down
   h a steady relationship

6

	Carmen	Micha	Ali
Den ersten Schritt ...			
mache ich oft		x	
mache ich fast nie	x		
sollten Jungen machen	x		(x)
machen nette Mädchen nicht			x
können Jungen und Mädchen machen		x	(x)
Ich ...			
bin selbstsicher		x	
habe Angst	x		
finde es komisch, wenn Mädchen Jungen ansprechen			x

7

Siete 13, Aufgabe 2

a *After all, we boys do the same, don't we?*
   - *But that's nothing unusual today.*
   - *Sometimes it is a bit strange, though.*
b *But that is just not right!*
   - *Bonn is a beautiful town.*
   - *That may be true, but Berlin is more beautiful.*
   - *You haven't done your homework.*
   - *Oh yes, I have!*
   Just stop it!
   Of course./That's obvious.
   - *I've lost my glasses.*
   - *What?! Again?*

Seite 15, Aufgabe 1

c e i j h b d f g a

Seite 15, Aufgabe 3

a zurück   d durch, weg   g ab
b aus   e auf
c ein   f zurück

Seite 15, Aufgabe 4

ausziehen, der Einzug, die Lösung, sprechen, der Glaube, begreifen, die Einrichtung, zurückkehren, erfahren, die Veränderung.

Seite 16, Übung a

ist gekommen, ist passiert, ist gestorben, ist ausgezogen, hat getrunken, ist eingezogen, hat versucht, hat gegossen, hat versteckt, hat geholfen, ist weggegangen, hat getroffen.

Seite 16, Übung c

b Der ‚Onkel' ist ausgezogen.
c Ein Freund ist eingezogen.
d Die Mutter hat es ohne Alkohol nicht durchgehalten, und Andrea ist weggegangen.
e Frank ist im Heim aufgetaucht.
f Andrea ist jeden Abend ins Heim zurückgekehrt.
g Marco hat Andrea das Baby abgenommen.

Seite 16, Übung d

Ich habe Mathe studiert; Sie hat ihren Geldbeutel vergessen; Ich habe die Wahrheit entdeckt; Ich habe den Wein empfohlen; Ich habe den Zug erreicht. (Other subjects also possible.)

Seite 17, Aufgabe 4

1:2, 88.

Seite 18, Aufgabe 3, Blatt `6`

a E H A C K D J F G I B

b (1) Er legt eine Mußestunde ein.
(2) Er ist Michael Spechts Sohn.
(3) Sie hat sich um Daniel gekümmert.
(4) Sie geht arbeiten.
(5) Nur 1,5% aller deutschen Väter.
(6) Automechaniker, Software-Spezialisten und evangelische Pfarrer.

Seite 18, Aufgabe 4

Das Familienrecht

a für jedes Kind bis zum 17. Geburtstag
bei Studium bis zum 28. Geburtstag

b dauert 18 Monate nach dem Geburt; Arbeitsplatz garantiert

c Man muß weniger als 19 Stunden pro Woche arbeiten, um das Geld zu bekommen.

Seite 19, Übung a

(1) Frauen ärgern sich über ihre Ehemänner, weil … (verb at end).
(2) Männer glauben, daß ihre Ehefrauen … (verb at end).

Seite 19, Übung b, Blatt `7`

1 a (1) Ich kann sie nicht leiden, obwohl sie mir immer Komplimente macht.
(2) Er liest die Zeitung, bevor er seine kleine Tochter in die Schule bringt.
(3) Ich koche das Abendessen, sobald ich nach Hause komme.
(4) Du kannst den Rasen mähen, da du den ganzen Tag zu Hause bist.
(5) Ich gehe einkaufen, während du vor dem Fernseher sitzt.

b (1) Obwohl sie mir immer Komplimente macht, kann ich sie nicht leiden.
(2) Bevor er seine kleine Tochter in die Schule bringt, liest er die Zeitung.
(3) Sobald ich nach Hause komme, koche ich das Abendessen.
(4) Da du den ganzen Tag zu Hause bist, kannst du den Rasen mähen.
(5) Während du vor dem Fernseher sitzt, gehe ich einkaufen.

2 a Vergiß nicht, daß du die Katze füttern mußt.
b Vergiß nicht, daß du hier keine Party geben darfst.
c Vergiß nicht, daß du die Pflanzen jeden zweiten Tag gießen sollst.
d Vergiß nicht, daß du das Auto benutzen kannst.
e Vergiß nicht, daß du die Haustür immer zuschließen mußt.

3 a Sabine und Holger sind zu Fuß in die Stadt gegangen, obwohl es stark geregnet hat.
b Sie haben einige Freunde in der Schlange gesehen, als sie am Kino angekommen sind.
c Sie haben ihre Freunde angesprochen, während sie die Eintrittskarten gekauft haben.

d Sie haben Eis gegessen, während sie den Film angesehen haben.

e Sie sind in einen Nachtklub gegangen, als sie das Kino verlassen haben.

Seite 20, Aufgabe 1

Was wird aus der Familie?

	Die Tochter	Der Vater
a Was will man am Wochenende machen?	will die Oma besuchen	will Volleyball spielen
b Wo sollte die Großmutter wohnen?	bei der Familie zu Hause (in einer umgebauten Garage)	in einem Altersheim
c Warum?	Es macht Spaß, Karten spielen, Bonbons, usw.; man sieht die Oma jeden Tag; kann mit der Familie essen und fernsehen.	Nicht genug Platz zu Hause; die Oma ist nicht mehr so jung und wird schnell müde; viele nette Pflegerinnen im Heim; zu teuer, die Garage umzubauen; die Oma hat viele Freunde in ihrem Alter im Heim.
d Was sagt man über das Verhältnis zwischen Alten und Jungen?	Alte Leute sind lieber mit jungen Leuten zusammen; sie bleiben dadurch jung.	Die Oma würde nicht gut mit Freunden der Familie auskommen, ihre Generation sieht die Welt anders.

3 Pause machen!

Chapter overview

Page	Reference	Activities	Possible extension
21	Pictures	■ Teacher asks questions about pictures, e.g. „Welche Hobbys/Sportarten treibt man hier? Was gibt es hier zu tun/zu sehen?"	■ Teacher asks students about their own hobbies, or, using simple sentences in the perfect tense, about past holidays, perhaps to German-speaking countries.
		■ Students guess the town, area or 'Land' represented in each picture. They will find out the answers when they listen to the cassette.	
		■ Students describe the pictures using known vocabulary.	■ Students invent positive and negative descriptions for each picture, e.g. „Es ist sehr ruhig./Es ist zu langweilig."
		■ Students brainstorm the theme 'der ideale Urlaub', then list the resulting criteria in order of personal priority. Compare results. Decide which of the seven destinations shown would most cater for personal priorities.	■ Formulate choice in a sentence with 'weil': „Ich möchte nach B fahren, weil man dort schwimmen kann".
	⊟ Einfach fabelhaft!	■ Teacher explains in advance the following vocabulary: die Burg; das Fachwerk; das Heilbad; das Jahrhundert; sich entspannen; die Gastlichkeit.	
		■ Students hear the cassette at least twice and note down: – which of the seven pictures matches which advertisement. – the name of the town, area or 'Land' in each case. – what there is to do or see in each case.	■ Students could also try to pick out words (e.g. 'wunderschön'), phrases (e.g. 'wir erwarten Sie') or stylistic devices (e.g. rhyme, exaggeration, assonance) which are being used by the advertisers to convince their audience.
22–23	Was machen die Deutschen in ihrer Freizeit?	1 Vocabulary discovery exercise. 2 Sentences to complete; use of 'um … zu'. ■ Achtung! 'um … zu' with separate verbs. 3 Discuss own hobbies in pairs or groups using 'um … zu' sentences. 4 ⬛ Carry out survey and present statistics.	■ Teacher could set students true/false statements based on texts on p. 22.
	Kärnten ABC	5 Design own ABC for tourists.	■ Give finished ABC to local tourist office or send to exchange school.
	⊟ Sportreporter	6 An Austrian football commentary.	
24	Mehr Freizeit für alle!	1 Find synonyms in text and solve puzzle.	■ Students could try to define 'Freizeitgesellschaft' in German.
	Diagram: Wieviel Urlaub?	2 Present statistics orally. ■ Kommunikation! Phrases of comparison.	■ Students could add these phrases to their copymaster ⬛ which gives detailed guidance in presenting statistics.
	⊟ Freizeit einst und heute	3 Fill in gapped sentences using tape.	
		4 Prepare and record a radio report.	■ Students could discuss possible reduced working hours of future and problem of too much leisure time.
	⊟ Unsere Sprache	5 Pronunciation of 'ch'.	
25	Grammatik: Nominativ, Akkusativ und Dativ ⑨ Übung macht den Meister!	a ⑨ (1) Form sentences using the accusative. b I-spy game to practise accusative. c Write a poem to practise accusative. d ⑨ (2) Form sentences using accusative and dative. e Group game: 'Menagerie'. See 'Spielkasten' for rules.	■ Picnic game: students describe purchases for a picnic in turn, each item beginning with successive letter of alphabet, e.g. „Ich kaufe einen Apfel; Ich kaufe einen Apfel und eine Birne." N.B. 'Einen' must be used with masculine nouns. Students can check genders players use with a dictionary..
	⊟ Reisefieber	f ⑨ (3) Fill in gapped dialogue then listen to cassette. ■ Kommunikation! Swallowing of endings in everyday speech.	
		(2) Prepare own 'Reisefieber' sketch.	■ Students could record their sketch on cassette or video.
26–27	Urlaub mit oder ohne Eltern?	1 Make up sentences from a table. 2 Complete sentences with 'weil' and change word order.	■ Students could search for 3 synonyms for 'in den Urlaub fahren' in texts (Urlaub machen/wegfahren/verreisen).
	⊟ Diskussion mit den Eltern	3 Match statements on tape to arguments in text. 4 Pair or group discussion of holidays with/without parents..	■ Students could brainstorm Heike's possible responses to her parents' objections *before* listening to the tape.
	⊟ In der Mitfahrer-zentrale	5 Students note six phrases used when one has not quite understood something.	
	⊟ Urlaubscheckliste	6 A coffee advert.	

Page	Reference	Activities	Possible extension
		■ **Projektarbeit!** 'Reisepläne!' Students prepare an application for a travel grant.	■ Students may wish to gather more information by writing to the following addresses: (1) Deutsche Bundesbahn Zentrale Zentralstelle Absatz Rhabanusstr. 3 55118 Mainz (2) Österreichische Bundesbahn Elisabethstr. 9 A-1010 Wien (3) Schweizerische Bundesbahn Hochschulstr. 6 CH-3030 Bern
28	Alles wie im Reiseprospekt?	1 Find words in text to match definitions. 2 Comprehension questions. 3 Role-play: two friends just arrived on Crete. ■ **Kommunikation!** Phrases to express enthusiasm or contempt.	■ Students could write a postcard from Crete – either with negative or positive views. ■ Encourage students to discuss problems of mass tourism in their own area if appropriate. ■ More able students may be able to attempt a written description of a holiday resort in the exaggerated style of a holiday brochure. They could use phrases from the text 'Alles wie im Reiseprospekt?' as well as words and phrases gleaned from the cassette 'Einfach fabelhaft!' on p. 21.
	🎧 Algenpest	4 A newsflash.	
	🎧 Sanfter Tourismus	5 Makes notes and retain for Ex.4, p.29.	■ Creative activity: students could devise their own concrete poems on holiday or pollution themes.
29	Endlich ohne Grenze!	1 Match headlines to paragraphs. 2 Pick out details of content from text.	■ Students identify the 5 separable verbs in the text. ■ Students brainstorm positive effects of mass tourism.
	🔟 Rollenspiel-Debatte	3 Role-play debate: the inhabitants of Schierke discuss mass tourism. ■ 🔟 **Kommunication!** Expressions to convince others.	■ All pupils should have a copy of the vocabulary and phrases given on 🔟 for reference throughout the debate. Less able students may wish to work on a role as a pair.
		4 **Brennpunkt!** Write a short essay of three paragraphs (c. 150 words) on the theme 'Massentourismus'. ■ **Lerntip:** use database to store essay phrases.	■ Students may need some revision of the word order rules given on p. 19 before attempting to use the essay-writing phrases provided. ■ Students could research the effects of mass tourism on a German-speaking area familiar to them.
30	Grammatik: Das Imperfekt	■ **Lerntip:** presentation of irregular imperfect verb forms in reference works. a (1)–(3) Exercises of increasing difficulty to consolidate and practise the use of the imperfect tense.	
	11 Übung macht den Meister!	b 'Verb-tennis' in pairs. c Group games: 'Quartett' and 'Ferienromanze'; see 'Spielkasten' for rules. d Past and present self-portrait game.	■ Übungen b–d offer a choice of games and creative activities to practise the imperfect tense; students need not do them all.
72–74	Zum Lesen	■ Cartoon and short articles on the themes of free time and holidays.	■ Poems and literary extracts on the themes of leisure, tourism and nature description.

Class cassette transcripts

Einfach fabelhaft!

Seite 21, zum Aufwärmen

Hören Sie die folgenden Radiowerbespots für Ferienorte und schauen Sie sich die Bilder auf Seite 21 an. Welches Bild gehört zu welchem Werbespot? Notieren Sie die Nummern und Buchstaben, **z.B.** Werbespot 1, Bild A. Versuchen Sie dann, den Namen der Stadt, der Gegend oder des Landes für jedes Werbespot zu notieren.

Nummer 1: Der romantische Rhein lädt Sie ein! Erleben Sie vom Schiff aus, wie sich in Rheinland-Pfalz seine wunderschönen Burgen, Schlösser und Weinorte darbieten! Bewundern Sie die Fachwerkidylle seiner historischen Städte ... einfach fabelhaft!

Nummer 2: Warum in den Süden düsen? Die schönste Ferienidee ist hier! Ob Meer, Wasser, Sonne oder frische Luft, die Nordküste von Mecklenburg-Vorpommern hat einen besonderen Duft – klar, rein und gesund! Surfen, Segeln, sonnige saubere Sandstrände und herrliches Badewasser – Sport und Spaß ganz wie Sie wollen!

Nummer 3: Das große Naturerlebnis im wunderschönen Schwarzwald! Verträumte Dörfer, gemütliche Lokale, berühmte Heilbäder warten auf Ihren Besuch! Nach Herzenslust reiten, wandern, Fahrrad fahren bei reizmildem Klima. Wir erwarten Sie!

Nummer 4: Urlaub im Skiparadies Kitzbühel im Tirol – wo das Skifahren am schönsten ist! Ein riesiger Skizirkus und die Vielfalt eines internationalen Wintersportplatzes. Klettern, Eislaufen, Drachenfliegen, Paragliding – es ist für jeden etwas dabei!

Nummer 5: Besuchen Sie das tausendjährige Weimar! Romantisch, kulturell, kulinarisch! Diese historische Stadt in Sachsen bietet immer etwas Besonderes – zauberhafte Parks und Schlösser, zahlreiche Konzerte, Museen und Theater und die einmalige Atmosphäre vergangener Jahrhunderte! Wir freuen uns auf Ihren Besuch!

Nummer 6: Ganz Berlin tut gut! Berlin boomt, Berlin vibriert, Berlin platzt vor Aktivität! Berlin ist mehr als die Summe beider Hälften – überall gibt es Neues zu entdecken! Erleben Sie Kultur, Geschichte, Mode und Nachtleben in einer Stadt, die nie schläft. Über 6000 Restaurants, Cafés und originelle Kneipen stehen Ihnen zur Wahl. Die ganze Stadt ist eine Reise wert – bei Tag oder Nacht!

Nummer 7: Mal so richtig entspannen und seine Freizeit genießen. Wo? In der Schweiz, ist doch klar! Idyllische Berge und Seen bieten 1001 Möglichkeiten an Land und für den Wassersportler. Genießen Sie Gastlichkeit ohnegleichen in kosmopolitischen Großstädten und malerischen Dörfern. Wir laden Sie ein!

Freizeit einst und heute

Seite 24, Aufgabe 3

1860: Die industrielle Revolution war in vollem Schwung. Es gab eine 75-Stunden-Woche in den Fabriken.

1910: Der 10-Stunden-Tag war in der deutschen Industrie der Normalfall.

1919: Die Arbeiterschaft bekam Anspruch auf drei Tage Jahresurlaub.

1956: Die deutsche Industrie ist zur 5-Tage-Woche übergegangen.

Heute: Fast alle Arbeitnehmer in Deutschland haben Anspruch auf fünf bis sechs Wochen bezahlten Urlaub und zehn gesetzliche Feiertage.

Reisefieber

Seite 25, Aufgabe f, Blatt ▣9

Marco: Beeil dich doch! Du wirst noch den Zug verpassen!

Birgit: Ja, ich weiß … aber ich muß doch dem Klempner einen Zettel schreiben, er kommt nächste Woche vorbei … . Oh nein! Ich habe meinen blauen Rock noch nicht gebügelt! … Und ich muß auch meiner Mutter meine Ferienadresse geben, den Nachbarn das Kaninchen und das Kaninchenfutter bringen, und meiner Freundin Julia auf Wiedersehen sagen. Übrigens, hast du meinen Walkman gesehen? Ach! Dieser Koffer ist doch viel zu klein! Hast du einen größeren?

Marco: Um Gottes willen … !

Diskussion mit den Eltern

Seite 27, Aufgabe 3

Nummer 1: Wir fahren ja zu acht!

Nummer 2: Wir bleiben regelmäßig in Kontakt!

Nummer 3: Ihr könnt uns ja bei der Organisation beraten!

Nummer 4: Wir sind doch keine Kinder mehr!

Nummer 5: Ich rufe euch jeden zweiten Tag an!

Nummer 6: Es könnte ebensogut zu Hause etwas mit Michael passieren!

Nummer 7: Ja. Es hat schon Spaß gemacht! Aber jetzt bin ich älter und will selbständiger sein.

Nummer 8: Bis jetzt bin ich ja schließlich immer verantwortungsbewußt und vertrauenswürdig gewesen!

In der Mitfahrerzentrale

Seite 27, Aufgabe 5

Wenn junge Deutsche Geld sparen wollen, können sie mit einer Mitfahrerzentrale fahren. Man schreibt an oder telefoniert einfach mit einer Mitfahrerzentrale, gibt Wunschziel und Namen an und bekommt dann einen Platz in einem Privatauto. Je nach Zentrale bezahlt man eine kleine Vermittlungsgebühr und ein geringes Benzingeld an den Fahrer. Christian, ein französischer Student, versucht hier eine Mitfahrgelegenheit nach Stuttgart zu bekommen.

Angestellter: Guten Tag. Kann ich Ihnen helfen?

Christian: Ja, ich suche eine Mitfahrgelegenheit nach Stuttgart.

Angestellter: Wann möchten Sie denn fahren?

Christian: Wie bitte?

Angestellter: Wann wollen Sie fahren?

Christian: In zwei Tagen. Am 28. Juli.

Angestellter: Hmmm … laß mal sehen … . Nach Stuttgart haben wir eigentlich noch nichts, aber es gibt eine MFG nach Nürtingen, Abfahrt sieben Uhr dreißig – von da aus könnten Sie ganz einfach einen Bus nach Stuttgart nehmen und …

Christian: Entschuldigung – ich habe das nicht ganz verstanden. Könnten Sie das bitte langsamer erklären?

Angestellter: Ja, klar. Hier ist eine Karte. Es gibt am 28. keine MFG nach Stuttgart, aber es gibt eine nach Nürtingen – hier – sehen Sie? Von Nürtingen nach Stuttgart kann man dann einen Bus nehmen.

Christian: Ja, OK. Danke. Was kostet die MFG?

Angestellter: Das kommt darauf an, wieviel Benzingeld der Fahrer verlangt. Normalerweise kommt es auf ungefähr 20 Mark. Aber das müssen sie mit dem Fahrer selbst regeln.

Christian: Könnten Sie das vielleicht bitte wiederholen?

Angestellter: OK. Kein Problem. Nach Nürtingen sind es 400 km. Dafür nimmt der Fahrer 20 Mark. Sie geben ihm das Geld am Morgen im Auto.

Christian: Ich kenne das deutsche Wort nicht, aber muß ich hier etwas bezahlen.

Angestellter: Ach, Sie meinen eine Gebühr! Ja, wir erheben eine Vermittlungsgebühr von 10 Mark für eine Strecke dieser Entfernung.

Christian: Was bedeutet ,Vermittlung'?

Angestellter: Wir vermitteln den Kontakt zwischen Ihnen und dem Fahrer. Dafür müssen Sie eine Gebühr bezahlen. Eine Vermittlungsgebühr.

Christian: Gut, was passiert nun?

Angestellter: Ich rufe den Fahrer an, mache alles klar. Sie geben mir dann die Gebühr. Am 28. um sieben Uhr dreißig warten Sie dann vor dem Hauptbahnhof auf einen roten Käfer mit dem Kennzeichen K-AB 300.

Sanfter Tourismus

Seite 28, Aufgabe 5

Fünfzig Prozent aller Deutschen berücksichtigen jetzt die Umweltsituation, wenn sie ihr Ferienziel wählen; das hat der Studienkreis für Tourismus bei einer Umfrage festgestellt. Deshalb hat Europas größter Reisekonzern, die T.U.I. in Hannover jetzt ihren eigenen ,grünen' Touristenexperten.

Sein Job? Massentourismus und Umweltschutz durch den neuen ,sanften Tourismus' unter einen Hut zu bringen. Einige grüne Initiativen schon in Aktion:

- Hotels in Kenia mit Sonnenkollektoren für Sonnenenergie, Müllrecycling und Kläranlagen.
- Informationszentren für Gäste auf den Kanarischen Inseln. Da kann man die Resultate täglicher Wasseranalysen lesen.
- Flugzeuge, die weniger Abgase und weniger Lärm verursachen.
- Flugzeugbesteck aus Edelstahl statt Plastik; das ergibt pro Jahr schon 21 Tonnen Plastikmüll weniger.
- Reisekataloge aus umweltfreundlichem Papier und Leihkataloge, und schließlich das ,blaue Flagge' Projekt für saubere Strände.

Answers

Seite 21, zum Aufwärmen
🔲 Einfach fabelhaft!

1 A	3 F	5 D	7 G
2 B	4 E	6 C	

Seite 23, Aufgabe 1
der Durchschnittsbürger; 40% der Bevölkerung; die Länder und Kommunen fördern den Freizeitsport; Sportvereine; geistige Interessen; im Gegensatz zu konsumintensiven Freizeitformen; Bürgerinitiativen; freiwillige Hilfsorganisationen; Alten- und Krankenpflege; Gesellschaftstänze; Weltmeister im Reisen; ein Sechstel des gesamten Welttouristikumsatzes.

Seite 24, Aufgabe 1
a wache Stunden
b zum Drittel
c scheiden aus
d im Durchschnitt
e Forscher
f bereits
Lösungswort: URLAUB

Seite 24, Aufgabe 3
🔲 Freizeit einst und heute
a 75-Stunden
b 1910; 10-Stunden; deutschen Industrie
c 1919; drei Tage
d 1956; 5-Tage-Woche
e Heute; fünf; sechs; zehn.

Seite 25, Übungen a, d, f, Blatt 9
🔲 Reisefieber
1 a Ich nehme den Hund mit
   b ... meine Luftmatratze ...
   c meinen Walkman
   d meinen Schnorchel
   e ein Handtuch
   f die Sonnenmilch
2 a ich schenke meiner Mutter eine Vase
   b ... meiner Schwester eine Tüte Bonbons ...
   c meinem Bruder einen Strohesel
   d meiner Oma ein Paar Kastagnetten
   e meinem Opa einen Strandhut
   f meinen Freunden Kaugummi

3 den, dem, einen, meinen, meiner, meine, den, das, das, meiner, meinen, dieser, einen.

Seite 26, Aufgabe 1
1 Gino ist letztes Jahr ohne seine Eltern in den Urlaub gefahren.
2 Patrizia fährt noch mit ihren Eltern in den Urlaub.
3 Markus will dieses Jahr ohne seine Eltern in den Urlaub fahren.
4 Babsi ist letztes Jahr ohne ihre Eltern in den Urlaub gefahren.
5 Andreas fährt noch/gern mit seinen Eltern in den Urlaub.
6 Heike will dieses Jahr ohne ihre Eltern in den Urlaub fahren.

Seite 26, Aufgabe 2
a (3) sie viele Städte besuchen wollte
b (4) ein älterer Freund mitfahren wollte
c (1) er sich gut entspannen kann
d (5) sie eine Freundin mitnehmen darf
e (2) der übliche Urlaub mit den Eltern langweilig ist
f (6) ihre Interessen völlig verschieden sind

Seite 27, Aufgabe 3
🔲 Diskussion mit den Eltern
1 Denk doch nur, wie gefährlich ...
2 Denk doch nur, ...
3 Wie wollt ihr denn ...
4 Denk doch nur, .../Wie wollt ihr denn ...
5 Denk doch nur, ...
6 Dein Freund Michael ...
7 Bis jetzt hat's ...
8 Dein Freund Michael ...

Seite 27, Aufgabe 5
🔲 In der Mitfahrerzentrale
Wie bitte?; Entschuldigung – ich habe das nicht ganz verstanden; Könnten Sie das bitte langsamer erklären?; Könnten Sie das vielleicht bitte wiederholen?; Ich kenne das deutsche Wort nicht, aber ...; Was bedeutet ...?

Seite 28, Aufgabe 1
a Umweltverschmutzung
b Urlaubsfreude
c Algenpest
d Smogalarm
e Wassermangel
f Badeverbot

Seite 28, Aufgabe 2
a auf Kreta
b blaugrün mit weißen Schaumkronen
c eine Stunde
d riesig und ganz weiß
e Er läuft barfuß zum Strand.
f weil die See durch Öl verschmutzt ist
g Es ist im Hochsommer wahrscheinlich nicht besser, weil man dann bloß Sand auf das Öl schüttet.

Seite 28, Aufgabe 5
Vier unter: Hotels in Kenia mit Sonnenkollektoren für Sonnenenergie, Müllrecycling und Kläranlagen; Informationszentren für Gäste auf den Kanarischen Inseln, wo man die Resultate täglicher Wasseranalysen lesen kann; Flugzeuge, die weniger Abgase und weniger Lärm

verursachen; Flugzeugbesteck aus Edelstahl statt Plastik; Reisekataloge aus umweltfreundlichem Papier; Leihkataloge; das ‚blaue Flagge‘ Projekt für saubere Strände.

Seite 29, Aufgabe 1

a 3   c 4
b 1   d 2

Seite 30, Übung a, Blatt 🔢

1 a sang, biß, aß, wusch, schloß
   b flog, trug, sprach, hielt, dachte
2 a findet, fand, hat gefunden
   b vergißt, vergaß, hat vergessen
   c trifft, traf, hat getroffen
   d geht, ging, ist gegangen
   e schläft, schlief, hat geschlafen
   f befiehlt, befahl, hat befohlen
3 feierten, fuhren, trugen, sangen, nannten, jagte, fuhren, kamen, auslegte, hielten, ließen

Kontrollpunkt 1 Answers

Seite 31, Vokabeln

1 a *type/kind/sort/way/manner; effect/consequence; marriage; to relax; to develop; to remember something; growing up; to take care of somebody/to bother about something; to reconcile two things; to bear responsibility; relationship; to come of age/to reach the age of majority; right to vote; liable for military service; increasing(ly).*
   b vor allem; von etwas (Dat.) abhängig sein; die Schwierigkeit (-en); die Ehescheidung (-en); die Erfahrung (-en)/das Erlebnis (-se); neue Leute kennenlernen; sich für etwas (Akk.) interessieren; verheiratet; notwendig/ nötig; im Durchschnitt; die Gelegenheit (-en); die Umweltverschmutzung; den Führerschein machen; Jugendliche/junge Leute.
2 a Sportverein
   b Urlaub machen
   c Ehepaar
   d nur
   e verstehen
   f Anfang
4 See pages 2 and 12.

Seite 31, Grammatik

1 arbeitet, arbeitete, hat gearbeitet; besucht, besuchte, hat besucht; bleibt, blieb, ist geblieben; denkt, dachte, hat gedacht; fährt, fuhr, ist gefahren; sieht fern, sah fern, hat ferngesehen; gibt, gab, hat gegeben; hat, hatte, hat gehabt; investiert; investierte, hat investiert; kommt, kam, ist gekommen; nimmt, nahm, hat genommen; ist, war, ist gewesen; spielt, spielte, hat gespielt; trifft, traf, hat getroffen; vergißt, vergaß, hat vergessen.
2 a Mein idealer Partner hat **einen** guten Sinn für Humor und **ein** gepflegtes Aussehen. **Ein** durchtrainierter Körper ist eigentlich nicht so wichtig. **Die** Augen müssen freundlich sein und **das** Lachen sympathisch.

   b **Der** Urlaub war klasse! Es war ein schönes Skigebiet, und wir hatten eine sehr nette Skilehrerin, Ich habe **das** Essen und **den** Glühwein toll gefunden. Am Ende der Woche gaben wir **der** Skilehrerin **eine** große Flasche Wein.
3 a Er will nicht nach Spanien fahren, weil es zu heiß ist.
   b Ich treibe viel Sport, um mich fit zu halten.
   c Ich bin der Meinung, daß Jungen den ersten Schritt machen sollten.
   d Wenn ich nach Hause komme, sehe ich fern.
   e Weil Andreas Mutter getrunken hat, ist sie ins Heim gekommen.
   f Um Zeit zu sparen, benutze ich den Computer.
4 a Er muß einen Personalausweis tragen.
   b Ich will den Führerschein machen.
   c Du darfst/Sie dürfen das nicht machen!
     Du sollst/Sie sollen das nicht machen!
   d Ich habe meinen Koffer vergessen.
   e Es gibt einen Strand in der Nähe.
   f Sie hat ihrem Bruder ihr Auto verkauft.

Seite 32, Kommunikationsziele

1 a See page 9.
   b See page 9.
   c See page 27.
   d See page 28.
   e See page 28.
2 See Copymaster 🔢 (page 20).
3 See page 13.
4 See 📺 ‚Was ist eine Familie?‘ (page 11).

Seite 32, Ideen

1 a See page 8.
   b See page 17.
   c See page 22.
3 See page 29.
4 a See page 7.
   b See page 18.
   c See pages 28–9.

4 Die Qual der Wahl?

Chapter overview

Page	Reference	Activities	Possible extension
33	Signpost	■ Teacher could ask questions about each future possibility, e.g. „Möchten Sie studieren? Wo? Was? Haben Sie Angst vor Arbeitslosigkeit? Warum (nicht)? Möchten Sie im Ausland arbeiten?" etc.	
	Pictures	■ Students could: – describe the pictures. – answer the following questions asked by the teacher: „Welche dieser Zukunftsaussichten sagt Ihnen am meisten zu? Welche anderen Möglichkeiten gibt es für Sie?"	■ Students make a collage of their own 'Qual der Wahl' and label it in German.
	Aber einiges steht schon fest!	■ Teacher should explain any unknown words in advance.	
		■ Students listen to cassette and decide which characteristics most apply to them (ja/nein/nicht besonders).	■ Students write down 8–10 personal characteristics which they feel would be useful in their later working life.
34–35	Vom Kindergarten zum Numerus clausus	1 Put key words into chronological order. 2 Find sentences/expressions with same meaning. 3 Cloze exercise: the genitive. 4 Brainstorm facts already known.	
	Schultage	5 Draw education 'routes' on 12.	
	12 Das deutsche Bildungs-wesen	6 Discuss basic similarities and differences between German, Swiss and Austrian education systems.	■ 12 (Diagrams of education systems) can also be used as an OHT. Students present a short talk on the different systems to the rest of the group.
		■ **Projektarbeit:** describe own country's education system for the benefit of a German visitor.	■ Students write a short article about their own route through school. They could also include a diagram annotated in German.
	Sieben Jahre Sinnloses gelernt?	7 Education in the former GDR. Note pros and cons.	
36	Grammatik: Adjektiv-endungen	a 'Wer geht auf die Party?' game. (see 'Spielkasten' for rules.)	
	Fahren Sie nach Thüringen!	b Note adjectival expressions and explain adjective endings. c Write a publicity leaflet.	■ Make up an aide-mémoire on adjective endings for the classroom wall.
37	Aus freier Wahl? Ratschläge von Dr Gustav Wörnle	1 Match tips to themes. 2 Pair-work: giving advice.	■ Students could discuss other study tips which they themselves find helpful.
	Das richtige Timing	3 Compare text with cassette.	■ Students create their own sentences using 's' and 'z'.
		4 a Prioritise list of future wishes. b Compare in twos.	■ Class survey of students' future wishes. Present results for the wall/in written form/orally.
38–39	Was bringt die Zukunft?	1 Match synonyms. 2 Compare quotes with future wishes on p. 37. 3 Own future wishes: comparison with texts. 4 Interpret picture - draw cartoon/make mobile.	■ Wall display in style of 'Was bringt die Zukunft?': Photos of students in the group plus their written quotes in German about how they view the future.
	Unsere Sprache	5 's' and 'z': pronunciation and listening practice. 6 Look up vocabulary and create sentences.	■ Students create their own sentences using 's' and 'z'.
	Los ins Leben	7 Fill in table.	
	Wer studiert warum?	8 Pair-work a Motives for study. b Length of study. c Role-play.	
	ERASMUS	9 Studying abroad. Write a short summary in English.	■ **Projektarbeit:** find out more about the ERASMUS scheme. Students could then write an article about the scheme.

Page	Reference	Activities	Possible extension
40	Grammatik: Das Futur	📻 Los ins Leben: find more examples of the future tense.	
		a Pair-work: 'predict the future'. **b** Time line: personal future. **c** Predict future of students on p. 38. **d** Write a short text in the future tense. 💾 **e** Cross-curricular work on interpretation of statistics.	■ Invent a diagram for palmists. Annotate each line on the palm with a sentence in the 'man' form of the future, e.g. ,Man wird erfolgreich sein'.
41	Karriere – Barriere?	**1** Cartoon and question.	
		2 Read advert: give own point of view.	■ Create own cartoon/advertisement on the theme of 'Gleichberechtigung für Männer und Frauen'.
	📻 Untypische Berufe?	**3** Listening comprehension questions. Compare with text and discuss own point of view. **4** Find examples of 'zwar' and create sentences.	
		5 **Brennpunkt!** Debate.	■ Alternative debate topic: 'Die Berufswahl für Frauen ist besser als je zuvor!'
42	An die Arbeit! 📻 Berufs- prioritäten	**1** Draw up a list of priorities.	
		2 Find job adverts in a German newspaper.	■ Students apply for different holiday jobs. They are then given all the job adverts and all the letters and have to match them.
	🔲13 Lebenslauf	**3** Information gap exercise: CV and letter. **4** Read text(s), write letter of application and CV.	■ All students apply for the same holiday job. Then read one another's letters and decide which is best/most interesting.
	📻 Sparkassen- werbung	**5** Bank advert. General questions.	■ Mock interview, having selected the best potential candidates for the job by reading their letters. Half of the group on the interview panel; the other half interviewees.
75–77	Zum Lesen	■ Youth writing on the theme of 'the future'/'choices'. Günter Grass: Kopfgeburten ... extract. Future education? ■ A future marriage – to work!	■ Franz Kafka: Vor dem Gesetz and youth writing. Can we determine our future?

Class cassette transcripts

Aber einiges steht schon fest!

Seite 33, zum Aufwärmen

Welche dieser Eigenschaften treffen auf Sie zu? Nach jeder Aussage schreiben Sie ,ja', ,nein' oder ,nicht besonders'.

Nummer 1: Ich bin gut organisiert.
Nummer 2: Ich kann mich gut konzentrieren.
Nummer 3: Es macht mir Spaß, etwas zu verkaufen.
Nummer 4: Ich arbeite gerne mit Computern.
Nummer 5: Anderen zu helfen, macht mir Spaß.
Nummer 6: Ich bin gut in Mathe.
Nummer 7: Ich arbeite gerne im Freien.
Nummer 8: Ich habe viel Geduld.
Nummer 9: Ich arbeite lieber mit meinem Kopf als mit meinen Händen.
Nummer 10: Ich interessiere mich für Wissenschaft und Technik.
Nummer 11: Ich arbeite lieber alleine.
Nummer 12: Ich nehme gerne Verantwortung auf mich.

Machen Sie jetzt eine Liste mit 8–10 Ihrer persönlichen Eigenschaften, damit man sehen kann, welche Arbeit am besten zu Ihnen paßt.

Schultage

Seite 35, Aufgabe 5, Blatt 🔲12

Interviewer: Können Sie bitte etwas über Ihre Schulzeit erzählen?

Junger Mann: Ja, ich und meine Zwillingsschwester sind mit sechs in die Schule gekommen, als wir in der Grundschule begannen. Nachher bin ich auf die Realschule gegangen, weil ich akademische Fächer nicht so gern mochte. Mit 16 hatte ich die Wahl mit meinem Realschulabschluß entweder in die Oberstufe des Gymnasiums, in eine Berufsfachschule oder in die Berufsschule zu gehen. Ich wollte aber so schnell wie möglich eine Stelle haben, und deshalb habe ich mich für die Berufsschule entschieden. Ich besuche diese Schule in Teilzeitform, das heißt in meinem Fall zweimal in der Woche und lerne auch im Betrieb als ,Azubi' oder ,Auszubildender'. Ich finde dieses duale System viel besser als die Berufsfachschule, die eine Vollzeitschule ist. Meine Schwester ist auch in der Berufsschule, ist aber über die Hauptschule gekommen, weil ihre Stärken überwiegend praktisch waren.

Junge Frau: Ich bin mit drei Jahren in den Kindergarten gegangen. Ich mußte nicht, aber weil meine Geschwister auf der Schule waren, wollte ich nicht zu Hause bleiben. Danach bin ich zur Grundschule gegangen und dann mit zehn zur Gesamtschule. Es gibt nach wie vor nur wenige Gesamtschulen in Deutschland, aber ich möchte meine Schule sehr gern. Obwohl sie ziemlich groß war, habe ich mich ganz wie zu Hause gefühlt. Die Anfangsjahre in der Orientierungsstufe haben mir besonders gefallen. Nur die letzten Jahre in der Oberstufe vor dem Abitur habe ich nicht so gut gefunden.

Fahren Sie nach Thüringen!

Seite 36, Übung b

Dieses schöne Land liegt im Herzen Deutschlands … . Hier findet man sowohl herrliche Landschaft als auch die berühmten historischen Städte Erfurt, Jena und Weimar, Kernpunkte der deutschen kulturellen Geschichte … . Man kann viele schöne Wanderungen im ruhigen Thüringer Wald oder im Harz machen und unterwegs märchenhafte Burgen und Burgruinen besichtigen. In den alten Städten können Sie auch einige der schönsten Beispiele deutscher Architektur bewundern … .

Die großen deutschen Dichter Goethe und Schiller haben beide hier gewohnt. Johann Sebastian Bach wurde 1685 in der westthüringischen Stadt Eisenach geboren, und der berühmte Friedrich Nietzsche wuchs in Naumburg auf … . Entdecken Sie das Herz Deutschlands. Weitere Informationen erhalten Sie in Ihrem Reisebüro … .

Ratschläge von Doktor Gustav Wörnle

Seite 37, Aufgabe 1

Interviewer: Doktor Wörnle, stimmt es, daß man das Lernen lernen kann?

Dr Wörnle: Ja, sicher kann man das Lernen lernen. Es gibt eine sogenannte ‚Lerntechnik', das heißt, daß man lernt, sich zu motivieren, zu organisieren und sein Gedächtnis zu verbessern.

Interviewer: Können Sie uns vielleicht ein paar allgemeine Tips geben?

Dr Wörnle: Ja, erstens sollte man sich einen Zeitplan machen, in dem man seine Hausaufgaben und ihre Reihenfolge plant. Man sollte ähnliche Fächer wie zum Beispiel zwei Fremdsprachen nicht direkt nacheinander lernen, und wenn man lernt, sollte man regelmäßige Lernpausen einlegen. Versuchen Sie auf mehrere Weisen zu lernen, zum Beispiel durch Lesen, durch Sprechen, durch Hören und Schreiben. Oft hilft es, wichtige Tatsachen oder Vokabeln laut zu lesen. (Vokabeln sollten übrigens portionsweise gelernt werden – je öfter, um so besser, aber nicht zu viele auf einmal!)
… Und ein letzter Tip: Testen Sie sich *regelmäßig*, und wiederholen Sie den Lernstoff, um Ihr Gedächtnis zu überprüfen.

Los ins Leben

Seite 39, Aufgabe 7

– Ich heiße Stefan. Ich bin 18 Jahre alt und will nach meinem Abitur studieren, um mehr Möglichkeiten in der Zukunft zu haben. Ich kann mich aber noch nicht entscheiden, was für ein Studium ich machen werde;

Geschichte, Geographie, Sprachen und Kunstgeschichte würden mich ebenso wie technische Studien interessieren.

– Ich heiße Bianca und bin 17 Jahre alt. Nach dem Abi möchte ich etwas ganz anderes machen und ein Jahr in Frankreich bei sozialer Jugendarbeit verbringen. Nachher? Na ja, mal sehen. Vielleicht mache ich was mit Sprachen.

– Ich heiße Peter. Ich bin 16 Jahre alt. Ich will so bald wie möglich die Schule verlassen und Geld verdienen. Ein Studium interessiert mich nicht, vor allem, wenn man nicht weiß was und wo man studieren will. Es kann aber sein, daß ich diese Wahl später bereuen werde.

– Ich heiße Katja und bin 17 Jahre alt. Nach dem Abi werde ich wahrscheinlich auf die Uni gehen. Ich habe aber Angst, daß ich nicht genug Begabung und Ausdauer dafür habe, und daß ich später das Studium abbrechen werde. Wenn das passiert, weiß ich nicht, was ich machen werde.

Untypische Berufe?

Seite 41, Aufgabe 3

Thomas Krämer (33) und Marion Heilmann (25) haben ‚untypische' Berufe gewählt, denn Thomas ist zweisprachige Bürofachkraft, das heißt ‚männliche Sekretärin' und Marion ist Industriemechanikerin oder ‚Schlosserin'.
Beide wurden neulich für eine Gleichberechtigungsstudie interviewt.

Interviewer: Herr Krämer, warum haben Sie ausgerechnet diesen Beruf gewählt?

Thomas: Ich habe mich immer für Sprachen interessiert und wollte sie unbedingt im Beruf benutzen. Ich hatte aber keine Lust, Dolmetscher oder Übersetzer zu werden.

Interviewer: Und Sie, Frau Heilmann?

Marion: Mein Vater ist Industriemechaniker. Schon als Kind hat sein Beruf mich interessiert, und ich habe mir keine Gedanken darüber gemacht, daß es ein Männerberuf ist.

Interviewer: Wie haben andere Leute darauf reagiert?

Marion: Einige Schüler in meiner Klasse haben gesagt, ich sei eine ‚Emanze', und daß ich mich nur für Frauenrechte interessiere. Meine Freunde aber haben mich unterstützt.

Thomas: Meine Freunde dagegen haben es ganz lustig gefunden. Sie haben zwar nichts Schlechtes gesagt, aber für sie war ich ein Witz. Sie verstehen jetzt besser, was ich mache – ich fahre sehr oft ins Ausland und habe viel Verantwortung. Auch im Büro gibt es immer noch unterschiedliche Reaktionen. Viele neue Kunden meinen zuerst, ich sei der Leiter der Firma. Nachher wissen sie nicht, was sie sagen sollen.

Marion: Ja, das stimmt. Viele Leute wissen nicht, wie sie mich behandeln sollen. Am Anfang war es schwer für einige Kollegen, mich als Frau zu akzeptieren. Ich habe zwar am Anfang einige Schwierigkeiten gehabt, jetzt aber bin ich Mitglied des ‚Teams', weil sie wissen, daß ich diese Arbeit genau so gut mache, auch wenn es manchmal gefährlich ist.

Berufsprioritäten

Seite 42, Aufgabe 1

Bei meinem zukünftigen Beruf ist es wichtig für mich,
… daß ich viel Geld verdiene.

... daß meine Arbeitszeit geregelt ist.
... daß ich beruflich vorankommen kann.
... daß ich einen sicheren Arbeitsplatz habe.
... daß ich viel in der Welt herumreise.
... daß ich mit Menschen zu tun habe.
... daß ich selbständig arbeiten kann.
... daß ich noch viel Zeit für die Familie und den Haushalt habe.
... daß ich meine handwerklichen Fähigkeiten nutzen kann.
... daß ich meine Fremdsprachen benutzen kann.

Answers

Seite 34, Aufgabe 1
d h b a g f c e

Seite 34, Aufgabe 2
a Ein Jahr noch muß er die Schulbank drücken.
b Angefangen hatte Bernds Bildungsweg im Alter von sechs Jahren.
c Stolz war er mit der Zuckertüte an der Hand seiner Eltern zur Schule marschiert.
d ..., Bernds Bildungsweg über das Gymnasium fortzusetzen.
e Nach Abschluß der Grundschule fächert sich der weitere Bildungsweg auf.
f ..., und seine derzeitigen Leistungen lassen einen überdurchschnittlich guten Abschluß erwarten.
g ..., regelt der NC per Notendurchschnitt die Zugangsberechtigung zu bestimmten Studienfächern.
h Schülern und Studenten aus einkommensschwachen Familien wird durch das BAföG das Studium ermöglicht.
i Das Geld gibt es zur Hälfte als Zuschuß, die andere Hälfte muß nach Abschluß des Studiums zurückerstattet werden.

Seite 35, Aufgabe 3
a eines Gymnasiums
b seiner
c der
d der
e der
f der
g des Bildungswegs
h des Studiums
Es gibt ein ‚s‘ im Singular.

Seite 35, Aufgabe 5, Blatt 12
 Schultage
a **Junger Mann:** Grundschule, Realschule, Berufsschule
Junge Frau: Kindergarten, Grundschule, Gesamtschule, Gymnasiale Oberstufe.
b **Bernd:** Grundschule, Gymnasium, Gymnasiale Oberstufe, Universität.

Seite 36, Übung b
 Fahren Sie nach Thüringen!
Dieses schöne Land, herrliche Landschaft, die berühmten historischen Städte, der deutschen kulturellen Geschichte, viele schöne Wanderungen, im ruhigen Thüringer Wald, märchenhafte Burgen, in den alten Städten, einige der schönsten Beispiele deutscher Architektur, die großen deutschen Dichter, in der westthüringischen Stadt, der berühmte Friedrich Nietzsche, weitere Informationen.

Seite 37, Aufgabe 1
 Ratschläge von Doktor Gustav Wörnle
a (5), (3)   c (6), (2)
b (7)   d (1), (4), (8)

Seite 37, Aufgabe 3
Zeitplan machen, Lernpensum nach Fächern sortieren, kleine Häppchen, Pausen.

Seite 38, Aufgabe 1
a (6)   e (2)
b (4)   f (7)
c (1)   g (3)
d (8)   h (5)

Seite 38, Aufgabe 2
Heike: JC   Ute: DH
Jörg: DG   Elmar: IC

Seite 39, Aufgabe 7
 Los ins Leben

	Stefan	Bianca	Peter	Katja
Will nach der Schule:	Studieren	Ein Jahr soziale Jugendarbeit in Frankreich machen	Geld verdienen	Auf die Uni gehen
Warum?	Um mehr Möglichkeiten zu haben	Etwas ganz anderes	Studium interessiert ihn nicht	–
Mögliche Probleme:	Kann sich nicht entscheiden welches Studium	Weiß nicht, was sie nachher macht	Könnte seine Wahl bereuen	Hat Angst, daß sie das Studium abbricht

Seite 41, Aufgabe 3
Untypische Berufe?
a (1) **Thomas:** Zweisprachige Bürofachkraft/‚männliche Sekretärin‘.
   Marion: Industriemechanikerin/‚Schlosserin‘.
   (2) Thomas hat sich für Sprachen interessiert und wollte sie im Beruf benutzen.
   Marions Vater war Industriemechaniker, und der Beruf hat sie interessiert.
   (3) Thomas Freunde haben es ganz lustig gefunden – er war ein Witz.
   Marions Freunde haben sie unterstützt, aber einige Schüler haben sie ‚Emanze‘ genannt.
   (4) Thomas fährt oft ins Ausland, hat viel Verantwortung.
   Marions Arbeit ist in einem Team und kann gefährlich sein.
b Beide brauchen alle Eigenschaften. Die Antwort unterstützt das Zitat.

Chapter overview

Page	Reference	Activities	Possible extension
43	Cartoon and key words: Nationale Stereotype	■ Teacher asks simple questions about the cartoon, e.g. „Woher kommt Herr Smith?/Herr Meier? Wie stellt sich Herr Smith die Deutschen vor? Wie stellt sich Herr Meier die Engländer vor?" ■ Students look up the key words in a dictionary if necessary and use them to explain the meaning of the cartoon in simple sentences, e.g. „Viele Leute haben Vorurteile gegenüber anderen Nationalitäten".	■ Students could brainstorm the topic of stereotypes, e.g. 'Was assoziieren Sie mit echt deutsch/ österreichisch/ englisch/ schottisch', etc ... They could then compare their own real characteristics with the 'typical characteristics' of their nationality. Are they 'typical'? Can anyone ever be typical?
	Cartoon: Die Heimatinsel	■ Teacher asks simple questions about the cartoon, e.g. „Wie sieht diese Heimat aus? Was gehört alles dazu? Wie sind die Leute, die hier wohnen?" Teachers asks students to look up the following key words and try to decide which have the most and least emotional associations: Heimat, Region, Nation, Staat, Vaterland.	■ Students prioritise the following list of 'Heimatsbedingungen', then compare results: schöne Landschaft; sympathische Menschen; vertraute Umgebung; Familie und Freunde; hier haben schon Eltern und Großeltern gewohnt; gutes Essen, gute Getränke; Sprache/Dialekt; Zufriedenheit mit der Politik; hier habe ich meine Kindheit verbracht; Traditionen.
	Poems: Patria; eigenes Land	■ Students try to explain the message behind the poems in simple German, e.g. Zuviel Nationalgefühl kann gefährlich sein/Wenige Leute haben nur ein ‚Vaterland': Ihre Groß- und Urgroßeltern kommen aus verschiedenen Ländern.	■ Students could list positive and negative manifestations and effects of national pride. ■ Teacher could, if (s)he feels it appropriate, ask students about their own line of descent – do they have grandparents or great grandparents of different nationalities?
44–45	📼 Stereotype	1 Students match key words to names of people interviewed on cassette. 2 Students match opinions to names. 3 Pair or group dialogue: 'Wo kommen Stereotype her?' ■ Achtung! Plural nouns in the dative.	■ Students could collect stereotypical images of German-speaking people and lifestyles from magazines, etc. and create a collage contrasting stereotypes with reality. ■ Students could discuss stereotypes from films and TV programmes or jokes.
	Gefühlsarme Briten und sentimentale Deutsche	4 Comprehension questions. 5 Fill in a table matching verbs, nouns and adjectival past participles. 6 Exercise to match nouns and pronouns.	■ Students could bring in childrens' books of their own which show national stereotypes and discuss them. ■ Students could form nouns and adjectival past participles from other verbs suggested by the teacher.
	Personal - pronomen	■ Grammatik: Personal pronouns. 7 Question about stereotypes in jokes. 8 Role-play discussion of positive and negative effects of stereotypes. ■ Kommunikation! Expressing an opinion.	
	📼 Das deutsch-polnische Jugendwerk	9 Comprehension questions. 10 Design logo and motto for an international youth organisation.	
46–47	Heimat – die neue Sehnsucht	1 Multiple choice sentence completion. 2 Comprehension questions.	■ Students could test each other orally on the text using their own questions.
	📼 Meine Heimat	3 Interview with young people	■ Students could interview the German assistant or other German speaker about their 'Heimat'. Alternatively the assistant could be asked to give a short presentation about their 'Heimat' to the students.
	📼 Unsere Sprache: Die deutsche Intonation	4 Students practise their intonation by repetition from the tape and if possible with help from the German assistant.	
		5 Short essay: 'Können wir ohne Stereotype leben?'	
	Heimat and 🔲14 Literaturkritik: Literary pieces for analysis	1 a–e Students choose a text and analyse it using Blatt 🔲14. f Students write and/or orally present a short critique. 2 Analysis of further texts. 3 Students write their own poem or piece of prose and use Blatt 🔲14 to analyse their partner's work.	■ Students could add their own adjectives and ideas to the table on Blatt 🔲14. The sheet should be kept for further use.
48	(Inter)national-ismus?! 📼 Nationalhymnen	1 Complete gapped texts of national anthems. 2 Use adjectives to describe the 3 anthems. 3 Compare the national anthems. ■ Kommunikation! Comparative and superlative.	■ Students could find out more about the German national anthem, e.g. 1st verse (Deutschland, Deutschland über alles...?) banned at end of WWII. Singing it can incur a prison sentence. In 1991 the 3rd verse was officially declared the national anthem of a united Germany. ■ Students could try to find out more about the long-standing controversy surrounding the choice of national anthem for Switzerland. The Swiss Embassy (16–18 Montague Place, London W1H 2BQ) has information.

Page	Reference	Activities	Possible extension
	📺 Was macht eine Nation aus?	**4** Students prioritise opinions from a street interview and build up a group definition of 'Nation'. **5** Students discuss 2 written and 4 recorded quotations in terms of how nationalistic they are.	■ The expressions 'Ich fühle mich keineswegs/ohne Zweifel als Engländer(in)/Europäer(in)' could be useful.
49	Grammatik: Präpositionen	■ **Lerntip:** verbal expressions with prepositions in German-English dictionaries. **a** Students use mnemonics to learn lists of prepositions.	
	15 Präpositionen mit Präzision! 📺 Sommerlied	**b** 15 (1) Match sentence halves: prepositions with accusative or dative. (2) Gapped text: prepositions with accusative or dative.	
		c 'Beschreibungsspiel': see 'Spielkasten' for rules. **d** Describe 'Heimatinsel' cartoon on p. 43 using prepositions.	
		e Produce pictures with captions to illustrate prepositions for the classroom.	■ Some captions should illustrate different possible uses of the 9 prepositions which take either the accusative or dative case.
50–52	16 Landaus landein! Im Barossa-Tal	**1** Quiz on German-speaking countries in Europe. **2** Comprehension questions on Barossa-Tal text.	■ Students could research Martin Luther (Lutheran churches mentioned in 'Barossa-Tal' text) or further famous German speakers (see question 12 on Blatt 16 for names) and present their findings to the group.
	📺 Deutsche in Australien	**3** True or false exercise: students correct false sentences orally in pairs.	
	📺 Deutsche in Amerika	**4** Complete gapped transcript on p. 50, then fill in table with information from 'Deutsche in Amerika' and 'Deutsche in Australien'.	
	In Rußland und Osteuropa	**5** Find words in text to match definitions. **6** Match newspaper headlines to paragraphs in text.	
	📺 Was wollen die Rußland-deutschen?	**7** Complete a gapped summary.	
	In Afrika	**8** Comprehension questions on Namibia text.	■ Students could carry out further research into former German colonies in Africa.
		■ **Fürs Leben:** as a tour guide, explain an Amish village to a group of German-speaking tourists.	■ **Projektarbeit** **a** Students produce a quiz or game about German-speaking countries and minorities to test another pair or their teacher. A database could be set up to catalogue the information gathered. 💾 **b** Students imagine they are a German settler and write diary entries or a letter (see Zum Lesen p. 80).
78–80	Zum Lesen	■ Various texts on the topic of stereotypes and prejudices.	■ Students could identify the three expressions for making polite requests which occur in the cartoon.
		■ Texts dealing with the infringement of rights of German-speaking minorities during and since the Second World War. ■ 5 accounts describing the experience of people who have left their old 'Heimat' for a new one.	

Class cassette transcripts

Stereotype

Seite 44, Aufgabe 1

Interviewer: Also, Maria, Sie sind aus Deutschland. Haben Sie ein klischeehaftes Bild von den Schweizern – und wo, glauben Sie, kommt das Bild her?

Maria: Ja, also, hier in Deutschland gelten die Schweizer als eher pünktlich, exakt, pflichtbewußt, würde ich sagen. So ein Bild bekommt man aus der Werbung und so, aber auch aus eigener Erfahrung, glaube ich. Ich kenne viele Schweizer, die ‚typische Schweizer' sind ... aber auch viele, die eben nicht typisch sind ...

Interviewer: Und Sie, Klaus, Sie sind Österreicher. Wie sehen Sie die Deutschen?

Klaus: Na ja ... An Stereotype glaube ich persönlich nicht – die Leute in einem Land sind zu verschieden. Ein stereotypes Bild von den Deutschen gibt es doch schon im Fernsehen und in Filmen, und auch in der Literatur, zum Beispiel, wenn man sehr jung ist, bekommt man manchmal ein Zerrbild von anderen Nationalitäten aus den Texten und Illustrationen in Kinderbüchern. Die Deutschen sollen nämlich sehr präzis, und ziemlich ernst sein, dazu auch ziemlich geldorientiert.

Interviewer: Vreni. Sie wohnen in der Schweiz. Gibt es da auch eine ähnliche Klischeevorstellung von den Deutschen?

Vreni: Mmmm. Ja, geldorientiert, erfolgreich und so. Ich glaube, Witze und Karikaturen spielen auch eine Rolle bei der Stereotypisierung von Nationalitäten.

Interviewer: Und zum Schluß Jürgen. Sie wohnen in Deutschland. Wie sehen die Deutschen die Österreicher?

Jürgen: Sie gelten als sehr heimatverbunden. Sie sollen

nämlich gern musizieren und singen, vor allen Dingen das Jodeln. Sie gelten auch als ziemlich altmodisch, also konservativ. So was bekommt man aus Magazinen und Zeitungen. Aber ich bin der Meinung, daß solche Klischeevorstellungen oft ganz falsch sind. Ich habe zum Beispiel gehört, daß die Österreicher eine hohe Selbstmordrate haben. So lustig können sie also in der Realität nicht sein, oder?

Das deutsch-polnische Jugendwerk

Seite 45, Aufgabe 9

Bereits viereinhalb Millionen junge Menschen aus Deutschland und Frankreich haben sich durch das deutsch-französische Jugendwerk kennengelernt. Das deutsch-polnische Jugendwerk will ähnliche Freundschaftsbeziehungen aufbauen. Caroline Stiebler berichtet:

Das Verhältnis zwischen Deutschland und seinem östlichen Nachbarstaat Polen ist traditionell schwierig. In den Köpfen vieler Deutscher existiert immer noch ein wenig realistisches Bild von den Polen. Sie gelten als stolz und freiheitsliebend, aber finanziell erfolglos.

Aber auch die Vorstellungen der Polen über die Deutschen sind ein Zerrbild: Sie gelten als finanziell erfolgreich, aber arrogant und autoritär.

Das deutsch-polnische Jugendwerk will solche Vorurteile abbauen. Jedoch wird es auch Schwierigkeiten geben. Zuerst wegen der Sprache. Junge Deutsche sprechen in der Regel kein Polnisch, und für polnische Schüler ist Deutsch erst in letzter Zeit als Fremdsprache interessant geworden.

Finanzen sind auch ein sensibles Thema; deutsche Schüler haben sehr viel mehr Geld als polnische. Deshalb ist es sehr wichtig, daß die Jugendlichen wenigstens während ihres Aufenthalts das gleiche Geld haben.

Laut des Jugendministeriums soll das Jugendwerk ein Beispiel für die Zusammenarbeit zwischen beiden Völkern geben. Die deutsche und polnische Jugend soll eine Chance erhalten, ihren eigenen Beitrag zum Verständnis in Europa zu leisten.

Nationalhymnen

Seite 48, Aufgabe 1

Nummer 1: Einigkeit und Recht und Freiheit
für das deutsche Vaterland!
Danach laßt uns alle streben
brüderlich mit Herz und Hand!
Einigkeit und Recht und Freiheit
sind des Glückes Unterpfand.
Blüh im Glanze dieses Glückes,
blühe, deutsches Vaterland!

Nummer 2: Land der Berge, Land am Strome,
Land der Äcker, Land der Dome,
Land der Hämmer, zukunftsreich!
Heimat bist du großer Söhne,
Volk, begnadet für das Schöne,
vielgerühmtes Österreich.

Nummer 3: Trittst im Morgenrot daher,
Seh' ich dich im Strahlenmeer,
Dich, du Hocherhabener, Herrlicher!
Wenn der Alpen Firn sich rötet,

Betet, freie Schweizer, betet.
Eure fromme Seele ahnt
Gott im hehren Vaterland!
Gott, den Herrn, im hehren Vaterland!

Was macht eine Nation aus?

Seite 48, Aufgabe 4

Wir haben mehreren Leuten auf der Straße in Bonn diese Frage gestellt. Hier sind einige Antworten.

1. Mann: Also, ich glaube, das hat etwas mit der gemeinsamen Kultur zu tun, das heißt, die Kunst, die Musik, die Literatur einer Nation verleiht eine gewisse Identität. Dazu gehört natürlich auch eine gewisse Art zu essen und zu trinken, nationale Spezialitäten und so.

1. Frau: Tja, man denkt natürlich an die Nationalflagge, die Nationalhymne, usw., also zuerst an Äußerlichkeiten. Und die geographischen Grenzen eines Landes sind auch wichtig, das ist klar ... . Vielleicht spielen auch bestimmte nationale Charakterzüge eine Rolle, aber da bin ich nicht so sicher ...

2. Frau: Meiner Meinung nach erkennt man eine Nation an ihren Traditionen; an ihrem Volkstum und an ihren Sitten und Gebräuchen.

2. Mann: Errr ... Eine gemeinsame Religion? Nein, das stimmt nicht. Gemeinsame Rasse bestimmt auch nicht ... . Ach ja! Vielleicht aber eine gemeinsame Geschichte und Vergangenheit. Alles, was man als eine Nation zusammen durchgemacht hat, ob gut oder schlecht.

3. Mann: Ich wollte gerade sagen: Dieselbe Sprache, aber das kann nicht stimmen, sonst wäre ja die Schweiz keine Nation. Vielleicht aber ein gemeinsames politisches System und eine gemeinsame soziale Struktur. Und eine Art Identifikation mit gewissen Nationalfiguren, z.B. einer Königin, einem Sportler oder einer Sportmannschaft.

Nationalgefühl

Seite 48, Aufgabe 5

Nummer 3: Ich liebe Österreich nicht, denn ein Land kann man nicht lieben, höchstens Menschen.

Nummer 4: Wenn bei uns in Österreich im Winter die Skirennen laufen, freue ich mich, wenn ein Österreicher gewinnt.

Nummer 5: Ich ärgere mich über Leute, die sich über Leute ärgern, die sich freuen, wenn ihr Land den 6. Platz im internationalen Sport erringt.
Darf man sich nicht auch, ab und zu, groß fühlen, laut jubeln, sich eins wissen mit seinem Vaterland, welches das größte ist, weil es den 6. Platz gewann?

Nummer 6: Wer es schön haben will, kann mehrere Heimaten haben. Ich z.B. die Frau, mit der ich lebe; die Stadt Wien; den Ferienort Baden bei Wien; Österreich; Deutschland; Mitteleuropa; Europa; die Welt. Weniger ist mir zu wenig.

Deutsche in Australien

Seite 51, Aufgabe 3

Im Jahre 1838 kamen die ersten deutschen Siedler nach Südaustralien. Friedrich der Dritte hatte sie wegen ihrer

Religion verfolgt, und sie suchten eine neue Heimat.

Sie bauten die ersten Häuser in Klemzig und Hahndorf, nicht weit von Adelaide. Sie hatten die 40 km zwischen Adelaide und Hahndorf zu Fuß zurückgelegt, und am Anfang hatten sie nichts zu essen außer Känguruh und Opossum. Bald begannen sie aber Gemüse und Milchprodukte wie in Deutschland zu erzeugen, und sie fühlten sich in Südaustralien sehr wohl. Es gab keine religiöse Verfolgung, keinen Wehrdienst und keine Arbeitslosigkeit. Außerdem war das Wetter viel besser als in Deutschland. Die Siedler schrieben viele Briefe nach Hause. Sie baten ihre Verwandten, auch nach Australien zu kommen. Deshalb emigrierten 10 000 Deutsche in den nächsten zwanzig Jahren nach Südaustralien. Sie suchten einen höheren Lebensstandard.

Der erste Weltkrieg machte die Deutschen in Europa und auch in Australien unbeliebt. Neunundsechzig deutsche Ortsnamen in Südaustralien wurden geändert, z.B. Hahndorf wurde in Ambleside und Bethanien wurde in Bethany umgetauft.

Im zweiten Weltkrieg war es nicht viel anders. Man sprach Deutsch nur zu Hause und nie auf der Straße.

Jetzt ist das alles vorbei. Südaustralier sind heute stolz auf ihre deutsche Herkunft. Zahllose Touristen besuchen das Weingebiet im Barossatal. Ambleside heißt wieder Hahndorf. Man macht alles mögliche, um die alten deutschen Traditionen zu erhalten. Es gibt deutsche Volkstanzgruppen, Musikgruppen und viele deutsche Sportvereine.

Außerdem ist heute Deutsch eine der stärksten Fremdsprachen an den staatlichen und privaten Schulen in Südaustralien.

Deutsche in Amerika

Seite 52, Aufgabe 4

Die ersten deutschen Siedler waren 1683 dreizehn protestantische Familien aus dem Rheinland. Als verfolgte Minderheit packten sie vor 300 Jahren all ihre Habseligkeiten und segelten mit Kind und Kegel nach Amerika. Präsident William Penn hatte ihnen dort ein ruhiges Leben versprochen. Am 6. Oktober kamen sie in der Nähe von Philadelphia in Südostpennsylvanien an und gründeten dort die erste ‚Germantown', die heute ein Stadtteil von Philadelphia ist.

Seitdem sind Millionen Deutsche auch aus politischen und wirtschaftlichen Gründen nach Amerika ausgewandert. Südamerikanische Länder wie Argentinien, Brasilien und Chile sind auch klassische Auswanderungsländer für Deutsche.

Heute haben 52 Millionen der 220 Millionen US-Bürger deutsche Vorfahren. Damit rangieren die Amerikaner deutscher Abstammung noch vor ihren Landsleuten mit irischen Vorfahren (44 Millionen) und denen mit englischen Ahnen (40 Millionen).

In ihren Dörfern in Pennsylvanien haben die Amish bis heute die religiöse Strenge und das einfache Leben der ersten deutschen Siedler beibehalten. Sie benutzen keine Autos, keine Elektrizität (statt dessen Paraffinlampen und Pferde-Buggys) und kein Telefon. Ihre Kinder müssen mit 13 die Schule verlassen und auf dem Bauernhof arbeiten. Diese Bauernhöfe sind heute einige der reichsten in Amerika.

Was wollen die Rußlanddeutschen?

Seite 52, Aufgabe 7

In Moskau beginnt heute ein zweitägiger Kongreß der Rußlanddeutschen. Die lange Zeit diskriminierte Minderheit schwankt noch immer zwischen Auswanderung in die Bundesrepublik und der Rückkehr in ihre alten Siedlungsgebiete an der Wolga. Günther Schmidt berichtet:

Was wollen die rund zweieinhalb Millionen Rußlanddeutschen? Heute, nach dem Zerfall der Sowjetunion, bieten sich den Rußlanddeutschen mehrere Möglichkeiten; zum einen können sie dort bleiben, wo sie jetzt wohnen, d.h. dort wohin Stalin sie im Jahre 1941 deportierte. Wer jedoch an die Wolga zurück will, der soll dies ebenfalls können: Mit drei kleinen Siedlungsgebieten soll ein Anfang gemacht werden.

Wegen der schwierigen politischen und wirtschaftlichen Lage neigt aber die Mehrheit der Rußlanddeutschen zur Auswanderung in die Bundesrepublik. An dem Kongreß heute und morgen in Moskau wird der Aussiedler-Beauftragte der Bundesregierung Doktor Horst Waffenschmidt teilnehmen. Er wird den Rußlanddeutschen Hilfe aus Bonn zusagen, und er wird den Ausreisewilligen klarmachen, daß es in Deutschland enger geworden ist für Aussiedler und daß die Chancen geringer sind. Er wird ihnen aber auch zusichern, daß die Grenzen nach Deutschland für sie offen bleiben. Das ist wichtig, denn solange die Rußlanddeutschen das wissen, werden sie zumindest nicht überstürzt aussiedeln.

Answers

Seite 44, Aufgabe 1

a (4) (3)
b (1) (6)
c (2)
d (5)

Seite 44, Aufgabe 2

a Klaus
b Jürgen
c Maria

Seite 44, Aufgabe 4

a gutmütig, sanft, religiös, sentimental, musik- und naturliebend.
b grausam; er grunzt, grölt und schlägt fortwährend die Hacken zusammen; er ist auch fett, blond und blauäugig.
c zunehmend als ebenfalls am Krieg Leidender.
d als begnadeter, sensibler Musiker.

Seite 45, Aufgabe 5

der Wandel, verwandelt, darstellen, die Untersuchung, untersucht.

Seite 45, Aufgabe 6

a (4)
b (1)

c (2)

d (3)

Seite 45, Aufgabe 9

a 4,5 Millionen

b eine ähnliche Freundschaftsbeziehung aufbauen/ Vorurteile abbauen

c stolz, freiheitsliebend, finanziell erfolglos

d finanziell erfolgreich, arrogant, autoritär

e Junge Deutsche sprechen kein polnisch, junge Polen sprechen bis jetzt wenig deutsch.

f deutsche Schüler haben sehr viel mehr Geld als polnische.

g ein Beispiel der Zusammenarbeit zwischen beiden Völkern geben

h eine Chance, einen Beitrag zum Verständnis in Europa zu leisten.

Seite 46, Aufgabe 1

a (2) Berge

b (1) Blechmusik

c (1) im Dialekt

d (2) Kleider

Seite 46, Aufgabe 2

a als ein farbiges Stück alpenländischer Folklore (mit Bierdunst, Blechmusik, jodeln und schuhplatteln).

b aus den bayrischen Hochglanzbroschüren.

c Es führt häufig zu einer Verflachung und Verfälschung des kulturellen Erbes.

d Mundart und Trachten, Lied und Musik, Schauspiel und Tanz sind in zahlreichen Vereinen sehr populär geworden, sowie Filme, Fernsehserien, Dialektstücke und Protestbewegungen zum Thema Heimat.

e wegen Zorn über ihre Zerstörung oder Sehnsucht nach Sicherheit in einer hektischen Welt.

Seite 48, Aufgabe 1

a (3) Alpen, Schweizer, Gott, Vaterland, Gott, Vaterland.

b (1) Recht, Freiheit, deutsche Vaterland, alle, Herz, Hand, Recht, Freiheit, deutsches Vaterland.

c (2) Berge, Dome, zukunftsreich, Heimat, Österreich.

Seite 49, Übungen, Blatt 15

b 1 a (4)   g (10)
   b (9)   h (5)
   c (11)   i (2)
   d (1)   j (7)
   e (8)   k (3)
   f (12)   l (6)

  3 über, über, durch, unter, an, ins, auf, durch, in, zum.

Seite 51, Aufgabe 1, Blatt 16

1 a Wien
  b Berlin
  c Bern

2 Vier unter: Deutschland, Tschechische Republik, Ungarn, Italien, Schweiz, Slowenien, Liechtenstein.

3 Zwischen Österreich und der Schweiz.

4 a R
  b F (Montblanc, Frankreich)
  c F (die Schweizer)
  d F (in der Schweiz)

e R

5 Tag der Wiedervereinigung

6 deutsch, französisch, italienisch, rätoromanisch. Das Welschland ist der Teil der Schweiz, wo man französisch spricht.

Seite 51, Aufgabe 2

a 30 Weingüter, 30 Millionen Liter Wein pro Jahr

b Er spricht perfekt Deutsch.

c fördert die deutsche Sprache und Kultur; veranstaltet jedes Jahr ein Schützenfest.

d Hahndorf: cockerel village
Lobethal: valley of praise
Grunthal: green valley
Blumberg: flower mountain

Seite 51, Aufgabe 3

a F 1838

b R

c F Gemüse und Milchprodukte

d F gern

e R

f F in vielen Schulen

Seite 52, Aufgabe 4

	Deutsche Auswanderer in Amerika	Deutsche Auswanderer in Australien
Ankunftsdatum der ersten Siedler	1683	1838
Ihre Religion	protestantisch	Alt-Lutheraner
Grund für die Auswanderung	religiöse Verfolgung	religiöse Verfolgung
Erste(r) Siedlungsort(e)	in der Nähe von Philadelphia, Südostpennsylvanien	Hahndorf und Klemzig im Barossa-Tal

Seite 52, Aufgabe 5

a Mittelalter

b damals

c Arbeitskräfte

d Wolga

e Vertreibung

f einheimisch

g Rache

h etwa

Seite 52, Aufgabe 6

a 3

b 1

c 2

Seite 52, Aufgabe 7

auswandern, Siedlungsgebiete, zurückkehren, bleiben, wohnen, drei, politischen, Hilfe, offen, gering.

Seite 52, Aufgabe 8

a F Am Ende des 19. Jahrhunderts.

b Sprache, Kultur, Architektur.

6 Leib und Seele

Chapter overview

Page	Reference	Activities	Possible extension
53	Pictures	■ Teacher could ask general questions to introduce topics of health, food and religion, e.g. „Was machen Sie, um fit zu bleiben? Wie bleibt man körperlich und seelisch gesund? Sind wir heute gesünder als vor 100 Jahren? Essen Sie gesund? Ist Religion Ihnen wichtig? etc.“ ■ Students could find health advantages and disadvantages in each picture.	
	Headlines	■ Students could invent a story based on each of the newspaper headlines and afterwards could compare their stories.	■ Students write a newspaper report (perhaps using desktop publishing), based on one of the headlines.
54–55	📟 🔲17 Essen Sie sich fit!	1 Exercises based on adverts for healthy foods. (1) Complete sentences. (2) Order sentences. (3) True/false exercise. (4) Cloze text to complete.	
	7 Regeln für eine richtige Ernährung	2 Find synonyms in text for English vocabulary.	
	📟 Streit ums Essen	3 Match tape and text themes. 4 Complete gapped sentences using the imperative.	
		5 Make signs for school dining hall using the imperative.🔲	■ Make signs for German classroom using the imperative.
	Die meisten Hünde essen gesünder …	6 a Questions on text. b General questions.	
		7 Invent dialogue in pairs. 8 Write/record an advert.	■ Students could continue dialogue: the man now tells the dog what to do and the dog makes excuses.
56–57	Bioprodukte	1 a Look up vocabulary and form new sentences. b Questions on text.	
	📟 Klassenumfrage über Vegetarismus	2 Complete table based on tape. Compare views with own class/do a survey. 3 General questions.	
	📟 Unsere Sprache: ‚Markt-	4 Translate comments about food from regional dialects into 'Hochdeutsch', after imitating accents.	■ Make up a sketch, in groups of 4, based on the mealtime situation shown in the cartoon on p. 56. Use imagination to invent a short sketch portraying the family's conversation.

	Wort für Wort	5 Make up a short speech promoting either
		  a meat or
		  b health food products for a food conference.
		■ How to use a monolingual dictionary.
		  a True/false exercise.
		  b Look up words, find definitions.
		  c Make new sentences.
			■ Races to find definitions of words in monolingual dictionary. Teacher could shout out words to the whole group or students could play in groups of 3 (one acting as caller and the other 2 racing against one another).

58–9	Der Tod liegt in der Luft!	1 Look up vocabulary and explain meanings. 2 Answer questions on text. 3 Brainstorm dangers of smoking and passive smoking.	
	Lebens-gefährliche Gesundheits-schäden …	4 Order themes of paragraphs.🔲 ■ **Nochmal:** resumé of facts from text using 'daß' and 'weil'. 5 General question.	

	🔲18	6 Role-play: smoking in public places.	■ Invent a caption for the cartoon
			  a from the point of view of a non-smoker;
			  b from the point of view of a smoker.

	📟 Gib AIDS keine Chance	7 Make notes on the main themes. 8 Design a publicity leaflet.🔲	■ Write a letter in German to a newspaper, complaining that the state is not doing enough to tackle one of the problems outlined on this page.
60	Grammatik: Relativsätze 📟 Gesundheit ist relativ!	a Note relative pronouns. b Explain relative pronouns.	
		c 'Call my Bluff' game.🔲	■ This game can be played regularly to reinforce and practise relative clauses.
61	Hast du gute Nerven?	1 Answer quiz and then find out partner's answers.	■ Make up own quiz to find out how healthy people are.
		2 Discuss viewpoints.	

Page	Reference	Activities	Possible extension
	📼 Horoskop	**3** After listening to horoscopes, make up/record own. Decide whether they really do influence us.	■ Debate on whether or not horoscopes should be printed in newspapers and magazines.
62	📖 Was liegt uns auf der Seele?	**1** Complete sentences, add further information. **2** Find phrases for expressing doubt. ■ **Projektarbeit:** oral presentation of a health or religious issue. **3** Brennpunkt! Essay.	■ Record class/partner's views on religion (and possibly exchange tape with partner school).
81–84	Zum Lesen	■ Article and 'trivia' on items usually regarded as 'junk food'. ■ Healthy and unhealthy recipes and Heinrich Böll 'Haus ohne Hüter' extract. ■ Selection of extracts based on the theme of the supernatural, dealing with attitudes to God and ghosts. ■ Extract based on theme of running.	

Class cassette transcripts

Essen Sie sich fit!

Seite 54, Aufgabe 1, Blatt ▯17▯

Nummer 1: Zehn, 20, 30, 50, 100 Prozent Frucht! Ja! Apfelsaft, Traubensaft, Birnensaft, mmm … . Ananas, Orange oder Multi-Vitamin? 100% Frucht! Na, klar, Vaihinger paradiesisch! Vaihinger, ja, 100% Frucht! Vaihinger, na klar! Vaihinger, Vaihinger! Schmeckt's! Echt paradiesisch. Und welchen Fruchtsaft hätten Sie denn gern? Vaihinger!

Nummer 2: Wenn Sie die Kräuter auch schmecken wollen, gibt es für Sie jetzt Wasa Kräutergarten, das neue Knäcke aus 100% Vollkorn, abgestimmt mit sieben feinen Kräutern aus dem Garten der Natur. Das schmeckt so gut, man weiß gar nicht, was man drauftun soll. Wasa Kräutergarten … . Jetzt ganz frisch im Brotregal.

Nummer 3: Hier ist das erste Marken-Distelöl: Vita Distelöl von Brenndle. Mit dem höchsten Linolsäuregehalt für Ihre gesunde Ernährung. Vita Distelöl macht Ihre Salate so gut, so wertvoll und so schmackhaft. Für die gute Küche Vita Distelöl von Brenndle.

Nummer 4: Weiß wie Schnee … . Milch gibt dem Körper was er braucht, so bleibt er fit, und das weißt du auch, denn nur die Milch macht's. Von Milcheiweiß bis Kalzium, Mineralstoffe und Vitamine. Du brauchst nicht zu suchen, da ist alles drin. Du trinkst sie froh, sie schmeckt so toll, es gibt keine Frage, was man trinken soll, denn nur die Milch macht's!

Streit ums Essen

Seite 54, Aufgabe 3

Nummer 1: Kein Wunder, daß du Hunger hast. Steh mal morgen früher auf, damit du dein Frühstück nicht verpaßt!

Nummer 2: Toby, iß bitte deine Karotten – du willst doch groß und stark werden!

Nummer 3: Nein, Stefanie. Cola hat zu viel Zucker drin. Trink lieber ein Glas Milch!

Nummer 4: Mensch! Natürlich hat das Brot ‚was drin'! Das sind nur die Roggenkörner!

Nummer 5: Nein! Pommes gibt es nicht. Du hast gestern welche gehabt – einmal in der Woche, das reicht!

Nummer 6: Quatsch! Der Schinken ist nicht fett! Wenn du ihn nicht aufißt, bekommst du auch keinen Nachtisch!

Nummer 7: Ruhe jetzt! Eßt doch langsamer ihr beide – es gibt keine Eile!

Klassenumfrage über Vegetarismus

Seite 56, Aufgabe 2

Interviewerin: Bist du Vegetarier?

1. Junge: Nein! Zwar habe ich Verständnis für solche Leute, aber ich finde, daß oft zu viel missionarischer Eifer damit verbunden ist. Außerdem ist ihr Essen sehr langweilig – Vollwertkost und manchmal Fisch; das ist nichts für mich!

Interviewerin: Kennst du viele Vegetarier?

1. Junge: Viele nicht, aber einige schon.

Interviewerin: Glaubst du, daß es besondere Schwierigkeiten für sie gibt?

1. Junge: Vielleicht belächeln einige Leute sie, weil sie von der Norm (das heißt Fleischkost) abgewichen sind, aber ansonsten nicht.

Interviewerin: Bist du Vegetarierin?

1. Mädchen: Nee! Ich esse nämlich sehr gerne Fleisch!

Interviewerin: Was hältst du von dem Begriff, vegetarisch zu leben?

1. Mädchen: Ich bin der Meinung, dafür muß man sich selbst entscheiden. Also, ich esse gesund, ohne Vegetarierin zu sein.

Interviewerin: Kennst du viele Vegetarier?

1. Mädchen: Nein, alle meine Freunde essen Fleisch.

Interviewerin: Glaubst du, daß Vegetarier besondere Schwierigkeiten haben?

1. Mädchen: Ja, in Restaurants zum Beispiel gibt es oft nur eine geringere Auswahl an Speisen – Vegetarier müssen oft nur langweilige Omeletts oder das normale Essen ohne das Fleisch bestellen.

Interviewerin: Bist du Vegetarierin?

2. Mädchen: Nein, obwohl ich ab und zu daran gedacht habe – aber ich glaube, daß Fleisch wichtig für eine ausgewogene Ernährung ist. Es gibt einem viel Energie und wichtige Nährstoffe.

Interviewerin: Kennst du viele Vegetarier?

2. Mädchen: Nein. Ich glaube, daß es bei den meisten Jugendlichen nur ein Modetrend ist.

Interviewerin: Glaubst du, daß Vegetarier besondere Schwierigkeiten haben?

2. Mädchen: Eigentlich nicht – Bier und Pommes sind vegetarisch, und die gibt's überall!

Interviewerin: Bist du Vegetarierin?

3. Mädchen: Ja, seit drei Jahren schon, weil es mich ekelt, Tiere zu essen. Ich kann nicht glauben, daß es in Ordnung ist, beseelte Lebewesen zu töten, also zu schlachten!

Interviewerin: Du ißt also überhaupt kein Fleisch.

3. Mädchen: Nein, sogar keinen Fisch, aber es stimmt nicht, daß vegetarisches Essen langweilig ist. Ich esse viel Käse, Eier, Gemüse und auch viele Hülsenfrüchte, zum Beispiel Linsen.

Interviewerin: Kennst du viele Vegetarier?

3. Mädchen: Einige schon, obwohl wir natürlich eine Minderheit sind.

Interviewerin: Habt ihr besondere Probleme?

3. Mädchen: Keine besonderen. Man gewöhnt sich an die Ignoranz der restlichen Bevölkerung …, aber es könnte mehr vegetarische Restaurants geben.

Interviewerin: Bist du Vegetarier?

2. Junge: Ja, ich bin aus moralischen Gründen Vegetarier. Meine ganze Familie ernährt sich vegetarisch, und schon als kleines Kind war ich Vegetarier.

Interviewerin: Hast du besondere Schwierigkeiten dabei gehabt?

2. Junge: Vor einigen Jahren schon, aber jetzt ist es akzeptabler, Vegetarier zu sein. Ich kenne immer mehr Leute, die kein Fleisch essen, weil sie diese Lebensweise für gesünder halten. Wir sind ja auch gesünder – die Fitneß der Vegetarier ist ein Beweis für die Vorteile fleischloser Nahrung.

Gib AIDS keine Chance

Seite 59, Aufgabe 7

1. Mädchen: Wird es in absehbarer Zeit eine Schutzimpfung gegen Aids geben?

Ärztin: Das kann niemand mit Sicherheit sagen. Zur Zeit wird weltweit mit mindestens 13 Impfstoffen experimentiert. Optimisten rechnen damit, daß es – allerdings frühestens am Ende der 90er Jahre – eine Aidsschutzimpfung geben könnte. Es gibt aber auch Experten, die sehr skeptisch sind.

1. Junge: Wie lange dauert es von der Ansteckung bis zum Ausbruch der Krankheit?

Ärztin: Das ist von Mensch zu Mensch sehr verschieden. Langzeituntersuchungen in den USA haben ergeben, daß es bei einem Infizierten durchschnittlich 11,1 Jahre dauert, bis die Krankheit ausbricht.

1. Mädchen: Bricht die Krankheit bei allen Infizierten aus?

Ärztin: Mitte der 80er Jahre vermutete man, daß die Krankheit nur bei der Hälfte aller Infizierten ausbricht. Heute geht man davon aus, daß mindestens 70 Prozent, mit großer Wahrscheinlichkeit aber alle Aidsinfizierten, früher oder später erkranken.

2. Mädchen: Wie kann man sich mit Aids anstecken?

Ärztin: Die Ansteckung erfolgt über den Austausch von Körperflüssigkeiten. Da bestimmte Körperflüssigkeiten wie Blut, Sperma und Scheidenflüssigkeit besonders viele Aidsviren enthalten, sind sie besonders gefährlich.

2. Junge: Wie schützt man sich am besten?

Ärztin: Da sexueller Kontakt der allerhäufigste Ansteckungsweg ist, sind Enthaltsamkeit, vor allem aber Treue zum Partner der beste Schutz. Wenn es jedoch zu sexuellen Kontakten mit wechselnden Partnern kommt, sollte man sich schützen, indem Kondome verwendet werden.

1. Junge: Schützt man sich, wenn man Aidskranke meidet?

Ärztin: Nein, denn durch normale Kontakte zu Aidskranken oder -infizierten kann man sich nicht anstecken. Weder Händeschütteln, Anhusten, Trinken aus einem gemeinsamen Glas oder ähnliches ist gefährlich.

2. Mädchen: Sind Homosexuelle und Drogenabhängige noch immer die Hauptrisikogruppen?

Ärztin: Nein. Drei von vier Neuinfektionen sind weltweit auf heterosexuellen Geschlechtsverkehr zurückzuführen, also auf Geschlechtsverkehr zwischen Mann und Frau. Nach Schätzungen der Weltgesundheitsorganisation WHO werden in Zukunft an der Weitergabe des Virus nur noch zu 10 Prozent Fixer, aber zu 70 Prozent heterosexuelle Kontakte beteiligt sein. Den Rest bilden Blutkonserven und aidskranke Mütter, die ihre Babys infizieren.

2. Junge: Hat sich Aids so schnell ausgebreitet wie befürchtet?

Ärztin: Ja und nein. In Westeuropa rechnen die Mediziner Mitte der 90er Jahre mit einer Stagnation der Neuansteckungen. Weltweit sieht es jedoch düster aus. Vor allem in Afrika, Asien und Südamerika breitet sich Aids mit rasender Geschwindigkeit aus. Nach Schätzungen der WHO wird Aids Ende der 90er Jahre in fast allen Teilen der Welt die häufigste Todesursache von jungen Erwachsenen sein.

Gesundheit ist relativ!

Seite 60, Übung a

Nummer 1: Wir leben im Zeitalter der sogenannten Zivilisationskrankheiten. Bewegungsmangel, der die Folge der technologischen Entwicklung ist, schadet unserer Gesundheit.

Nummer 2: Es ist also wichtig, daß vor allem Menschen, die sich während der Arbeit wenig bewegen, in ihrer Freizeit Sport treiben.

Nummer 3: Etwa alle sechs Minuten stirbt ein Bundesbürger an den Folgen eines Herzinfarkts. Etwa ein Drittel der Erwachsenen, die in Deutschland wohnen, hat zuviel Cholesterin im Blut.

Nummer 4: Die fehlerhafte Ernährung, mit der so viele Menschen aufgewachsen sind, ist daran Schuld.

Nummer 5: Leute, deren Cholesterinspiegel zu hoch ist, haben ein erhöhtes Risiko, an einem Herzinfarkt zu erkranken.

Nummer 6: Am besten sollte man weniger Fett essen und ein regelmäßiges körperliches Trainingsprogramm unternehmen, das dreimal pro Woche etwa 30 Minuten Bewegung enthält.

Nummer 7: Dieses Programm, dessen Aktivitäten auch leicht in den Alltag hineinpassen können, führt schnell zu einer Verbesserung der Gesundheit.

Nummer 8: Jogging, Radfahren und Schwimmen, zum Beispiel, sind alle sportliche Betätigungen, für die man wenig Geld ausgeben muß und an denen man viel Freude haben kann.

Was liegt uns auf der Seele?

Seite 62, Aufgabe 1
Interviewer: Toby, ist Religion dir wichtig?

Toby: Also, ich bin Atheist, das heißt, ich habe keine Religion, und ich bin der Meinung, daß ich das auch nicht brauche. Ich weiß nicht, ich hab' mich irgendwie nie mit Religion beschäftigt; ich hab' aber viel Respekt für andere Leute, die religiös sind.

Interviewer: Und Raphael, wie ist es bei dir?

Raphael: Ja, ich bin Katholik, aber ich bin eigentlich nicht so religiös. Es kann wohl sein, daß der Glaube vielen Leuten hilft, aber ich finde den Reichtum der Kirchen fragwürdig, wenn es so viel Armut in der Welt gibt. Ich bete also nur, wenn ich Hilfe brauche.

Interviewer: Eva?

Eva: Ich bin evangelisch und gehe jeden Sonntag in die Kirche. Für mich ist Religion ein Teil meines Alltags – aus der Bibel hole ich die Kraft, die ich brauche. Meiner Meinung nach aber ist Toleranz wichtiger als irgendeine bestimmte Religion.

Interviewer: Ja, Achim … .

Achim: Für mich ist meine Religion auch sehr wichtig, denn sie bringt mir eine innere Ruhe. Ich bin überzeugter Moslem und würde sagen, daß die Leute hier in der Gegend und in der Schule sehr aufgeschlossen sind. Ob das überall so ist, das ist eine andere Frage. Einige Moslems haben es sicher nicht so gut.

Interviewer: Janine, was hältst du davon?

Janine: Ich habe oft darüber nachgedacht, aber ich finde es schwierig, einen festen Glauben zu behalten. Es läßt sich nicht bestreiten, daß immer mehr Jugendliche an Religion und solche Sachen denken, aber relativ wenige gehen regelmäßig in die Kirche. Ich würde sagen, daß ich Christ bin, aber ich gehe nur zu Weihnachten und Ostern in die Kirche.

Answers

Seite 54, Aufgabe 1, Blatt 🔳 17
🔳 Essen Sie sich fit!
1 **a** Fruchtsaft **b** 100, Frucht **c** Apfelsaft, Traubensaft, Birnensaft, Ananas, Orange und Multi-Vitamin **d** paradiesisch
2 (2) d, h, b, g, i, a, f, e, c
3 **a** F **b** R **c** F **d** R **e** F
4 Körper was er braucht, bleibt er fit, und Vitamine, brauchst nicht zu suchen, Du trinkst, schmeckt so toll, keine Frage, was man trinken soll

Seite 54, Aufgabe 2
mäßig, aber regelmäßig; Nehmen Sie die Mahlzeiten in Ruhe ein.; ein guter Auftakt; Halten Sie die Kost so vielseitig wie möglich.; reich an Eiweiß und Kalzium; führt leicht zu Übergewicht; dann sind Sie ausreichend mit wichtigen Vitaminen, Mineralstoffen und Ballaststoffen versorgt; Vollkornerzeugnisse; viele Vorzüge.

Seite 54, Aufgabe 3
🔳 Streit ums Essen
1 = Tip 2, 2 = Tip 6, 3 = Tip 4, 4 = Tip 7, 5 = Tip 3, 6 = Tip 5, 7 = Tip 1

Seite 54, Aufgabe 4
a Nehmen Sie, ein **b** Halten Sie **c** Nehmen Sie **d** Bringen Sie, essen Sie **e** Steh, auf **f** Trink **g** Iß **h** Eßt

Seite 55, Aufgabe 6
a ausgewogene Ernährung, regelmäßige Bewegung, viel frische Luft

Seite 56, Aufgabe 2
🔳 Klassenumfrage über Vegetarismus
Nummer 1: Nein; zu viel missionarischer Eifer, Essen langweilig; missionarisch; einige; Leute belächeln sie.

Nummer 2: Nein; ißt sehr gerne Fleisch; man muß sich selbst entscheiden; keine; geringere Auswahl in Restaurants, langweiliges Essen oder das normale Essen ohne Fleisch.

Nummer 3: Nein, aber hat daran gedacht; Fleisch ist wichtig für eine ausgewogene Ernährung, gibt einem viel Energie und wichtige Nährstoffe; bei den meisten Jugendlichen ist Vegetarismus ein Modetrend; nein; nein – Bier und Pommes gibt's überall.

Nummer 4: Ja – seit 3 Jahren; es ekelt sie, Tiere zu essen, töten/schlachten; sie sind eine Minderheit; einige; nein – man gewöhnt sich an Ignoranz, es könnte aber mehr vegetarische Restaurants geben.

Nummer 5: Ja; aus moralischen Gründen; sie sind gesünder; seine Familie und immer mehr Leute; nein, jetzt ist Vegetarismus akzeptabler.

Seite 57, Übung a
(1) R (2) R (3) F (4) R

Seite 58, Aufgabe 2
a eine Schutzbrille und etwas, um das Gesicht, den Körper und die Hände zu vermummen
b Damit kein Sonnenstrahl die Haut trifft
c Sie schützt die Erde vor den lebensbedrohlichen UV-Strahlen der Sonne
d Sie ‚schmilzt'
e Hautkrebs, Augenschäden, Veränderungen im Erbgut

Seite 58, Aufgabe 4
d, g, e, h, a, f, b, c

Seite 60, Übung a
🔳 Gesundheit ist relativ!
(1) der (Bewegungsmangel) (2) die (Menschen)
(3) die (Erwachsenen) (4) mit der (Ernährung)
(5) deren (Leute) (6) das (Trainingsprogramm)
(7) dessen (Programm) (8) für die (Betätigungen)

Seite 60, Übung b
(1) M. Sing. Nom. (2) M. Pl. Nom. (3) M./F. Pl. Nom.
(4) F. Sing. Dat. (5) Pl. Gen. (6) N. Sing. Nom.
(7) N. Sing. Gen. (8) F. Pl. Akk.

Seite 62, Aufgabe 1

Was liegt uns auf der Seele?

a (1)… er der Meinung ist, daß er Religion nicht braucht.

(2)… der Glaube vielen Leuten hilft, aber der Reichtum der Kirchen ist fragwürdig, wenn es so viel Armut in der Welt gibt.

(3)… ein Teil ihres Alltags.

(4)… ihm eine innere Ruhe bringt.

(5)… einen festen Glauben zu behalten.

Seite 62, Aufgabe 2

Raphael: Es kann wohl sein …, aber ich finde … fragwürdig …

Achim: Ob das … so ist, das ist eine andere Frage.

Janine: Es läßt sich nicht bestreiten, daß …, aber…

Kontrollpunkt 2 Answers

Seite 63, Vokabeln

1 a *poverty; training; to make a contribution to something; application; to swot; food/nutrition/ nourishment; drug addict; to worry about something; to endanger; to count as something … to be considered as something; of course/obviously; sensitive; overwhelming(ly); persecution; to break down prejudices.*

b das Gebiet(e); der Krebs(e); der Lebenslauf; answandern; die Zukunft; das Ozonloch; die Arbeitsstelle/die Stelle/der Arbeitsplatz; in letzter Zeit; regelmäßig; ähnlich; die Oberstufe; der Staat(e)/die Nation(en); die Arbeitslosigkeit; der Vegetarismus.

2 a Gehirn

b zur Zeit

c Nationalhymne

d Einkommen

e UV-Strahlen

f Abitur

Seite 63, Grammatik

1 rauch, raucht, rauchen Sie

iß, eßt, essen Sie

nimm, nehmt, nehmen Sie

lies, lest, lesen Sie

sieh fern, seht fern, sehen Sie fern

sei, seid, seien Sie

schreib, schreibt, schreiben Sie

gib, gebt, geben Sie

sprich, sprecht, sprechen Sie

ruf an, ruft an, rufen Sie an

2 a einem, das

b der, die/eine

c der, die

d einem/dem, der/einer

e einen, eine/die

f dem, die

3 a Die Ärztin, die mich untersuchte, hieß Doktor Langer.

b Der Mann, den wir interviewten, hatte gute Qualifikationen.

c Einige Vegetarier, die keine Milchprodukte essen, haben Schwierigkeiten in Restaurants.

d Der Freund, dessen Notizen ich geborgen habe, wohnt um die Ecke.

e Der Mann, dem ich meinen Paß gegeben habe, hat ihn nicht zurückgegeben

4 a Ich finde Biologie schwieriger als Physik aber nicht so schwierig wie Chemie.

b Er wird das/es so bald wie möglich machen.

c Ich werde dich/euch/Sie morgen sehen.

d Er gab ihr seine Adresse.

e Sie fuhr am ersten Tag ⎰des Urlaubs⎱ weg.
Sie ist am ersten Tag ⎱der Ferien ⎰ weggefahren.

f Ich kaufte deutsches Bier, französischen Käse, sechs frische Brötchen und einen großen Kuchen von dem kleinen Supermarkt um die Ecke.

Seite 64, Kommunikationsziele

1 a See page 37.

b See page 46.

c See page 62.

2 See pages 35 and 48.

3 a *Although I have never worked for him, I'm sure that he is a good boss.*

b *Although he was at the same school, he did not know her then.*

c *Although I know that smoking is dangerous to my health, I cannot give up.*

4 See page 45.

Seite 64, Ideen

1 a See pages 34–5 and Copymaster **12**.

b See pages 50–2.

c See pages 58–9.

3 See page 50 and ▄ ‚Deutsche in Amerika'.

4 a See pages 37–40.

b See page 48.

c See pages 54–6 and 58–9.

7 Geld regiert die Welt

Page	Reference	Activities	Possible extension
85	General	■ Teacher could ask general questions to introduce topics of wealth and poverty, e.g. „Machen Sie ein Brainstorming zum Thema ‚Viel Geld' oder ‚Wenig Geld'." Or: „Stellen Sie sich vor, Sie haben viel Geld – was würden Sie damit kaufen?" Then compare different student's priorities and thoughts re. money.	
	Pictures	■ Teacher asks students to find as many contrasts as possible between the pictures. ■ Students decide which pictures best represent their views of 'reich sein' and 'arm sein'.	
		■ Students discuss what pictures they would add or exclude to represent these themes.	■ Students write an acrostic or shape poem connected with a theme related to money, wealth or poverty.
86–87	Ohne Moos nix los!	1 Find synonyms in texts.	
	📼 Geldsachen	2 a Read tips. b Decide who followed which tip. 3 General questions. Decide on pros and cons of jobs. 4 General questions. Reasons for jobs.	■ Compile a class profile on part-time/holiday jobs in the style of 'Ohne Moos nix los!'. ■ Compare list of pros and cons with a partner and/or rest of class. Decide which job has most advantages.
	📼 Unsere Sprache: Wo wir gerade von Geld sprechen	5 Listen to different German, Swiss and Austrian accents. Decide which is easiest to imitate/understand. 6 General questions about cartoon.	
		■ **Projektarbeit:** make a short video/radio documentary on holiday and part-time jobs in own country. Also design storyboard.	■ Write own version of 'Welche Jobs gibt es und wie kommt man ran?' based on the situation in students' own country. Present this as a comparison/contrast for the benefit of their exchange school or a German-speaking visitor. ■ Write to penfriend or ministry of education in a German-speaking country and find out more about higher education system.
	📼 Münzenmesse	7 Advert for coin fair. Design a poster or newspaper advertisement promoting the coin fair. ■ **Nochmal:** revise facts known about student life.	
88–89	Mit 20 die erste Million	1 Multiple-choice comprehension questions. ■ **Kommunikation!** Asking questions. 2 Interview for a chat show.	
	📼 Wahnsinns-reportage!	3 Competition to win cash prize by deciding if story is true or false – gapped text.	■ Write a poem based on the theme of money/millionaires. Use the poem 'Wohlstand' as a model and try to follow the pattern: 'Ich…, aber…' in alternating lines. (See p. 89.)
	📼 Der Börsenbericht	4 Quick-fire comprehension practice of numbers.	■ Further practice of numbers in pairs. One person reads out a list of numbers as quickly as possible and the other notes them down. Then reverse roles.
90–91	Transit für Alpträume	1 Match synonyms. 2 True/false exercise. 3 Complete the table of contrasts in the text.	
	📼 Immer mehr Obdachlose	4 General listening comprehension questions. 5 Interview with a homeless person: invent this, using text and cassette as a prompt. 6 Write a newspaper report: a summarising the content of the interview; or b letter to newspaper about the problems in Hamburg station.	■ Discuss how typical the attitude in the cartoon is. Question others about their attitudes. ■ Imagine the situation from the point of view of Hans-Joachim Martens, the manager of the shopping arcade.
92–93	Die Wirtschaft kommt in Gang	1 Questions on picture statistics.	■ Students look at picture statistics and try to explain why Hamburg station is called 'ein deutscher Mikrokosmus' (p. 90).
	📼 19 Streiks	2 a (1) Match sentence halves. (2) General listening comprehension questions. b Read text and deduce reasons for events on cassette. c Use texts and cassette to create dialogues. ■ **Kommunikation!** Express counter-arguments. 3 Write a letter to an uncle/aunt in another part of Germany.	■ Find out more about key German industries, using encyclopaedias and other reference materials. ■ For schools with exchange links: a case study of the industry in the exchange town/region. ■ European work experience could be linked to this theme, particularly if student placements in industry are possible.

Page	Reference	Activities	Possible extension
	🔊 20 Renter als Berater	**4** (1) True/false exercise. (2) Gap-filling exercise. (3) General listening comprehension/deduction questions.	
		5 a Brainstorm the advantages of investing in the eastern part of Germany. b Produce a publicity advert. c Write a summary of the economic upturn.	■ Research the current industrial and economic situation in the new 'Länder', using newspapers, radio, TV news broadcasts and other sources.
94–95	Zu viele im selben Boot?	**1** Explain meanings of vocabulary. **2** Fill out facts table by reading text.	
		3 List ways of helping developing countries. **4** Complete/create a flow diagram summary of text. **5** Gap-filling exercise: verbs and prepositions.	■ Make a wall display in German about the developing countries and development aid, to inform other classes.
	🔊 Die Ursachen der Verarmung	**6** Compare tape with texts and find differences. **7** Role-play: debate with a politician.	
		8 Brennpunkt! Essay.	■ Write to a charity featured on p. 94 or p. 195 of reading section, requesting more information in German about the developing countries and development aid.
96	Grammatik: Das Passiv		
	🔊 Wir sind doch zu passiv	a Note different uses of 'werden'.	
		b Describe a chain of development aid using the passive. c Invent a 'Trivia Pursuit Quiz', with questions in the passive.	■ Support: students plan half a dozen measures each in advance. Extension: students must not re-use any past participle in the chain.
		d Invent a sketch based at an auction – the auctioneer describes strange items.	■ Other grammar games to practise the passive – see 'Spielkasten'.
	21 Nicht jeder ist passiv!	e Exercises to provide further practice of passive.	
194–196	Zum Lesen	■ Bank advertisements and 'trivia' on money theme. ■ Charity adverts.	■ Literature and newspaper article on theme of the developing countries. Große-Oetringhaus: 'Wenn Leila Wasser holt' extract and article from 'Die Welt'.

Class cassette transcripts

Geldsachen

Seite 86, Aufgabe 2

Cornelia: Ja, ich wollte diesen Sommer den Führerschein machen und brauchte also einen Ferienjob. Ich habe aber Glück gehabt – mein Vater arbeitet in einem Betrieb, in dem jeden Sommer Aushilfsjobs vergeben werden. Also nahm er mein Bewerbungsschreiben gleich mit in die Firma. In den Sommerferien konnte ich dann vier Wochen in der Werbeabteilung des Großbetriebs arbeiten. Ich kann auch Schreibmaschine schreiben und konnte deshalb auch Briefe tippen und andere Schreibarbeiten erledigen, obwohl ich eigentlich nur als ‚Mädchen für alles' eingestellt worden war.

Hans-Peter: Stimmt – du hast Glück gehabt. Ich konnte überhaupt nichts finden. Ich bin zum Arbeitsamt gegangen, aber dieses Jahr, weil es mehr Arbeitslosigkeit gibt, gab es gar keine Jobs, die ich ohne Qualifikationen machen konnte. Erst vor zwei Wochen habe ich Arbeit als Rettungsschwimmer im Freibad gekriegt, weil ein Freund von mir sich das Bein gebrochen hat, aber leider habe ich nicht genug verdient, um meinen Eltern meine Schulden abzubezahlen.

Der Börsenbericht

Seite 89, Aufgabe 4

Und hier der Börsenbericht. Die deutschen Aktienmärkte schlossen schwächer. Der deutsche Aktienindex gab um 6,74 auf 1.745,70 Punkte nach, am Rentenmarkt viele öffentliche Anleihen bis zu 55 Pfennig. Der Dollarkurs steht bei DM 1.65,09; eine Feinunze Gold kostet $336.55.

Die wichtigsten Kassenkurse:

Automobil und Verkehr		
BMW:	583,50	-2,50
Daimler:	787,50	-6
Porsche:	545	-4
VW:	382,20	-1,80
Lufthansa:	153,50	-1,50
Chemie		
BASF:	250,10	-1,30
Bayer:	287,20	-2,40
Hoechst:	263,80	-2,60

Immer mehr Obdachlose

Seite 91, Aufgabe 4

Journalistin: Seit wann arbeiten Sie mit Obdachlosen?

Sozialarbeiter: Seit fast drei Jahren jetzt.

Journalistin: Und innerhalb dieser Zeit hat die Zahl der Leute ohne festen Wohnsitz zugenommen?

Sozialarbeiter: Das kann man schon sagen! Ich schätze, daß die Zahl der Obdachlosen in den letzten drei Jahren um mindestens 20% gestiegen ist. Wir sehen leider immer mehr Leute am Rande der Armut, und junge Leute sind im Moment besonders schwer betroffen.

Journalistin: Können Sie diesen Trend erklären?

Sozialarbeiter: Also, es gibt verschiedene Gründe dafür: Wie es auch immer der Fall gewesen ist, spielt die Familie oft eine große Rolle, aber heutzutage sind vielleicht Arbeitslosigkeit und der Mangel an bezahlbaren Wohnungen die Hauptursachen des Problems. Immer mehr Jugendliche befinden sich in dem Teufelskreis „keine Arbeit, keine Wohnung; keine Wohnung, keine Arbeit" und kommen nicht heraus. In vielen Großstädten ist es fast unmöglich, eine richtige Wohnung zu finden, weil der Wohnungsmarkt halt ,zu' ist. Ärmere Leute werden gezwungen, in leerstehenden Häusern zu wohnen oder, wenn sie Glück haben, in Heimen. Andere übernachten in Jugendherbergen, bei der Bahnhofsmission oder bei kirchlichen Organisationen. Letzendlich aber haben viele keine Alternative, als auf der Straße zu leben.

Journalistin: Und wie viele Obdachlose gibt es zur Zeit?

Sozialarbeiter: Na ja, es ist schwer zu sagen. Die Zahl ändert sich von Tag zu Tag, aber sie läuft sicher in die Hunderttausende in der ganzen Bundesrepublik. Einige Leute schätzen die Zahl viel höher, sogar auf über eine Million.

Journalistin: Was machen Sie denn, um den Obdachlosen hier zu helfen?

Sozialarbeiter: Leider nicht genug. Mit Hilfe einiger Kirchen verteilen wir Suppe oder belegte Brötchen je nach der Jahreszeit. Wir haben auch versucht, einige Wohnungen zu mieten, aber das ist einfacher gesagt als getan. Viele Vermieter wollen nichts mit Obdachlosen zu tun haben, selbst wenn man ihnen erklärt, daß das Sozialamt die Verantwortung dafür übernimmt. Eigentlich kann nur eine Zunahme an Stellen und billigen Wohnungen die Situation verbessern.

Streiks

Seite 92, Aufgabe 2, Blatt [19]

SWF 3 Nachrichten

Frankfurt am Main: Die Zeichen im öffentlichen Dienst stehen auf Streik. 59,4% der Mitglieder der deutschen Postgewerkschaft haben sich in der Urabstimmung für einen Arbeitskampf ausgesprochen. An der Abstimmung beteiligt waren nach Angaben der Postgewerkschaft über 155 000 Mitglieder; über 148 000 votierten für Streik. Die anderen Gewerkschaften des öffentlichen Dienstes melden ebenfalls große Zustimmung für einen Arbeitskampf. Die deutsche Angestelltengewerkschaft will gegen 17 Uhr das Ergebnis der Urabstimmung verkünden. Morgen will die ÖTV sagen, wie ihre Mitglieder entschieden haben. Damit zeichnet sich ab, daß es zum ersten Mal seit 18 Jahren wieder einen Streik im öffentlichen Dienst geben wird.

Frankfurt am Main: Die I.G. Metall hat massive Warnstreiks für die kommende Woche angekündigt. I.G. Metall-Chef Steinkühler reagierte damit auf das 3,3% Angebot der Arbeitgeber. Steinkühler lehnte das Angebot als ,völlig realitätsfern' ab. Die I.G. Metall verlangt 9.5% mehr Lohn und Gehalt.

Rentner als Berater

Seite 93, Aufgabe 4, Blatt [20]

Ansage: Der deutsche Senioren-Experten-Service – kurz SES gennant – besteht aus pensionierten Fachleuten, die früher nur zu Projekten in Länder der Dritten Welt reisten, um westliches Know-how und Marketing zu vermitteln. Die Berater, denen damit auch der Übergang vom Berufsleben in den Ruhestand erleichtert werden soll, arbeiten für ein Taschengeld plus freie Unterkunft und Verpflegung. Deutschlands Einheit hat vielen der 2700 registrierten Senioren-Experten zum erstenmal eine Einsatzchance in Ostdeutschland beschert. Gefragt sind dort vorzugsweise betriebswirtschaftliche Kenntnisse, weniger die technischen Fähigkeiten, wie in Entwicklungsländern.

1. Sprecher: Der 61-jährige Hans Kletschke wollte ursprünglich nach China gehen, um dort sein Wissen als Diplom-Maschinenbau-Ingenieur zu vermitteln. Aber vor einem Jahr ging er ins sächsische Zwickau, um die Schwachstellen in einer Maschinenfabrik aufzuspüren.

2. Sprecher: Die Zwickauer Maschinenfabrik hatte zu DDR-Zeiten einen Umsatz von 220 Millionen Ost-Mark. Lediglich drei Prozent der Waren wurden in den Westen exportiert. Alles übrige ging in die Staaten Osteuropas und in die inzwischen zusammengebrochene Sowjetunion. Aus der Sicht des SES-Experten ist nicht nur der veraltete Maschinenpark am Niedergang der Firma schuld, sondern auch die Einstellung der Mitarbeiter zur Qualität der Produkte.

1. Sprecher: Der rüstige Rentner erkannte schnell, daß es mit schönfärberischen Reden und halbherzigen Taten nicht getan war. Die Belegschaft der Firma mußte drastisch abgebaut werden. Von ursprünglich 1300 Mitarbeitern wurden bereits 900 entlassen. Der SES-Experte schätzt, daß sich der Betrieb mit 300 Mitarbeitern, neuen Ideen und einem westdeutschen Unternehmer an der Spitze auf dem Markt behaupten könne.

2. Sprecher: Hans Kletschke kritisiert einige westdeutsche Firmen, die die Unwissenheit der Ostdeutschen schamlos auszunutzen trachteten. Sie präsentierten oft überhöhte Angebote für geplante Investitionen im Maschinen-bereich. Er habe im Vergleich zu Westdeutschland für das gleiche Objekt einen Preisunterschied von 30 Prozent feststellen können.

1. Sprecher: Auf den Trümmern des kommunistischen Zwangssystems wächst die Marktwirtschaft vielerorts recht mühsam heran. Die wachsende Arbeitslosigkeit, die Schließung von Betrieben, soziale Notstände sind die äußeren Zeichen des Umbruchs im Osten. Rasche Hilfe ist gefordert; Leute wie Hans Kletschke und große Investitionen werden jahrelang nötig sein.

Die Ursachen der Verarmung

Seite 95, Aufgabe 6

Sozialwissenschaftlerin: Also, die erste Ursache ist sicher die Bevölkerungsexplosion. Wenn die Bevölkerung eines Landes jährlich um 3% wächst, die Wirtschaft aber nur um 2%, dann ist es klar, daß dieses Land ärmer werden muß.

Eine zweite Ursache der Armut ist die Ausbeutung der Entwicklungsländer durch die Industrieländer: Viele westliche Firmen freuen sich, daß sie billige Arbeitskräfte und Fabriken in der Dritten Welt bekommen können – sie kassieren die Profite, während die Völker dieser Länder immer noch in Armut leben.

Auch mit der Ausbeutung verbunden ist die Frage der Verschuldung. 1975 betrug die Verschuldung der Entwicklungsländer ungefähr 75 Milliarden Dollar – heute beträgt sie über das Doppellte! Obwohl einige Industrieländer auf die Rückzahlung verzichten, wird immer noch zu wenig getan, um das Schuldenproblem zu lösen.

Die ganze Situation wird durch politische und klimatische Probleme verschlechtert. Oft verhindern Kriege und Revolutionen einen wirtschaftlichen Aufbau, aber die Veränderung des Weltklimas macht mir noch größere Sorgen. Selbst wenn ein Entwicklungsland politisch stabil ist, leidet es oft an Mißernten wegen Dürren oder Überschwemmungen.

Wir sind doch zu passiv

Seite 96, Übung a

Nummer 1: Jeden Tag wird die Weltbevölkerung immer größer.

Nummer 2: Etwas muß gemacht werden!

Nummer 3: Wenn wir nicht handeln, werden Hunderttausende von Menschen verhungern.

Nummer 4: Wir werden im Fernsehen durch die Nachrichten darüber informiert, aber wir schalten lieber um.

Nummer 5: Ab und zu schicken wir Geld, weil wir glauben, daß es die Probleme lösen wird.

Nummer 6: Die Regierungen der Industrieländer müssen gezwungen werden, mehr für die Entwicklungsländer zu tun!

Nummer 7: Technische Hilfe und Essen werden dringend benötigt.

Nummer 8: Es wird Zeit, daß alle westlichen Länder auf Kreditrückzahlungen verzichten.

Nummer 9: Sonst ist es wahr, daß die Dritte Welt durch die Industrieländer ausgenutzt wird.

Nummer 10: Wir müssen die Politiker überreden, daß sie ohne verbesserte Entwicklungspolitik unsere Stimmen nicht bekommen werden.

Answers

Seite 86, Aufgabe 1

a elf Stunden am Stück   **b** wenn die elterliche Unterstützung nicht ausreicht   **c** ihren Lebensunterhalt   **d** am schwarzen Brett   **e** Aufträge   **f** Betreuerin   **g** ein dufter Job

Seite 86, Aufgabe 2

▭ Geldsachen

b Cornelia = Tip 3 Hans-Peter = Tip 1

Seite 87, Aufgabe 4

Kamilla: für den Urlaub in Spanien

Carsten: für sein Auto

Tanja: (sagt nichts über ihre Absichten), aber lernt 'was dabei.

Joel: um sein Studium zu finanzieren

Cornelia: für den Führerschein

Hans-Peter: um seine Schulden abzubezahlen.

Seite 89, Aufgabe 1

a (2)   **b** (2)   **c** (1)   **d** (2)   **e** (2)   **f** (1)   **g** (1)   **h** (2)

Seite 89, Aufgabe 4

▭ Der Börsenbericht

(1) 6,74   **(2)** 1.745,70   **(3)** 55   **(4)** 1.65,09   **(5)** 336.55
(6) 787,50 -6   **(7)** 545 -4   **(8)** 382,20 -1,80   **(9)** 153,50 -1,50
(10) 250,10 -1,30   **(11)** 287,20 -2,40   **(12)** 263,80 -2,60

Seite 91, Aufgabe 1

a (9)   **b** (6)   **c** (10)   **d** (1)   **e** (4)   **f** (8)   **g** (7)   **h** (2)   **i** (3)   **j** (5)

Seite 91, Aufgabe 2

a R **b** R **c** F Die Vorortszüge spucken die Pendler aus.
d F Ilse hat Tüten zu ihren Füßen. **e** F Sie wohnt seit 12 Jahren im Bahnhof. **f** R **g** R **h** F Die Läden verkaufen Lederjacken und seidene Krawatten.

Seite 91, Aufgabe 3

in dem Bahnhof, trägt Plastiktüten, sitzen in gewichtigen Polstersesseln, ißt angebissene Brötchen oder ein Stück weggeworfener Bratwurst, seidene Krawatten, neueste CDs und teure Lederjacken, hat alte Autofelle von den Taxifahrern zum Wärmen.

Seite 91, Aufgabe 4

▭ Immer mehr Obdachlose

a die Zahl der Obdachlosen ist um mindestens 20% gestiegen

b Arbeitslosigkeit und ein Mangel an bezahlbaren Wohnungen

c in leerstehenden Häusern, in Heimen, in Jugendherbergen, bei der Bahnhofsmission oder bei kirchlichen Organisationen

d Schwer zu sagen – die Zahl läuft in die Hunderttausende

e man verteilt Suppe oder belegte Brötchen und versucht Wohnungen zu mieten

f eine Zunahme an Stellen und billigen Wohnungen

Seite 92, Aufgabe 2a, Blatt 🔲 **19**
🔲 **Streiks**
1 a (4) b (6) c (1) d (8) e (2) f (7) g (3) h (5)
2 a für die kommende Woche
 b 3,3%
 c völlig realitätsfern
 d 9,5%

Seite 92, Aufgabe 2b
(1) Die Westdeutschen halten weniger Geld in ihrem
 verfügbaren Einkommen.
(2) Die Energiekosten waren höher.
(3) Die Zinsen waren gestiegen.

Seite 93, Aufgabe 4, Blatt 🔲 **20**
🔲 **Rentner als Berater**
1 a R b R c F 3% ihrer Waren d R e F weniger Arbeiter
 und einen westdeutschen Unternehmer f F westdeutsche
 Firmen haben die ostdeutschen ausgenutzt g R
2 Maschinenfabrik … DDR-Zeiten … Umsatz von 220
 Millionen … in den Westen exportiert … ging in die
 Staaten Osteuropas … zusammengebrochene
 Sowjetunion. Aus der Sicht … nicht nur der veraltete
 Maschinenpark … sondern auch die Einstellung der
 Mitarbeiter
3 Es hilft den Rentnern vom Berufsleben in den Ruhestand
 zu gehen und bringt betriebswirtschaftliche Kentnisse in
 die ehemalige DDR.
 Nachteile: Arbeitslosigkeit, Schließung von Betrieben.

Seite 94, Aufgabe 2
Industrieländer: 30% der Weltbevölkerung, verschlingen
 85% der Reichtümer der Erde, Pro-Kopf-
 Energieverbrauch 4-mal so hoch wie in der 3. Welt.
Entwicklungsländer: 90% des Bevölkerungswachstums,
 Ernährungsprobleme, 500–800 Mio. Menschen hungern,
 55 000 sterben täglich an Unterernährung und ihren
 Folgen, 70% der Weltbevölkerung, Leute leben
 größtenteils in absoluter Armut, zur Jahrtausendwende
 80% der Weltbevölkerung.

Seite 94, Aufgabe 5
a auf + Akk. b für + Akk. c an + Dat.
d um + Akk. e auf + Akk. f um + Akk.

Seite 95, Aufgabe 6
🔲 **Die Ursachen der Verarmung**
Westliche Firmen kassieren die Profite/Es gibt politische
Probleme/Es gibt klimatische Probleme

Seite 96, Übung a
🔲 **Wir sind doch zu passiv**
1 B 2 P 3 Z 4 P 5 Z 6 P 7 P 8 B 9 P 10 Z

Seite 96, Übung e, Blatt 🔲 **21**
1 wurde, geöffnet, wurden, gezwungen, wurde, gefeiert,
 war, geworden, wird, werden, investiert, begonnen, wird,
 ausgebaut, werden, sein, werden, gebaut, werden
2 a Ja, sie werden geschrieben. b Ja, sie sind gekauft
 worden. c Ja, er wurde repariert. d Ja, hier wird deutsch
 gesprochen. e Ja, alles wird gemacht.

3 a Das Geld wurde für ein Auto gespart.
 b Der Babysitter wird von 19.00 bis 23.00 angestellt.
 c Der Brief wurde von seiner Schwester geschrieben.
 d Viele Probleme werden durch Geld verursacht.
 e Mehr Häuser wurden gebaut.

Chapter overview

Page	Reference	Activities	Possible extension
97	Test: Überprüfen Sie einmal Ihre Fernsehmotive!	■ Students do the test individually, then compare results with the rest of the group by formulating whole sentences, e.g.' Ich sehe oft fern, weil es manchmal so interessant und spannend ist.' The numbers could be totted up to find the most/least common motive overall.	■ Students could add any motives they feel are missing, and also decide which type of programme would best cater for each motive. A similar test could be devised by students for listening to the radio or reading a newspaper.
	Cartoons	■ Discuss meaning and language pun on 'schieß'. What do they say about the effect of TV on our lives?	■ Teacher could find out what students already know about German-speaking TV and press (they will find out more about these in the board game 'Medienmeister!' on p. 99). Students could be asked their impressions of German newspapers and magazines from their experience abroad or at home. Examples could be brought into school. ■ Teacher could revise/introduce TV vocabulary (Natursendung, Dokumentarfilm, Nachrichten, etc.) and press vocbulary (regionale/überregionale Zeitung, Boulevardzeitung, etc.).
	🎧 Wie wichtig sind die Medien für Sie?	■ Six young people describe their attitude to TV, radio and newspapers. Students listen to tape and: a match each speaker to one of the motives listed in the test above (often more than one possible answer); b decide which speaker watches the most/least TV; c decide which speaker if any reflects their own experience most closely, and use phrases from the tape to formulate a description of their own situation. N.B. highlight the phrases: 'Ich sehe/höre *mir* etwas an.'	■ Teacher could highlight certain vocabulary points, e.g. the use of 'Programm/Sendung'; the use of 'Rundfunk/Hörfunk'; the use of 'fernsehen/sich etwas anschauen/etwas gucken', etc. Students could discuss the 'Programmangebot' in their own country: „Es gibt zu viele/nicht genug ...“
98–99	Cartoon: Tie-Wie? Nie!	1 Students read cartoon and search for slang expressions. 2 Students look for sentences with particle 'mal'. 3 Role-play: sketch using 'mal' on watching TV.	■ Students look up 'mal' in German-English or German-German dictionaries and note further useful expressions. ■ Students could revise prepositions by determining whether examples from the cartoon are being used with the accusative or the dative. (Refer students to p. 49 for help.)
	🎧 Das Fernsehen – Pro und Contra	4 Students listen to 8 short opinions on the influence of television and fill in a Pro/Contra table. They then add their own counter-arguments to the table and compare them.	■ Students could prepare a final version of the Pro/Contra table which includes a selection of counter-arguments from the whole group. They could use the table to devise a multiple-choice or true/false questionnaire: 'Sind Sie ein Gegner des Fernsehens?' This could be sent to a German-speaking class abroad or at home and the results displayed in the classroom.
	Picture of a family in the past and cartoon of a family in the future	5 Students compare picture and cartoon: the role of TV in family life. Broaden the discussion to students' own experience; meals in front of TV, etc. Does this weaken or strengthen the family unit?	■ Students could prepare a short sketch of family life now or in the future in front of 'the box'; they could use language from the cartoon 'Tie-Wie? Nie!' and from the role-play in Exercise 3.
	22 23 🎧 Medienmeister!	6 A mixed-skill game for 2 players which aims to provide factual information about German-speaking radio, TV and press, and memory practice. Teacher should first prepare the question cards 23 by folding along the dotted line. The cards should be placed with the answers face down on the table and the questions face up. Teacher should also provide students with a list of the more difficult items of vocabulary from the tapescript and ask them to look them up in advance. Students then listen to cassette as often as they need and make notes on factual information and vocabulary. They can then play 'Medienmeister!' using the instructions on copymaster 22 .	■ Students could be encouraged to find out more about the media in Austria and Switzerland by writing to ORF or SRG. ■ Teacher could also encourage students to listen to German-speaking radio at least once a week. (N.B. Deutsche Welle (Köln) and Deutschlandfunk (Köln) are broadcast on Astra 1A/Eutelsat 2F1/DFS Kopernikus.) Relevant programmes on examination topics could be recorded: teacher could help students to make their own transcripts of them. ■ Students could analyse the 'Programmangebot' of a German, Swiss or Austrian TV guide and compare it with one from their own country. The following questions should be addressed: 'Wie viele Programme gibt es? Wann ist Sendebeginn/Sendeschluß? Wie viele Minuten Nachrichten gibt es durchschnittlich pro Tag? Welche Art Sendung bildet den größten bzw. kleinsten Anteil am täglichen Programmangebot? Wie viele Filme/Serien/Quizsendungen aus anderen Ländern gibt es?' The results could be presented on a wall display.
	🎧 Lesezirkel	7 Advertisement for the 'Lesezirkel' service mentioned in the 'Medienmeister!' game and an Austrian newspaper.	
	🎧 OÖN 'Sommer–joker'	■ Advertisement for a game appearing in an Austrian newspaper.	

Page	Reference	Activities	Possible extension
100–1	Ist das Leben wirklich so?	1 Students read the text and complete vocabulary definitions. ▣ ■ **Grammatik:** the use of 'damit'. 2 Students match sentence halves and manipulate word-order with 'damit'.	■ Students could sketch a plan for an episode of their own new soap opera; making short notes to describe action/characters and tangled relationships/clothes, etc. They could then produce one scene in detail and record it on cassette or video. ■ Students could watch an episode of a German soap opera on satellite TV if possible and time average length of scenes and count number of scene changes.
		■ **Achtung!** Subject of sentence and word order. 3 Students manipulate text sentences so that they begin with the subject.	■ Students could make up their own sentences not starting with the subject.
		4 Students collect examples from text of how soap operas are unrealistic. 5 Students discuss personal experience of soap operas with partner. ■ **Kommunikation!** How to signal to somebody that you are listening to them.	
		6 **Brennpunkt!** a Students construct sentences from key words to formulate the positive side of the argument. b 300-word essay: 'Seifenopern – Opium für das Volk?'	
102–3	Die heile Welt der Werbung Text: Ich lasse mich gerne ver-führen	1 Students read passage in pairs without dictionary (for gist comprehension) and put summarising sentences into correct order. ▣ ■ **Grammatik:** the attributive participle. 2 Manipulation exercise to practise the attributive participle ('die Kaffee trinkende Familie')	■ The article describes the associations linked with perfume, cigarette and washing powder advertisements. Students could brainstorm the general associations linked with (1) spirits, (2) mineral water, (3) after-shave, (4) cars, (5) Coca-Cola.
		3 Pair and group discussion of personal experiences of advertising.	■ Students could continue Barbara's story in the first person: how does she feel when she returns from her shopping spree? What did she buy and what does she think of it now?
	▣ and text: Werbung – wer braucht sie?	4 Students read summaries of 6 opinions on advertising and look up unknown words (this could be set in advance for homework). They then listen to the tape and pick out one argument from each summary not mentioned by the person on the tape.	■ Students could try to match the superfluous argument to the person who actually did say it, i.e. **a** Man wird unzufrieden oder gierig – Christa.
		5 Students collect compound nouns with 'Werbe-' and passive sentences from the tape. 6 Students fit the arguments from the tape into a Pro/Contra table and then add their own arguments.	
	24 ▣ Werbeanalyse ▣ Werbetricks	7/8 Copymaster 24 is designed to help students analyse the strategies used in advertising, first from a large sample of advertisements, then concentrating on one which they present to others in the group. They are then asked to create their own advertisement or advertising campaign.	■ A selection of magazines from German-speaking countries and/or a video recording of advertisements from satellite TV would be useful here. ■ The teacher may like to stipulate the object to be advertised by students, e.g. something very unpopular to see which group can produce the most persuasive advert! ■ Alternatively, students could produce a sketch of a daily routine as if it were one long advertisement, e.g. shower gel, breakfast cereal, etc.
		9 Students discuss what is unacceptable in advertising, including the question of cigarette and alcohol advertising.	■ Students could search for examples of what they consider to be *unacceptable* advertising in the German or English-speaking press, including advertisements which are tasteless, sexist, or which promote stereotypes or substances harmful to the health.
		10 **Brennpunkt!** 350-word essay: 'Werbung sollte verboten werden!'	
104	Skandal! ▣ and text: 'Was in der Zeitung steht'	1/2 Students listen to 3 verses of the song and answer comprehension question on first verse (the second and third verses are transcribed in the Students Book). 3 Second verse: gap filling using anagrams. 4 Last verse: search for synonyms to match definitions.	■ Students could act out a sketch using the following phrases: 'Weißt du schon? Unter uns… ; Hör mal! Sag's keinem weiter; Behalt's für dich! Heiße sache! Sag' bloß! Nein, wirklich ? Sag' mal! Ach, was! Also, so was! Hab' ich doch immer gesagt!'
		5 Assign adjectives to the protagonists of the song. 6 Write an alternative final verse for the song.	
105	Die verlorene Ehre …	1 Students read extract from Böll's 'Die verlorene Ehre der Katharina Blum' and fill in gapped sentences converting indirect to direct speech. 2 Comprehension question based on text.	■ Students should be able to guess which verb the subjunctive forms in the text originate from. Alternatively, students could read the grammar explanation on p. 107 before doing the exercise. ■ The teacher may like to show students all or part of the film 'Die verlorene Ehre der Katharina Blum' in conjunction with this page.

Page	Reference	Activities	Possible extension
		3 Students lay out their own tabloid front page based on the extract about Katharina Blum or one of the headlines at the top of p. 104.	■ Students compare a German, Austrian or Swiss tabloid newspaper with a serious national paper, making notes on style, content, layout, etc. They present their findings to others in the group (Blatt **23** may be of some use here.). The Austrian and Swiss equivalents of 'Bild' are 'Neue Kronen-Zeitung' and 'Blick', respectively. ■ An alternative activity would be to compare copies of several types of newspaper from the same day, if the teacher can get hold of them. Students search for one story which has been reported in all of them and analyse differences in register and style, inconsistencies of detail, whether there is speculation and dramatisation or just bare facts, and so on.
106	Pressefreiheit – um jeden Preis?	1 Students discuss their own reactions to tabloid newspapers and brainstorm arguments for and against.	
		2 Students read multiple choice statements about the freedom of the press and note down ones they agree with (this could be done in advance for homework). ■ **Kommunikation!** Using phrases of agreement and disagreement they compare their opinions with those of their partner.	■ The scales illustration ('Wie hält man das Gleichgewicht?') can be used to elucidate the discussion in Ex. 2, i.e. complete freedom of opinion versus personal rights to privacy and the need for some censorship. Article 5 (§1) of the 'Grundgesetz!' is also relevant to this discussion.
		3 Students discuss the most recent press scandal in their own country.	■ Students could bring in English newspaper articles relating to a recent scandal to be discussed and summarised in German.
107	Grammatik: Die Indirekte Rede	■ An introduction to the present and perfect forms of the subjunctive. a Oral practice of present subjunctive in groups of 3. b Students write a poem based on a press scandal using present and/or perfect subjunctive.	■ Pages 231–2 of the grammar section provide more detailed explanation of the subjunctive in all tenses, as well as the use of 'daß' and the need to change personal pronouns when reporting speech.
108	Text: Wer den Kopf nicht wendet ...	1 Students read the advertisement for the Austrian newspaper 'Die Presse' with the help of a dictionary and find infinitives in text to complete phrases. 2 **Brennpunkt!** 400-word essay: 'Presse- und Meinungsfreiheit – wo finden sie ihre Schranken?' Students use questions and phrases to help them construct their essay. They can use ideas and language from p. 104–8, and Zum Lesen p. 198.	■ **Projektarbeit:** the 'wall' newspaper or normal newspaper could be a one-off production or, if time permits, an ongoing project, perhaps updated every 3–4 weeks. It could be aimed at younger learners of German in the school and could contain among other things a 'what's on' guide, jokes, news, sports results, weather report, holiday job offers, horoscopes, etc. ▪
197–9	Zum Lesen	■ Miscellaneous items on the theme of television.	■ Students are asked to list the effects of TV mentioned in the extracts.
		■ Title pages of an East German newspaper before and after reunification, slogans from East German demonstrations and a poem by Wolf Biermann all pertaining to the theme of the power of the press, whether through censorship or other means.	■ Students are asked to identify differences between the 2 newspapers and say how the poem shows the power of the press. ■ Students could be given the following key words to help them compare the newspapers: 'Politik/Religion/Preissteigerung/Parteilichkeit/ Unterhaltung/Vielfalt/gute oder schlechte Nachrichten.'
		■ The history of the printing process, a literary description of the influence of the theatre in the past, and the new medium of the future: virtual reality.	■ Students are asked to compare the influence of the theatre described in the Stifter extract to the influence of television today, and to imagine how virtual reality will be used in the future. They could perhaps also produce the daily diary of somebody living in a media-dominated future.

Class cassette transcripts

Wie wichtig sind die Medien für Sie?

Seite 97, zum Aufwärmen

Nummer 1 Thomas (19 Jahre): Ich sehe meistens fern, wenn ich total müde und gestreßt bin, zur Entspannung. Es macht nichts, was läuft – amerikanische Filme, Serien, Nachrichten, ich schaue mir alles an. Pro Tag vielleicht etwa 1½ Stunden. Eine Zeitung lese ich eigentlich selten – ich informiere mich lieber in der Tagesschau oder an Hand der Nachrichten im Radio.

Nummer 2 Inge (17 Jahre): Ich schaue eigentlich wenig fern – höchstens eine halbe Stunde täglich, wenn ich nach Hause komme und nichts anderes zu tun habe. Abends gehe ich lieber aus – ,Live Action' statt vor dem Fernseher zu hocken! Oder ich bin zu beschäftigt mit Schularbeit und so. Ich höre gern Radio, wenn ich lerne, oder neben anderen Aktivitäten, Kochen, Bügeln, Zimmer aufräumen, usw. Manchmal blättere ich eine Tageszeitung – ,die Berliner Morgenpost' – schnell durch; ich sehe mir höchstens die Schlagzeilen und die Sportseiten an.

Nummer 3 Renate (17 Jahre): Ich bin mit dem Programmangebot im deutschen Fernsehen eigentlich ganz zufrieden. Ich guck' vielleicht 2 Stunden täglich.

Informationssendungen wie Dokumentarfilme oder Natursendungen finde ich besonders interessant. Serien sehe ich auch gern – Lindenstraße, Nachbarn, usw. Was Zeitungen und Zeitschriften betrifft – ich lese jeden Morgen ‚die Berliner Morgenpost‘ und manchmal ‚Brigitte‘.

Nummer 4 Kai (18 Jahre): Ich schaue mehr Fernsehen, seit meine Familie Kabelanschluß hat. Pro Tag etwa 2½ Stunden. Vielleicht mehr am Wochenende. Dann ist das Ding halt an und läuft, sogar am Nachmittag. Ich sehe am liebsten Sportsendungen und Spielfilme. Manchmal sehen wir uns auch ein Video am Wochenende an. Ich lese jeden Sonntag beim Frühstück eine Sonntagszeitung. Radio höre ich jeden Morgen, wenn ich aufstehe.

Nummer 5 Peter (16 Jahre): Ich sehe meistens abends mit meiner Familie fern. Oft essen wir auch dabei. Das finde ich eigentlich ganz angenehm; zusammen auf eine Sendung reagieren und mitreden zu können. Am liebsten sehe ich Talkshows, Krimis und alte Filme. Ich lese ziemlich oft ‚die Bildzeitung‘. Die ‚seriösen‘ Zeitungen find’ ich langweilig. Es ist zu viel drin. Man würde den ganzen Tag mit Lesen verbringen!

Nummer 6 Daniela (17 Jahre): Das Fernsehprogramm in Deutschland finde ich total beschissen! Zu viele Serien, Wiederholungen, Quizsendungen, alte Filme. Alles quatsch! Ich guck’ vielleicht 2 Stunden pro Woche. Hauptsache mich informieren – ich schaue mir meistens Nachrichten und Hintergrundreportagen an. Ich lese täglich ‚Die Welt‘. Rundfunk höre ich nicht gern – ich höre mir lieber meine eigenen Kassetten an.

Das Fernsehen – Pro und Contra

Seite 99, Aufgabe 4

Nummer 1: Es gibt zuviel Gewalt im Fernsehen. Das macht die Zuschauer aggressiv und kann zu Gewaltakten im wirklichen Leben führen.

Nummer 2: Das Fernsehen ist zu passiv. Man sollte lieber geistig und körperlich aktiv sein und fit bleiben.

Nummer 3: Kinder, die zu viel fernsehen, haben keine Phantasie mehr und eine geringere Konzentrationsfähigkeit.

Nummer 4: Das Fernsehen ist eine wichtige Informationsquelle und gibt einem einen erweiterten Blickwinkel auf das, was in der Welt geschieht.

Nummer 5: Das Fernsehen ist ein gemeinsames Erlebnis und führt oft zu Diskussionen in der Familie. Das kann nur gut sein.

Nummer 6: Durch das Fernsehen wird man gegen Horror, Gewalt und das Elend in unserer Welt, z.B. in der sogenannten dritten Welt, desensibilisiert.

Nummer 7: Das Fernsehen ermöglicht eine harmlose Flucht vor der Realität, vor dem grauen Alltag.

Nummer 8: Ohne das Fernsehen würden sich viele Leute langweilen und einsam fühlen, z.B. alte Leute, die alleine leben.

Medienmeister!

Seite 99, Aufgabe 6, Blatt 22 23
Rundfunk und Fernsehen

Die Deutschen sehen im Durchschnitt täglich 2½ Stunden fern und hören pro Tag ca. 2½ Stunden Radio.

Es gibt neun regionale Rundfunksender in den alten Bundesländern. Diese neun Sender bilden zusammen die ARD, was für ‚Arbeitsgemeinschaft der Rundfunkanstalten Deutschlands‘ steht.

Jeder Rundfunksender bietet drei oder vier regionale Hörfunkprogramme an. Alle neun Sender produzieren auch gemeinsam das erste Programm im Fernsehen. Außerdem produzieren sie ihre eigenen regionalen Sendungen für das dritte Fernsehprogramm. Das zweite Programm wird vom ZDF oder dem Zweiten Deutschen Fernsehen in Mainz veranstaltet. Das ZDF und die ARD produzieren jedoch gemeinsam das bundesweite Vormittagsprogramm. Das ZDF bietet keine Hörfunkprogramme an. Seit 1985 produziert das ZDF das Satellitenprogramm 3-Sat, zusammen mit dem österreichischen Rundfunk, dem ORF und der schweizerischen SRG.

Die ARD und das ZDF sind ‚öffentlich-rechtliche Anstalten‘, das heißt, sie sind vom Staat politisch und wirtschaftlich unabhängig, sind aber keine privaten kommerziellen Unternehmen, und werden hauptsächlich durch Radio- und Fernsehgebühren, teilweise auch durch Werbung finanziert. Sie werden von einem Rundfunkrat, in dem alle wichtigen politischen und gesellschaftlichen Gruppen vertreten sind, kontrolliert.

Private Fernseh- und Radiosender machen seit den 80er Jahren den öffentlich-rechtlichen Sendern immer mehr Konkurrenz. Sie werden nur durch Werbung finanziert. Die wichtigsten privaten Sender sind RTL in Köln und Sat 1 in Mainz. Beide werden über Satellit und Kabel gesendet.

Die Presse

Drei von vier Bundesbürgern lesen regelmäßig eine Tageszeitung. Sieben von zehn Tageszeitungen in Deutschland werden nicht auf der Straße oder durch Zeitungshändler, sondern im Abonnement verkauft. Fast ein Drittel aller Zeitungen in der BRD kommen aus dem Axel Springer-Verlag in Hamburg. Ihm gehören mehrere überregionale Zeitungen wie z.B. die ‚Frankfurter Allgemeine Zeitung‘ und die Boulevardzeitung ‚Bild‘, sowie viele regionale Zeitungen wie z.B. das ‚Hamburger Abendblatt‘.

Deutschland hat einen der größten Märkte für Zeitschriften auf der ganze Welt. Die populärsten sind die Programmzeitschrift ‚Hörzu‘ und die wöchentlichen politischen Magazine ‚Spiegel‘ und ‚Stern‘.

Die Schweizer lesen pro Kopf mehr Zeitungen als jede andere Nationalität. Wegen der Mehrsprachigkeit und der großen regionalen Unterschiede gibt es keine wirklich überregionale Presse, dafür aber eine sehr große Vielfalt an kleineren regionalen Zeitungen. Die beliebteste deutschsprachige Zeitung ist die Boulevardzeitung ‚Blick‘.

Die wichtigsten überregionalen Zeitungen in Österreich sind die ‚Presse‘ und die Boulevardzeitung ‚Neue Kronen-Zeitung‘. Österreich hat sehr wenige eigene Illustrierten; der Markt wird vollständig von den deutschen Zeitschriften beherrscht. Fast eine Million Österreicher lesen Zeitschriften durch sogenannte Lesezirkel: Man leiht jede Woche eine

Mappe mit verschiedenen Zeitschriften aus und erspart sich so den Kauf.

Werbung – wer braucht sie?

Seite 103, Aufgabe 4

Interviewer: Werbung spielt eine immer größere Rolle in unserem täglichen Leben. Was meinen Sie dazu, Stephanie? Wie finden Sie die Werbespots im Fernsehen, zum Beispiel?

Stephanie: Unerträglich! Auf einigen Sendern wird jeder Spielfilm mindestens zweimal von so einer Werbesendung unterbrochen, und das nervt mich! Die ganze Idee von Werbung mag ich sowieso nicht – so eine unterschwellige Manipulierung von Menschen, damit sie Produkte kaufen, die sie gar nicht brauchen oder sich gar nicht leisten können. Ummm ... Ich mag auch nicht, daß man die Werbung überall findet: In der Straßenbahn, im Kino, überall. Ich hab' neulich gelesen, es gibt sogar Firmen, die jetzt Computerspiele als Werbeartikel verschenken. Das nenne ich eine Art Gehirnwäsche, besonders weil es ja meistens Kinder und junge Leute betrifft.

Interviewer: Tja ... Was meinen Sie, Armin?

Armin: Ja ... also, man redet von der Konsumgesellschaft und so, in der wir hier im Westen leben, wo vieles doch überflüssig ist: Hunderte von Haarwaschmitteln, Tausend verschiedene Schokoriegelsorten, usw., und ich meine, das kann durch die Werbung nur verschlechtert werden, oder? Und wenn eine Werbeansage 80 000 Mark für dreißig Sekunden kostet, oder wieviel es auch kosten mag, müssen wir als Verbraucher schließlich dafür bezahlen.

Interviewer: Horst, was empfinden Sie, wenn Sie Werbung sehen oder hören?

Horst: Na ja, so ganz negativ sehe ich das eigentlich nicht. Einige Werbespots find' ich ja recht unterhaltsam und witzig. Ich glaube, viele Leute fühlen sich durch die Werbebilder gut, da können sie von Liebe, Sonne, schönen Häusern und Urlaub träumen und alle dem, was sie vielleicht im wirklichen Leben nicht haben. Allerdings gibt es die negative Seite, daß Stereotype dadurch entstehen können, insbesondere stereotype Bilder von Frauen und vom Familienleben.

Interviewer: Ja, Christa, was wollten Sie sagen?

Christa: Eben das, was der Horst gerade erwähnt hat, über Stereotype. Aber ich glaube, die Werbung bringt öfters eher negative Gefühle hervor, gerade wegen dieser Stereotype und Idealbilder, die man im wirklichen Leben selten findet. Das macht die Leute unzufrieden oder gierig – „Ich möchte schöner sein, ich möchte so eine glückliche Familie haben, ich will ein teures Auto und einen Urlaub auf den Seychellen, usw. ..." Und noch was, ich mag es nicht, daß die Werbung für Zigaretten und Alkohol oft an junge Leute gerichtet wird. Da singen sie das Bacardi-Feeling mit und sehen sich den Super-Lifestyle an und vergessen, daß es mit starken Alkoholika zu tun hat. Ich finde es auch paradox, daß viele große Sportveranstaltungen durch Werbung für Zigaretten finanziert werden.

Interviewer: Stimmen Sie darin überein, Karin?

Karin: Nein, nicht ganz. Erstens, ich glaube, daß Werbung auch Stereotype abbauen kann, zum Beispiel, man sieht heute viele Werbebilder mit den sogenannten ‚neuen Männern', die für die Kinder sorgen und abspülen und so ... Zweitens, wenn man Werbung nicht gerne sieht, weil sie negative Gefühle hervorbringt, kann man leicht auf ein anderes Programm umschalten oder umblättern, man muß sie nicht angucken.

Interviewer: Und schließlich Mario. Ist Werbung Ihrer Meinung nach wichtig?

Mario: Eigentlich ja. Wir haben eine freie Marktwirtschaft, die Werbung braucht. Wenn eine Firma mit Hilfe einer gut gemachten Werbekampagne neue Kunden für neue Produkte gewinnen kann, schafft sie ja im Endeffekt neue Arbeitsplätze. Das kann nur gut sein. Außerdem wird man nicht von der Werbung manipuliert, sondern man hat die freie Entscheidung, darüber zu bestimmen, was man kaufen möchte und was nicht. Die Verbraucher heute sind kritischer denn je und akzeptieren nur, was ihrer Einschätzung nach das Beste ist, zum Beispiel für die Umwelt, für ihre Gesundheit, usw. Daher werden die Produkte immer besser und die Werbung auch.

Werbeanalyse

Seite 103, Aufgabe 6

Es folgt eine Analyse der Werbung für Remy-Martin auf Seite 102.

Diese Werbung zeigt drei gemütlich plaudernde Freunde, die an einem Cafétisch im Freien sitzen und Remy-Martin trinken. Im Hintergrund sieht man das Meer. Das Wetter ist schön. Die Leute sehen gut aus, sind ziemlich jung und tragen schöne Kleider. Sie lachen herzlich. Dieses Bild spricht also die Sehnsüchte nach Jugendlichkeit, Schönheit, Freundschaft und Wohlstand an. Der Text: „Einem Remy-Martin ist es ganz gleich, wo er getrunken wird. Nur nicht von wem." spricht die Sehnsüchte nach Individualismus und Prestige an. Ich glaube, die Werbung hat als Zielgruppe hauptsächlich junge alleinstehende Leute, die ziemlich viel Geld haben. Sie spricht auch die heutige Tendenz der Freizeitwelle an. Das Bild prägt sich durch schöne, sanfte Farben und der Spruch durch das sprachliche Stilmittel der Alliteration ein.

Was in der Zeitung steht

Seite 104, Aufgabe 1

Wie jeden Morgen war er pünktlich dran,
Die Kollegen sahn ihn fragend an:
„Sag' mal, hast du noch nicht gesehn, was in der Zeitung steht?"
Er schloß die Türe hinter sich,
Hängte Hut und Mantel in den Schrank, fein säuberlich,
Setzte sich: „na wolln wir erst mal sehn, was in der Zeitung steht!"
Und da stand es fett auf Seite zwei:
„Finanzskandal!" – sein Bild dabei
Und die Schlagzeile: „Wie lang das wohl so weitergeht?!"
Er las den Text, und ihm war sofort klar:
Eine Verwechslung, nein, da war kein Wort 'von wahr,
Aber, wie kann so etwas erlogen sein, was in der Zeitung steht?
...

Er eilte zur U-Bahnstation,
Jetzt wüßten es die Nachbarn schon,

Jetzt war's im ganzen Ort herum, was in der Zeitung steht.
Solang' die Kinder in der Schule warn
Solange würden sie es vielleicht nicht erfahrn
Aber irgendwer hat ihnen längst erzählt, was in der Zeitung steht.
Er wich den Leuten auf dem Bahnsteig aus, ihm schien
Die Blicke alle richteten sich nur auf ihn,
Der Mann im Kiosk da, der wußte Wort für Wort, was in der Zeitung steht.
Wie eine Welle war's, die über ihm zusammenschlug,
Wie die Erlösung kam der Vorortzug!
Du bist nie mehr ganz frei, das hängt dir ewig an, was in der Zeitung steht.

...

„Was wolln sie eigentlich?" fragte der Redakteur,
„Verantwortung, Mann, wenn ich das schon hör'!'
Die Leute müssen halt nicht gleich alles glauben, nur weil es in der Zeitung steht!"
Na schön, so 'ne Verwechslung kann schon mal passieren,
Da kannst du noch so sorgfältig recherchieren,
Mann, was glauben Sie, was Tag für Tag für'n Unfug in der Zeitung steht!"
„Ja", sagte der Chef vom Dienst, „das ist wirklich zu dumm.
Aber ehrlich, man bringt sich doch nicht gleich um,
Nur weil mal aus Versehn was in der Zeitung steht."
Die Gegendarstellung erschien am Abend schon
Fünf Zeilen mit dem Bedauern der Redaktion,
Aber Hand aufs Herz, wer liest, was so klein in der Zeitung steht?

Answers

Seite 97, zum Aufwärmen

🔲 Wie wichtig sind die Medien für Sie?

Possible solutions:

a (1) Thomas: motive 10

    (2) Inge: motive 3

    (3) Renate: motives 1, 6, 8

    (4) Kai: motive 9

    (5) Peter: motive 7

    (6) Daniela: motive 6

b Kai watches the most TV (2½ hours per day). Daniela watches the least (2 hours per week).

Seite 98, Aufgabe 1

a die Glotze, die Flimmerkiste, der Fernseher, der Kasten

b Mist

c malade

d die Glotzerei

e jede Menge

f dreht durch

g guckt

Seite 99, Aufgabe 4

PRO	CONTRA
1 Es hat schon immer Gewalt gegeben: Das Fernsehen ändert daran nichts.	Zuviel Gewalt im Fernsehen: Macht die Zuschauer aggressiv.
2 Fernsehen wirkt prima gegen Streß: Vor dem Fernseher kann man sich wirklich entspannen.	Fernsehen ist zu passiv: Man ist weder geistig noch körperlich aktiv.
3 Das Fernsehen kann sehr lehrreich und stimulierend für Kinder sein.	Kinder verlieren ihre Phantasie und Konzentrationsfähigkeit.
4 Eine wichtige Informationsquelle: Gibt einem einen erweiterten Blickwinkel auf das, was in der Welt geschieht.	Wir bekommen zu viele schlechte Nachrichten im Fernsehen; Fernsehen ist zu deprimierend.
5 Führt zu Diskussionen in der Familie: Bringt sie zusammen.	Das Fersehen kann zu Streit und Auseinandersetzung führen; oder man spricht sich gar nicht mehr an, weil man nichts im Fernsehen verpassen will.
6 Man sollte Horror, Gewalt und Elend im Fernsehen erleben: Das ist ja die Realität der Welt, in der wir leben.	Man wird gegen Horror und Gewalt, und das Elend in der ‚dritten Welt' desensibilisiert.
7 Das Fernsehen ist eine harmlose Flucht vor der Realität.	Zu viele Leute verwechseln Fiktion mit der Realität, sie glauben ‚z.B. daß die Stars der Seifenopern wirkliche Menschen sind.
8 Was würden einsame, kranke oder alte Leute ohne das Fernsehen machen?	Das Fernsehen ist kein Ersatz für menschlichen Kontakt; der Staat sollte mehr tun, um solchen Leuten zu helfen.

Seite 100, Aufgabe 1

a Folgen

b Drehplan

c Gefühlskitsch

d Zuschauer

e Zuschauer-Bindung

Seite 100, Aufgabe 2

a ... damit die Zuschauer sich nicht langweilen.

b ... damit die Zuschauer die nächste Folge unbedingt sehen wollen.

c ... damit die Zuschauer eine problemlose Phantasiewelt erleben können.

d ... damit die Serie mit möglichst geringem Aufwand hergestellt wird.

e ... damit möglichst viel Programm in kürzester Zeit produziert wird.

Seite 101, Aufgabe 3

a Eine neue Droge droht der TV-Nation.

b Die neue Serie hat mit der Machart herkömmlicher Mehrteiler nicht mehr viel gemein.

c Unbekannte kommen weithin als Darsteller zum Einsatz.
or: Weithin Unbekannte kommen als Darsteller zum
Einsatz.

d Eine Schauspieltrainerin soll in den Pausen allzu
ungelenkes Agieren ausbügeln.

Seite 101, Aufgabe 4

Possible examples: Stakkato aus Liebe, Haß usw.; rasanter
Wechsel von Kulissen und Textilien; Höhepunkt,
Spannungskurve; Kliffhänger; Szenen kürzer als 120
Sekunden; einfache Story; kein Elend; keine Politik; keine
ernsthaften Konflikte; Typen; alle hübsch; ungelenkes
Agieren.

Seite 102, Aufgabe 1

c, e, d, a, f, b.

Seite 102, Aufgabe 2

a (1) die Kaffee trinkende Familie
  (2) die zuckersüß lächelnde Verkäuferin
  (3) die glänzende Cremedose
b (1) die Familie, die Kaffee trinkt
  (2) die Verkäuferin, die zuckersüß lächelt
  (3) die Cremedose, die glänzt

Seite 103, Aufgabe 4

🖵 Werbung – wer braucht sie?

a man wird unzufrieden oder gierig
b eine freie Marktwirtschaft braucht Werbung
c man sieht heute viele Werbebilder mit den sogenannten
  ‚neuen Männern‘
d Werbung ist eine Art Gehirnwäsche
e viele Leute fühlen sich durch Werbebilder gut
f die Verbraucher bezahlen schließlich für Werbeansagen

Seite 103, Aufgabe 5

a der Werbespot (-s); die Werbesendung (-en); der
  Werbeartikel (-); die Werbeansage (-n); das Werbebild
  (-er); die Werbekampagne (-n).
b Auf einigen Sendern wird jeder Spielfilm mindestens
  zweimal von so einer Werbesendung unterbrochen; das
  kann durch die Werbung nur verschlechtert werden; ich
  mag es nicht, daß die Werbung für Zigaretten und
  Alkohol oft an junge Leute gerichtet wird; ich finde es
  auch paradox, daß viele große Sportveranstaltungen
  durch Werbung für Zigaretten finanziert werden;
  Außerdem wird man nicht von der Werbung manipuliert.

Seite 104, Aufgabe 2

Er entdeckt, daß die Zeitung einen falschen Bericht über ihn
und einen Finanzskandal gedruckt hat.

Seite 104, Aufgabe 3

a Nachbarn
b Ort
c Kinder
d erfahren
e irgendwer
f Kiosk
g Welle
h zusammenschlug
i frei

Seite 104, Aufgabe 4

a der Redakteur
b so eine Verwechslung kann schon mal passieren, da
  kannst du noch so sorgfältig recherchieren
c was glauben Sie, was Tag für Tag für einen Unfug in der
  Zeitung steht
d die Gegendarstellung

Seite 105, Aufgabe 1

a ist
b Kann
c weiß; ist; einleuchtet
d hat
e hat; ist
f sind

Seite 105, Aufgabe 2

‚Eine Person der Zeitgeschichte‘/‚Gegenstand berechtigten
öffentlichen Interesses‘

Seite 108, Aufgabe 1

a durchdringen
b offenlegen
c stellen
d anmelden
e äußern

9 Warum in aller Welt?

Chapter overview

Page	Reference	Activities	Possible extension
109	Picture	■ Teacher asks questions about newspaper headlines surrounding globe and assists with vocabulary e.g. 'Was passiert mit dem Ozonloch? Wo gibt es eine Umweltkatastrophe?'	■ Support/extension Brainstorm 'Umwelt' topic. Students collect vocabulary in a database and add to this as they work through the chapter.
		■ Students sort headlines into 4 categories: Luftverschmutzung, Bodenverschmutzung, Wasserverschmutzung, allgemeine Probleme. (N.B. Some headlines will fit more than one category.) ■ Teacher can ask 'Welche Probleme sind kurzfristig und welche Probleme sind langfristig und global?'	
		■ Students identify as many visible countries as possible on the globe and decide which of the problems are specific to those countries. ■ Students decide which problems most affect *their* country. List in order of priority 1–6 (or more). 1 = most affects us. Then compare results.	■ Students identify other areas of the globe not visible here and decide on their environmental problems.
110 –11	Global katastrophal?	1 Crossword puzzle based on vocabulary from text. 2 List problems mentioned in text. Suggest possible solutions. 3 Complaining about problems.	■ Teacher could provide vocabulary support by presenting students with a random list of teacher's own suggested solutions, and students match problems with solutions.
		4 Look up vocabulary in dictionary before hearing tape. Give definitions.	
	▣ Planet ohne Schild	5 General listening comprehension questions followed by discussion in pairs of own views.	■ Students use atlas to find places mentioned in cassette 'Planet ohne Schild' and in the text 'Wir verheizen die Erde' and discuss in greater depth the effects of global warming on these countries.
	Cartoon	6 Complete politician's speech using additional information from text and cassette as support.	■ As each student adopts role of politician and gives speech in front of class, the other students 'heckle'! Afterwards, the politician must answer the other students' questions about the environment.
112	Rettet die Wälder! ▣ Abholzung	1 Listening comprehension: complete grid and answer general questions.	
		2 Collect facts from text in form of sensational headlines and make a poster campaigning for the rainforests. ▣	■ Discussion about the future of the rainforests and what can be done to preserve them.
		3 Radio report/interview between foreign correspondent and botanist.	■ Students write a letter to a German newspaper or magazine (real or imaginary), explaining the importance of the rainforests and asking for more measures to be taken to preserve them.
113	Vorbei die schöne Zeit?…	1 Read poem and extract vocabulary to make a 'nature trail'. 2 Literary analysis using copymaster **14** from Chapter 5. 3 Discuss what has happened to the landscape.	■ Cross-curricular links with Geography/Biology departments. Find out as much as possible about acid rain and report back to the group in German.
		4 Write own poem in style of Heine's about the destruction of the landscape.	■ Compare effects of acid rain in students' own country.
114 –15	▣ Eine sichere Lösung	1 Arrange main themes of cassette in correct order. ▣ 2 Match synonyms. 3 List pros and cons of nuclear power, using text and cassette.	
	25 Rollenspiel	4 Role-play: for/against nuclear power.	■ Report back to rest of group about the lines of argument pursued in the role-play.
		5 Compare own press and examine attitude to nuclear power.	
	26	■ **Fürs Leben:** explain a newspaper article written in English to a German speaker, using German only.	■ Write off for information from address in advert on p. 114.
		6 a Write an article about own feelings on nuclear issue. ▣ b Exchange class materials with other German speakers.	■ Display own and exchange class materials.
116 –17	Wie es anders geht …	1 Cloze exercise to practise imperfect subjunctive/conditional.	■ Write to one of the organisations on p. 120 for more information.
		2 Summary of text in diagrammatic form.	■ Make up an environmental cartoon.
		3 **Kommunikation!** Expressing preferences.	■ Give an oral summary of text 'Umwelt-Technik für vier Räder'.

Page	Reference	Activities	Possible extension
	📼 Sparsames Saarland	4 Vocabulary quiz followed by sentence completion exercise.	
	📺 Ein Auto für die Umwelt!	5 Opel Astra advert. List environmental and other advantages of car.	■ Act out the role of a German TV presenter for a programme dealing with new inventions (cf. 'Tomorrow's World') and tell the rest of the group about an invention, real or imaginary, which will influence the environment in a positive or negative way!
	27 Coursework	a Find articles about environmentally friendly products in German. Present to rest of group. b Coursework preparation. Support provided on copymaster 27 and by teacher. (Coursework length could be adjusted if necessary.) 💾	
118	Global denken, lokal handeln!	1 Reading comprehension questions based on text. 2 Noun, verb, adjective table to complete.	■ Design an environmental sticker or badge and slogan.
	📺 Ich verpflichte mich	3 Note ways in which speakers are going to be more environmentally aware.	■ Group record their 'pledges' and exchange with other German speakers.
		4 Write a postcard for the environmental 'tree of life'.	■ Group to make a wall display and hang their pledges on the 'tree of life' as shown in picture.
119	Grammatik: Der Konditional 28 Sich eine gute Kondition antrainieren!	a 28 Exercises to practise the conditional. b 'Scruples' game: what would you do if ...? c Letter about how one would improve the environment if given the chance.	■ Other grammar games to practise the conditional – see 'Spielkasten'. ■ Copymaster 28 Ex. 2: translate crossword clues into German and add own sentence completers.
		d Poem: 'If only things were different'.	
120	📺 Grünes Licht für die Zukunft!	1 Complete table of information, using text and cassette. 2 Complete sentences and then use infinitive clauses in own sentences. 3 Class survey on environmental attitudes and actions. Analysis of results. 💾	■ Present results of survey in written form and include statistics in visual form to complement topic, e.g. bar chart which looks like a line of trees; pie chart which looks like globe, etc.
	📺 Greenpeace	4 News item about a Greenpeace activity. Students write sensational, tabloid-style newspaper article. 💾	
		5 **Brennpunkt!** Debate. 6 Students refer back to p. 109 and now design a positive globe and headlines.	■ Write 350–400 word essay based on the title of the debate in Ex. 5.
200–2	Zum Lesen	■ Youth poems and trivia on environment theme.	■ Write own poem/shape poem in style of that on p. 200.
		■ Assorted poetry and prose giving romantic views of nature: Eichendorff, Goethe, Mörike, Lampe, Hesse.	■ Literary analysis of extracts on pp. 201–2.
		■ Assorted poetry and prose giving negative views of environment: Brecht, Holzach.	■ Compare and contrast extracts on p. 201 with those on p. 202.

Class cassette transcripts

Planet ohne Schild

Seite 111, Aufgabe 6

1. Sprecher: Der zunehmende Treibhauseffekt wird sich dramatisch auf die Menschheit auswirken. Es werden riesige Überschwemmungen in den Ländern befürchtet, die nur wenige Meter über dem Meeresspiegel liegen. So dürfte die Zahl der verheerenden Überflutungen beispielsweise in Bangladesch in den nächsten Jahren noch steigen. Stürme von bislang nicht gekannter Wucht werden auch in den Industrieländern für Verwüstungen sorgen. Überschwemmungen, verursacht durch sintflutartige Regenfälle wie jüngst in Südkalifornien, könnten schon bald an der Tagesordnung sein.

2. Sprecher: Und darüberhinaus wird es zu dramatischen Verschiebungen der Klimazonen auf der Erde kommen. Dort, wo heute noch fruchtbares Land ist, könnten sich einmal Wüsten ausbreiten. Andererseits lassen sich nur in geringem Umfang heutige Wüsten in fruchtbares Land verwandeln.

Oder kommt alles ganz anders? Werden die Meeresspiegel möglicherweise gar nicht ansteigen? Droht Europa vielmehr unter einer dicken Eisschicht zu erstarren, weil der warme Golfstrom nicht mehr in die nördlichen Breiten vordringen könnte? Werden andererseits unfruchtbare Gegenden auf der

Erde in einen blühenden Garten Eden verwandelt, der in der Lage wäre, die künftigen Nahrungsprobleme zu lösen? Fragen über Fragen, auf die es heute noch keine verläßlichen Antworten gibt. Denn die Klimaforschung hat noch längst nicht eine lückenlose Kette von Ursachen und Wirkungen ermittelt.

An Versuchen, die Lage zu erfassen und für Abhilfe zu sorgen, hat es in den letzten Jahren nicht gefehlt. Immer wieder wurden Konferenzen auf nationaler und internationaler Ebene einberufen. Zum Schutz des Erdklimas sind zahlreiche Resolutionen, Protokolle und Deklarationen verabschiedet worden. Politiker und Wissenschaftler haben ständig aufs neue Papiere abgezeichnet, die auf die Gefahren für das Weltklima hinwiesen und Maßnahmen zur Abwehr eben dieser Gefahren verlangten.

Abholzung

Seite 112, Aufgabe 1

... Afrika bietet momentan alle Umweltprobleme in einem überdimensionalen Ausmaß: Ausdehnung der Wüste, Verseuchung des spärlich vorhandenen Trinkwassers, Bevölkerungsexplosion und Ausbruch verschiedener Krankheiten ...

Die größte Wüste der Erde, die Sahara, breitet sich dramatisch aus. War sie am Anfang der 80er Jahre etwa 8 Millionen km² groß, so hat sie sich, ... äh ..., nun auf etwa 10 Millionen km² ausgedehnt – wöchentlich haben die Menschen 2000 km² Wälder und Bäume abgeholzt (also wöchentlich eine Fläche von der Größe des Staates Luxemburg), und dieser Kahlschlag geht mit unverminderter Intensität weiter.

Zuerst war der Holzexport der eigentliche Grund für den Kahlschlag; jetzt sind die spärlichen Bäume die Energiequelle für eine wachsende Bevölkerung. Die Elfenbeinküste, zum Beispiel, hat in den letzten Jahren fünf Sechstel seiner Wälder abgeholzt. Auch sein Nachbarstaat Nigeria ist diesen verhängnisvollen Weg gegangen und sogar in Liberia, einem anderen westafrikanischen Land, konnte nicht einmal der blutige langjährige Bürgerkrieg diese Abholzung verhindern. Die Vereinten Nationen schätzen, daß in den letzten fünfzig Jahren 65 Millionen Hektar Wald in Afrika verschwunden sind. Die Konsequenzen sind bekannt: Millionen Menschen mußten auswandern, sie verließen die verwüsteten Dörfer und suchten ihr ‚Glück‘ oder besser gesagt ihr Unglück, in den großen Städten, die kaum in der Lage sind, noch Menschen aufzunehmen.

Eine sichere Lösung?

Seite 114, Aufgabe 1

Lehrer: Wir haben also gesehen, daß der Treibhauseffekt und viel Luftverschmutzung auf fossile Brennstoffe zurückzuführen sind. Sollten wir also mehr Kernkraftwerke bauen?

1. Schüler: Nein! So einfach ist das nicht. Kernkraft produziert zwar kein Kohlendioxid, aber die Nachteile sind vielleicht gefährlicher als der Treibhauseffekt, zum Beispiel das Risiko eines Unfalls, radioaktive Emissionen und die Beseitigung des radioaktiven Mülls.

1. Schülerin: Aber die Risiken sind doch übertrieben, Mensch! In modernen Kernkraftwerken ist das Unfallrisiko *winzig*. Auch werden radioaktive Abfälle unter strengsten Sicherheitsvorkehrungen transportiert und gelagert! Aber die klimatischen Folgen des Treibhauseffekts werden immer schlimmer.

2. Schülerin: Ja, aber du erwähnst nicht die Fortschritte in den *Kohle*kraftwerken, die wegen verbesserter Filter immer sauberer werden. Der industrielle Energiekonsum ist geringer und rationeller geworden ... . Darüberhinaus braucht man immer weniger Kohle oder so, um Strom zu produzieren. Der Wirkungsgrad der fossilen Brennstoffe ist gestiegen, und man muß sich nicht unbedingt an Kernkraft wenden.

2. Schüler: Stimmt, aber ich glaube, daß man doch versuchen sollte, auf fossile Brennstoffe zu verzichten. Sonnen-, Wind- und Wasserkraft oder Biogasanlagen sind sicherere Alternativen als Kernkraft. Ehrlich gesagt habe ich Angst vor der Kernkraft – meiner Meinung nach sollte man andere erneuerbare Energiequellen nutzen.

3. Schülerin: Aber im Moment sind unser Planet und unsere ganze Existenz in Gefahr, und trotzdem wird nur ein winziger Prozentsatz unseres Stroms mit Hilfe dieser ‚sanften‘ Energien erzeugt. Wir müssen alle Energie sparen, besonders bei Heizung und Autos. Die Regierung sollte den Bau neuer Kernkraftwerke unterstützen und die Bevölkerung über ihre Vorteile informieren.

Sparsames Saarland

Seite 117, Aufgabe 4

In Saarbrücken, Saarlouis und Sülzbach wurde den Verbrauchern ein zeitvariabler und linearer Strompreis angeboten. Das bedeutet zum einen: Zu den Zeiten, wo die Kraftwerke wenig ausgelastet sind, ist der Strom billiger. Zum anderen, das steckt hinter dem Begriff ‚linear‘, zahlt der Verbraucher effektiv das, was er konsumiert hat. Es gibt keinen Grundpreis und keine Mengenrabatte, die im allgemeinen gerade diejenigen belohnen, die mit Strom verschwenderisch umgehen.

Durch den zeitvariablen Tarif, nach dem der Strom in den Abendstunden billiger ist als in den Vormittagsstunden, haben viele der eintausendfünfhundert Testhaushalte ihre Waschmaschinen oder Bügeleisen zu ungewohnten Zeiten angeworfen. Vor allem Rentner und kinderreiche Familien haben sich flexibel gezeigt und billigeren Strom eingekauft. Damit ist das sogenannte örtliche Versorgungskonzept Saarbrücken einem wichtigen Ziel näher gekommen: Die Kraftwerke gleichmäßiger zu nutzen und, wenn möglich, auf einen Neubau zu verzichten.

Ich verpflichte mich

Seite 118, Aufgabe 3

1. Mann: Energie

Ich werde während des nächsten Jahres bei mir zu Hause mindestens zehn Prozent weniger Öl, Kohle, Gas und/oder Elektrizität verbrauchen. Ich werde auf jeglichen Gebrauch von FCKW verzichten. Ich werde mich bei meiner Regierung dafür einsetzen, daß sie konkrete Schritte zur Reduzierung des CO_2-Ausstoßes einleitet, damit das Ziel einer

30prozentigen Einsparung dieses Klimagases bis zum Jahr 2005 erreicht werden kann.

Frau: Verkehr

Ich werde versuchen, die Zahl der jährlich mit meinem Wagen gefahrenen Kilometer um 30 Prozent zu reduzieren, und mich an das Tempolimit halten. Ich werde öffentliche Verkehrsmittel benutzen, mit dem Rad fahren oder zu Fuß gehen. Ich werde mich bei meiner Regierung dafür einsetzen, das öffentliche Verkehrssystem stärker auszubauen und zu subventionieren.

2. Mann: Abfallvermeidung

Ich werde helfen, bei der Arbeit, in der Schule und an meinem Wohnort Müll zu vermeiden, mehr Pfandverpackungen kaufen und wiederverwertbaren sowie Sondermüll getrennt entsorgen. Ich werde mich bei meiner Regierung dafür einsetzen, daß sie durch vorsorgende Umweltpolitik den Maßnahmen zur Müllvermeidung Vorrang gibt.

Grünes Licht für die Zukunft!

Seite 120, Aufgabe 1

Moderator: Martin Centmayer (24) ist Student und Mitglied der Organisation GRAS. Das steht für Grün-Alternative Studenten. Es ist eine studentische, politisch orientierte Umweltgruppierung, die es in ähnlichen Formen – meist unpolitisch – auch an anderen Universitäten gibt.

Martin: Ich versuche, in meiner Freizeit so viel wie möglich für die Umwelt zu machen. Ich bin seit zwei Jahren Mitglied von GRAS, das heißt Grün-Alternative Studenten.

Wir veranstalten unter anderem Ausstellungen und Referate. Oder wir greifen ein konkretes Problem heraus, das wir in Aktionen vor Ort dem einzelnen bewußt machen. Unsere Aktion gegen die tägliche Verkehrsflut sah zum Beispiel so aus, daß wir Bonbons als Belohnung an Bus- und Straßenbahnbenutzer verteilten, den Auto-fahrern dagegen ein Informationsblatt zur aktuellen Situation in die Hand drückten.

Moderator: Fatima Kunzmann (17) ist Schülerin beim Landesbund für Vogelschutz. Diese Organisation setzt sich für den Erhalt der Arten und den Schutz der Lebensräume ein.

Fatima: Ich bin seit zwei Jahren bei der Jugendgruppe des Landesbundes für Vogelschutz. Wir versuchen, viel draußen zu machen, zum Beispiel haben wir ein Storchennest gebaut, oder wir haben auch Bienennester gemacht, die wir im Wald und zu Hause ausgesetzt haben.

Meiner Meinung nach sollten aber viel mehr Leute etwas machen. Ein bißchen kann schließlich jeder tun. Zum Beispiel sollten die Leute im Wald keinen Müll liegen lassen. Auch sollten sie auf Tiere Rücksicht nehmen und deshalb auf den Wegen bleiben, statt im Wald herumzurennen. Nach einem Picknick sollte jeder sein Zeug wieder mitnehmen und keine Abfälle hinterlassen. Wir entwerfen Poster und Plakate und informieren darüber.

Answers

Seite 110, Aufgabe 1

(1) Kraftwerken
(2) Qualm
(3) Waldsterben
(4) Brandrodung
(5) Wüste
(6) Stickstoff
(7) verseuchen
(8) ausgerottet
(9) Auspuffrohren
(10) Abholzen
(11) Treibhauseffekt
→ Katastrophe ← = die Folge

Seite 110, Aufgabe 2

Die Probleme: Qualm, Kohlendioxid, der Treibhauseffekt, FCKW, das Ozonloch, vergiftetes Wasser, Tanker-katastrophen, Waldsterben, Abholzung des Regenwalds, Brandrodung, Industrieabfälle, Tierarten sterben, der Boden verwüstet. (Variations on wording possible.)

Seite 111, Aufgabe 5
🔲 **Planet ohne Schild**

a Riesige Überschwemmungen in den Ländern, die nur wenige Meter über dem Meeresspiegel liegen / Verwüstung der Industrieländer durch Stürme und Überschwemmungen, durch sintflutartige Regenfälle / Dramatische Verschiebungen der Klimazonen

b Europa erstarrt unter einer dicken Eisschicht / unfruchtbare Gegenden verwandeln sich in einen blühenden Garten Eden

c Konferenzen / Resolutionen, Protokolle und Deklarationen / Politiker und Wissenschaftler haben auf die Gefahren hingewiesen und Maßnahmen zur Abwehr verlangt.

Seite 112, Aufgabe 1
🔲 **Abholzung**

a

Gebiet	Informationen über die Abholzung
Die Sahara	wöchentlich 2000 km² Wälder und Bäume abgeholzt. Anfang der 80er Jahre hatte die Wüste 8 Millionen km² Fläche. Jetzt 10 Millionen km².
Die Elfenbeinküste	5/6 seiner Wälder abgeholzt.
Nigeria	Auch diesen verhängnisvollen Weg gegangen.
Liberia	Nicht einmal der blutige, langjährige Bürgerkrieg konnte die Abholzung verhindern.

b Daß in den letzten 50 Jahren 65 Millionen Hektar Wald in Afrika verschwunden sind.

c Millionen Menschen mußten auswandern – ihre Dörfer verlassen und ihr ‚Glück' in den großen Städten suchen.

Seite 113, Aufgabe 1

Illustrations with labels as follows: Die Berge, die frommen Hütten, (die freien Lüfte), die dunklen Tannen, die rauschenden Bäche, Vögel, die stolzen Wolken, die Tannen, die muntre Quelle, die stolzen Hirsche, die liebe Drossel, die Berge, die schroffen Felsenhöhn, die grauen Schloßruinen in dem Morgenlichte.

Seite 114, Aufgabe 1

📟 Eine sichere Lösung?

d c a e b

Seite 114, Aufgabe 2

a (5)
b (8)
c (1)
d (6)
e (4)
f (7)
g (2)
h (3)

Seite 115, Aufgabe 3

Vorteile der Kernkraft: Damit deckt die BRD rund ein Drittel ihres Strombedarfs, produziert kein CO_2, umweltschonend, preiswert, sicher (?), Strahlenbelastung nicht höher als die Strahlenbelastung durch einen Farbfernseher, Unfallrisiko winzig, radioaktive Abfälle mit strengster Sicherheit transportiert und gelagert.

Nachteile der Kernkraft: Birgt ein fatales Risiko (z.B. Tschernobyl), Atommüll strahlt jahrtausendelang, radioaktive Emissionen, Atomtransporte könnten verunglücken und ganze Stadtteile verstrahlen, Krebshäufigkeit größer um atomare Wiederaufbereitungsanlagen, wo kann der entstandene Atommüll auf Dauer sicher gelagert werden?, Probleme für künftige Generationen.

Seite 116, Aufgabe 1

(1) könnte
(2) wäre
(3) würde
(4) würden
(5) müßten

Seite 116, Aufgabe 2

Illustrations with labels as follows:

1 Das Sonnenlicht wird mit vielen Einzelspiegeln auf einen großen Turm geworfen.
2 Der Turm treibt ein normales Dampfkraftwerk an.
3 Der Strom wird mit Überlandleitungen nach Deutschland transportiert. (Man verliert nur 10% des Stroms unterwegs.)
4 Für Bewölkungsperioden stehen Reserve-Kohlekraftwerke bereit.

Seite 117, Aufgabe 4

📟 Sparsames Saarland

a ... Strompreis angeboten.
b ..., ist der Strom billiger.
c ..., was er konsumiert hat.
d ... billiger als in den Vormittagsstunden.

e ... ihre Waschmaschinen oder Bügeleisen zu ungewohnten Zeiten angeworfen.
f ...: Die Kraftwerke gleichmäßiger zu nutzen und, wenn möglich, auf einen Neubau zu verzichten.

Seite 118, Aufgabe 1

a Indem man in jedem Büro oder Haushalt in der BRD eine 75-Watt-Lampe durch eine Energiesparlampe ersetzt.
b 6%
c Aus den Auspuffrohren der Autos. Die Folgen sind Waldsterben und Sommersmog
d Man sollte weniger Auto fahren und auf Fahrrad, Bus oder Bahn umsteigen
e Jedes Jahr wird eine Fläche in der Größenordnung von etwa 600 Fußballfeldern zur Mülldeponie.

Seite 118, Aufgabe 2

der Ersatz, ersetzbar; belasten, belastbar; die Fahrt, (be)fahrbar; lösen, lösbar; die Vermeidung, vermeidbar

Seite 118, Aufgabe 3

📟 Ich verpflichte mich

Any two from each speaker:

Speaker 1: 10% weniger Öl, Kohle, Gas/Elektrizität verbrauchen.
Auf FCKW verzichten.
Sich bei der Regierung dafür einsetzen, daß sie den CO_2-Ausstoß reduziert.

Speaker 2: 30% weniger Kilometer mit dem Auto.
Sich an das Tempolimit halten.
Öffentliche Verkehrsmittel benutzen
Sich bei der Regierung dafür einsetzen, das öffentliche Verkehrssystem auszubauen und zu subventionieren.

Speaker 3: Müll vermeiden
mehr Pfandverpackungen kaufen
wiederverwertbaren/Sondermüll getrennt entsorgen
Sich bei der Regierung dafür einsetzen, daß sie Müllvermeidung Vorrang gibt

Seite 119, Übung a, Blatt 28

1 erhöhte, hätte, würden sich ... verschieben, würden sich ... verwandeln, wären, anstiege, könnten, werden.
2 hätte, ginge, lösten, fällten, käme.
Die Umwelt braucht → Hilfe ←
4 a Wenn ich das Licht ausmachte, würde ich Energie sparen.
b Wenn wir in der Stadt wohnten, würden wir mit dem Bus fahren.
c Wenn ich mehr Zeit hätte, könnte ich zu Fuß gehen.
d Wenn dieser Politiker mehr für die Umwelt täte, würde ich ihm meine Stimme geben.
e Wenn sie Briefe schriebe, würde sie der Umweltorganisation helfen.

Seite 120, Aufgabe 1

▣ Grünes Licht für die Zukunft!

Name/ Organisation	Hauptinteressen der Organisation	Umwelt- freundliche Arbeit dieser Jugendlichen
Marion Greenpeace	Schutz der Umwelt Schutz des Klimas Kampf gegen den Walfang Schutz der Antarktis Aktionen für den Regenwald	Vorträge halten, Infostände
Gerhard Der Bund Naturschutz (BUND)	Ökologische Jugendarbeit Freizeitgestaltung Umwelt- und Naturschutz	Stadtbegrü- nungsaktion in Augsburg
Martin Grün- Alternative (GRAS)	Politisch orientierte Aktionen zum Schutz der Umwelt für Studenten	Ausstellungen, Referate, Aktion gegen die Verkehrsflut
Fatima Landesbund für Vogelschutz	Erhalt der Arten Schutz der Lebensräume	Storchennest gebaut Bienennester gemacht Poster, Plakate

Seite 120, Aufgabe 2

Marion: ..., keine FCKW-haltigen Produkte zu kaufen.

Gerhard: ..., durch Aktionen vor Ort immer wieder auf die Folgen der Naturzerstörung aufmerksam oder Lösungsvorschläge im kleinen zu machen.

Martin: ..., in meiner Freizeit so viel wie möglich für die Umwelt zu machen.

Chapter overview

Page	Reference	Activities	Possible Extension
121	Peanuts Cartoon: ‚Nur einige sind gleicher!'	■ Students read the cartoon and brainstorm the word 'Ungleichheit'. The following questions may help: ■ In der Karikatur werden die Kekse ‚nicht redlich' geteilt; was wird im wirklichen Leben unfair geteilt? (z.B. Geld, Essen, Ausbildung, Karrierechancen, Gerechtigkeit ... usw.) ■ In der Karikatur wird Snoopy unfair behandelt; er bekommt weniger Kekse, weil er u.a. ein Hund ist; wer wird im wirklichen Leben unfair behandelt und wie/warum? ■ In der Karikatur hat Lucy Vorurteile Snoopy gegenüber, z.B. Menschen sind besser als Tiere, Frauen sind höherstehend als Männer usw.: welche Vorurteile gibt es im wirklichen Leben und wem gegenüber?	■ The teacher could start the lesson by play-acting an irrational prejudice against certain members of the group (e.g. those with blue eyes) without telling them why. The teacher could ignore them/insult them/make things very difficult for them e.g. by insisting they should write with the wrong hand. After a few minutes the play-acting is explained and those students who suffered the 'prejudice' are asked to express how they felt.
	Photographs: Asylantenheim and Protestspruch	■ Students could be asked to describe the 'Asylantenheim' photograph (Was ist hier passiert? Wie fühlt sich der Mann?) and to explain the 'Protestspruch' - it may help to reread the poem 'eigenes Land' on p. 43.	■ Teacher could ask students what they know about the situation of 'Ausländer' in Germany and about the 3 main groups of 'Ausländer': 'Gastarbeiter', 'Asylbewerber' and 'Aussiedler'. (For the latter students could be referred back to p. 51 and p. 79.)
	Poster: Warten Sie nicht auf den Prinzen	■ Teacher asks questions about the poster: Auf welches berühmte Kindermärchen bezieht sich dieses Poster? Wie ist die Frau in diesem Bild? Was ist sie von Beruf? Was bedeutet der Slogan?	■ Students could invent their own slogan promoting equality of the sexes based on another fairytale figure e.g. Aschenputtel/Schneewittchen/Rapunzel/Rotkäppchen.
122 –23	Flucht nach Deutschland	1 Students read the article and find vocabulary to match given definitions. 2 Comprehension questions. 3 Role-play in pairs: Jenet (a refugee) is interviewed by a 'Bundesamt' official.	■ Students could record their interview on tape if desired. Alternatively, the teacher may like to take on the role of the 'Bundesamt' official and 'grill' each student (in the role of Jenet) in turn.
	Die ersten Monate sind schwer…	4 Students read the text with a dictionary then rewrite a summary of the passage, correcting the mistakes in it.	
	🔊 Asylbewerber	5 Students use the tape and a pool of words to complete gapped sentences.	
	Poem: Der Fremde	6 Students read the poem then use all the material on p. 122–3 to write their own.	■ Students could brainstorm feelings, events and problems 'im eigenen Land' and 'in einem fremden Land' as a group, before writing individual poems. Some may prefer to write entries in a diary, instead of a poem, or to dramatise their ideas in a short sketch.
124	Nicht alle Inländer sind Deutsche	1 Students fill in gaps in text using words from a box. 2 Sentence manipulation to practise use of 'um ... zu'.	■ Some students may need extra support to use 'um ... zu' with separable and modal verbs.
		3 Students make up questions to test each other on the factual content of the text.	■ Teacher could supply further factual information regarding the new 'Ausländergesetz' from 1991: on arrival in Germany foreigners receive a 'befristete Aufenthaltserlaubnis'; this becomes an 'unbefristete Aufenthaltserlaubnis' after 5 years, if the individual can communicate orally in German, has somewhere to live and has not been in trouble with the law for 3 years; after 15 years (8 years for young people under 23 who have spent 6 years in a German school) a foreigner can apply for German nationality ('einen Einbürgerungsantrag stellen'), as long as he/she is willing to give up his/her own nationality.
	Wie weit müssen sich Ausländer anpassen?	4 Students note down the prerequisites for a multicultural society mentioned in the text.	
		5 Students brainstorm their own perceptions of the word 'multikulturell' and present the results as an acrostic.	■ The teacher could broaden the brainstorm session into a discussion based on the cartoon 'He Papa ...' and Wassilios' poem on p. 204. The following questions could be asked: Welche Probleme haben a Ausländer, die neulich in Deutschland eingereist sind? b Kinder nichtdeutscher Eltern, die ihr ganzes Leben in Deutschland gewohnt haben? Was kann man tun, um ihnen bei ihren Problemen zu helfen?
125	🔊 Fremdenhaß	1 Students listen to 5 young people describing their experience of racial hatred and note details in a table.	
	Wer hilft mit, Abdul die Zähne einzuschlagen?	2 General questions.	■ Students could search for the five separable verbs in the text.

Page	Reference	Activities	Possible Extension
		■ **Grammatik:** the pluperfect subjunctive with 'tun, als ...' 3 Manipulation exercise to practise pluperfect subjunctive.	■ The formation of the pluperfect subjunctive is explained on p. 132. For the use of the present subjunctive with 'tun, als ob ...', refer students to Grammatik p. 232.
	🔊 Protestlied: Sie brauchen keinen Führer	4 Students listen to the song and note the events and locations mentioned.	
	Protestsprüche	5 Students are asked to invent their own slogan against 'Fremdenhaß'.	
	29 Fürs Leben	■ Pairwork: summary of English newspapers in German.	■ Students should use Blatt **29** to support them in their preparation for this exercise. The preparation could be set in advance as homework. The teacher may prefer to play the role of non-English speaker him/herself and listen to the student's German summary.
		6 Students write an imaginary letter of protest to a local newspaper.	■ Alternatively, students could produce a positive version of the magazine appeal on this page, this time entitled 'Wer hilft mit, den Fremdenhaß zu bekämpfen?' The 'Alle, die ...' construction could be used to outline ways in which people can help to fight racism. ■ **Projektarbeit:** students collect further articles on the theme of 'Ausländerhaß' from the German-speaking press. If E-mail is available it could be used to interview students abroad; if not, a questionnaire could be designed and sent through the normal post. Results could be collated and presented as a wall display.
126 –27	Vorurteile und die Wirklichkeit	1 Students read the texts for gist (i.e. without a dictionary) and match each prejudice to an explanation.	■ For an explanation of 'Aussiedler' refer students back to p. 51. To clarify the different reasons why 'Ausländer' live in Germany the teacher could ask students to match the words 'Gastarbeiter', 'Asylbewerber' and 'Aussiedler' to the following definitions (or ask students to make up their own):
		2 Sudents copy out the six short vocabulary lists underneath each section of the text on p.126 and match a German definition to each word or phrase.	... sind meistens in den 50er und 60er Jahren nach Deutschland gekommen, um Arbeit zu finden: viele haben jetzt Kinder, die in Deutschland geboren wurden. ... sind aus ihrem Land wegen Verfolgung, Krieg oder Armut geflohen und suchen in einem anderen Land Obdach. ... haben deutsche Vorfahren, wohnen aber seit Generationen in Osteuropa oder Rußland; sie wollen ihre deutsche Staatsbürgerschaft zurückverlangen und nach Deutschland umsiedeln.
		3 Students use their completed vocabulary list from Ex. 2 to help them read the text more thoroughly. They then summarise each section in simple German.	■ This could be an oral or written exercise. If done orally some students may need to be prompted by questions. The summaries could then be written up as consolidation for a homework task.
		■ **Grammatik:** modal verbs with the passive infinitive. Students complete gapped sentences from the text, then search for further examples. 4 Manipulation exercise in which active sentences are turned into passive ones.	■ Students may need to reread p. 10 (modal verbs) and p. 96 (the passive).
		5 Students prepare notes to give a speech to the rest of the class in which they disprove common prejudices about 'Ausländer'.	■ Students should be encouraged to revise their notes well, so that during their speech they refer to them sparingly rather than read from them. (This will help prepare students for the 'presentation' element of some A-level oral examinations.)
		6 **Brennpunkt!** A 400-word essay entitled: 'Ausländer in Deutschland – Vorurteile und Wirklichkeit'.	■ Students should use language and material from pp. 122–127, and Zum Lesen pp. 203–205 for this essay.
	30 Aufsatz-Checkliste	■ **Lerntip:** students should use the checklist on Blatt **30** to check the language and structure of their essay. The task at the bottom of the sheet is intended to help them avoid over-used essay vocabulary – a starting point could be to think of *English* synonyms (e.g. to say – to affirm) and look them up in the English-German section of a bilingual dictionary.	■ Teachers should advise students to use pencil so that the checklist can be used again for future essays. Suggested synonyms for the task at the bottom of the sheet are given in the Answers section.
128 –29	Grundgesetz – Artikel 3	1 a Students brainstorm the topic of clichés and prejudices surrounding male/female roles. b They use the results to formulate sentences with 'zu'.	■ Note: p. 18 has information about male/female roles in childcare and p. 41 about male/female career decisions. ■ Students could listen to the self-study cassette item at the bottom of the page for further ideas.

Page	Reference	Activities	Possible Extension
	Statistical Diagrams A and B	**2** Students fill gapped sentences with words from a pool to interpret the statistics.	■ Students could add up the total number of hours of daily activity for men and women and compare the totals. (Diagram B shows the total for women to be 14.5 hours, for men 12.9 hours.)
	Putzen und Kochen ist Frauensache	**3** Students write a reply to the letter. ▪	
	▭ Mondamin Fixteig für Obstkuchen	**4** Austrian radio advertisement: students are asked whether they think this advertisement strengthens or weakens prejudices regarding male/female roles.	
	Unter Gleichberechtigung verstehe ich ...	**5 a** Students write their own definition of 'Gleichberechtigung'.	■ Students look up words such as 'Gleichberechtigung', 'Chancengleichheit', 'Frau', 'Hausfrau', 'Emanzipation' etc. in a monolingual dictionary and note definitions.
	Frauen in Europa: 10 Tatsachen	**b** Students read the 'Tatsachen' and decide which of them support or go against the 4 points in Claudia's definition.	■ Students could keep an eye on press and media for further statistics on women in Europe/their own country/German-speaking countries.
	▭ Frauenpolitik im vereinten Europa [31]	**6** (1) Students listen to tape and fill in gapped transcript. (2) They then translate the resulting passage into English. (3) Students unjumble jumbled sentence endings from tape. (4) True/False exercise. (5) Comprehension questions. **7** Role-play in pairs: an optimist and a pessimist discuss the position of women in Europe. ■ **Kommunikation!** Putting forward a viewpoint; giving examples.	
130	Ist Abtreibung Mord?	**1** Students read the letters and search for vocabulary. **2** Who says what? Students match opinions to names.	
	▭ Abtreibung – weitere Meinungen	**3** Students look up vocabulary, then listen to the cassette and note down who is for/against abortion and why.	■ Students could dramatise the argument that ensued when Angelika informed her parents that she did not want an abortion. The teacher should however be sure that abortion is not a sensitive issue for anyone in the group before suggesting this activity.
		4 Role-play debate: each class-member takes on the role of one of the 8 young people from the letters and cassette. Before beginning the debate, students prepare: **a** a summary of 'their' opinion **b** some questions to ask the others.	■ Note: there are phrases for a role-play debate on Blatt **[10]**. ■ If there are fewer than 8 students in the class they should be informed which of the 8 roles have been taken so as to prepare appropriate questions.
	▭ Wann beginnt das Leben? + pictures	**5** Fachsprache: technical/specialist terms. **a** Students look up specialist terms in the dictionary then number them in the order that they hear them on the cassette. **b** They then try to transcribe the item, listening to it as many times as is necessary. **c** Finally they give an oral commentary on the 4 pictures, if possible without consulting their transcript. **6** Students are asked their opinion on time limits for abortion.	■ Students could find out about abortion laws in German-speaking countries and in their own country. Where are the laws most liberal? Do they agree with them?
		7 Brennpunkt! Students summarise their own opinions on abortion in a letter or on tape. ■ **Kommunikation!** Expressing one's opinion forcibly	■ Students could be referred to the songs 'Unbeschreiblich weiblich' by Nina Hagen and 'Männer' by Herbert Grönemeyer about men and women and their rights.
132	Grammatik: Der Konditional (Wenn–Sätze) 2	■ An explanation of 'wenn' sentences using the pluperfect subjunctive. Ideally students should have already studied the introduction to the conditional on pp. 129–131.	■ Pages 231–2 of the grammar section provide more detailed explanation of the subjunctive in all tenses.
	[32] Konditionstraining!	**a** **[32]** Sentence manipulation and translation exercises.	■ Students could do the translation exercises without the help of the boxed words if they are able.
		b 'Wenn–Satz-Duell' – a game for 2 players.	■ As an alternative to the 'Wenn–Satz-Duell' the teacher could provide pairs of verbs. The students could then compete as a group to invent the funniest/most original sentence.
		c Pair dialogue to practise pluperfect subjunctive.	
203–5	Zum Lesen	■ Miscellaneous items on the theme of 'Ausländer'.	■ Students are asked to interpret the situation of foreigners in Germany from the extracts and quotes.
		■ 4 poems describing the situation of foreigners today, and a poster.	■ Students compare the feelings and situation described in each poem.

Class cassette transcripts

Asylbewerber

Seite 123, Aufgabe 5

Wiesbaden: In Hessen dürfen künftige Asylbewerber eine Berufsausbildung beginnen. Der Hessische Innenminister Gunther sagte: ‚Vor allem die jugendlichen Asylbewerber sollten ihre Zeit in Deutschland so sinnvoll wie möglich nutzen.' Aus einer begonnenen Berufsausbildung kann nach Worten des Ministers kein Bleiberecht abgeleitet werden. Wird ein Asylantrag abgelehnt, muß der Betroffene die Lehre abbrechen und ausreisen.

Fremdenhaß

Seite 125, Aufgabe 1

Benabdellah: Ich heiße Benabdellah und bin 26. Ich wohne seit 6 Jahren in dem Kurort Hardta, 30 Kilometer westlich von Dresden. Ich bin Algerier, bin aber mit einer Deutschen verheiratet. Ende August letztes Jahr wollte ich telefonieren gehen. Plötzlich kamen vier Kerle an die Telefonzelle und haben von mir verlangt, daß ich den Hörer auflegen solle. Dann haben sie noch ‚Kanake!' und ‚Du Schwein' gebrüllt und haben mich in der Zelle zusammengeschlagen.

Das hat mein ganzes Leben verändert. Jetzt ziehe ich zu Hause immer die Vorhänge zu und lasse das Licht an. Wenn ich unterwegs bin, sehe ich zu, daß ich vor fünf Uhr nachmittags daheim bin, denn wenn es dunkel wird, fühle ich mich auf der Straße nicht mehr sicher. Ich fahre auch nicht mehr mit dem Zug nach Dresden und mache deshalb jetzt den Führerschein.

Christina: Ich bin 15 Jahre alt und wohne seit 8 Jahren in Augsburg. Einige Leute haben mich in der Straßenbahn mit ‚ Scheiß Ausländer' und ‚Ausländer 'raus' angemacht, nur weil ich italienisch mit einer Freundin gesprochen habe. Und vor einem halben Jahr haben Skinheads mich und meine Freundin aus der Straßenbahn gezerrt und meine Freundin geschlagen. Was soll das denn alles? Wenn das so weitergeht wie bisher mit dem Fremdenhaß, ist das schlecht für die ganze Welt.

Mahmut: Ich bin 20 und wurde in Deutschland geboren, aber ich habe türkische Staatsangehörigkeit. Ich wohne in Berlin Kreuzberg, wo außer mir fast 130 000 Türken wohnen. Angst vor Gewalt habe ich nicht. Hier herrscht ein ungeheurer Zusammenhalt. Bei vielen Türken, da ist man geschützt. Drohungen von Skinheads und Neonazis gibt es schon. Jedes Jahr sagen die: ‚an Silvester stürmen wir Kreuzberg'. Aber alles nur leeres Gerede. Die sollen nur kommen!

Erol: Ich heiße Erol. Ich bin 18 und wohne seit 1977 hier in Augsburg-Oberhausen. Von der Türkei habe ich überhaupt nichts mitbekommen, aber ich fühle mich als Türke. Vor ein paar Jahren haben mich Neonazis zusammengeschlagen, nur weil ich Ausländer bin, und einmal habe ich gesehen, wie drei Skinheads einen Türken verprügelt haben, während die Passanten nur zuschauten. Ich finde die Atmosphäre in Deutschland immer beunruhigender. Ich habe mir deshalb kürzlich eine Gaspistole besorgt, um mich gegen eventuelle Angriffe zu wehren. Ich trage sie immer bei mir. Meine Mutter möchte sogar, daß ich abends nicht mehr auf die Straße gehe.

Gita: Ich komme aus Kamerun und studiere seit 5 Jahren Elektrotechnik in Augsburg. Ich bin 25. Ich habe kaum deutsche Freunde hier. Mir ist noch nichts passiert, aber ich habe schon ‚Nigger' zu hören bekommen. Die Angriffe auf Ausländer machen mir schon Angst. Ich gehe meist nur noch in Begleitung weg und fast nur noch in Discos, wo hauptsächlich Amis sind - da fühlt man sich sicherer, und in viele Augsburger Discos kommt man als Ausländerin ohnehin nicht mehr rein.

Frauenpolitik im vereinten Europa

Seite 129, Aufgabe 6, Blatt `31`

Angela Merkel, Bundesministerin für Frauen und Jugend, spricht in der Bonner Vertretung der EG-Kommission:

Die Gleichberechtigung, so wie sie in Verfassungen und Programmen gefordert wird, ist im konkreten Alltagsleben nicht verwirklicht. Noch immer sind die Chancen zwischen Männern und Frauen ungleich verteilt, noch immer gibt es Rollenklischees, Doppelbelastungen, Vorurteile, Benachteiligungen, ungleiche Löhne, Diskriminierung. Obwohl die Gleichberechtigung ein Grundrecht ist, tut sich hier eine der größten Lücken zwischen dem Anspruch des Grundgesetzes und der sozialen Wirklichkeit auf.

Gleiche Chancen für die Frauen in der Gestaltung ihres konkreten Alltagslebens sind in ganz Europa überfällig. Sie zu erreichen, muß das Ziel jeder Frauenpolitik sein.

Das bedeutet zum Beispiel die Kinderbetreuung zu verbessern. Es ist kein Ruhmesblatt, daß die alte Bundesrepublik bei der Anzahl von Kinderbetreuungsplätzen auf den hinteren Rängen im europäischen Vergleich rangiert.

Gleiche Chancen, das bedeutet, den Familienalltag so zu gestalten, daß er nicht einseitig zu Lasten der Frau geht. Es bedeutet, Frauen auch Freiräume für ihre eigene Entwicklung zu erlauben. Das Bild der sich aufopfernden Mutter und Ehefrau, die an sich zuletzt denkt, muß durch ein Leitbild der Partnerschaft ersetzt werden.

Gleiche Chancen, das bedeutet auch, die Ausbildungssituation von Frauen zu verbessern.

Dabei reicht es nicht, daß Frauen sich immer nur gegenseitig Mut machen. Frauenpolitik kann nur dann überzeugen und etwas bewirken, wenn sie sich nicht gegen eine andere Gruppe richtet. Deshalb ist es auch richtig zu sagen: es gibt keine Frauenpolitik ohne Männer. Es geht um Chancengleichheit in Partnerschaft. Es geht nicht um Konfrontation.

Aber richtig ist eben auch: ohne eine Änderung im Bewußtsein und Verhalten von Männern und Frauen ist Gleichberechtigung im Lebensalltag nicht zu erreichen. Überall in Europa müssen die Männer noch mehr einsehen als bisher, daß überkommene Rollenklischees nicht mehr gelten. Andererseits müssen Frauen in ganz Europa sich noch mehr als bisher bereitfinden, Verantwortung zu übernehmen und sich für ihre Interessen zu engagieren.

Abtreibung - weitere Meinungen

Seite 130, Aufgabe 3

Wir haben viele junge Leute zum Thema ‚Ist Abtreibung Mord?‘ interviewt. Hier hören Sie vier davon. Zuerst Burckhardt:

Interviewer: Burckhardt, was halten Sie von der Abtreibung? Ist Abtreibung Mord?

Burckhardt: Na ja, ich muß sagen, ich finde Abtreibung grausam. Wenn man bedenkt, daß man durch sie ein kleines Wesen umbringt, ist es doch wirklich so. Man kann ja nicht einfach so in die Gesetze der Natur hineinpfuschen. Auch wenn das Kind irgendwie behindert ist. Haben denn Behinderte nicht das gleiche Recht aufs Leben wie wir alle? Vor allem sollte man, bevor man miteinander schläft, erst zusammen über die möglichen Folgen reden.

Jetzt hören Sie Peter:

Interviewer: Peter, sind Sie der Meinung, daß Abtreibung Mord ist?

Peter: Nein, bestimmt nicht. Ich bin der Meinung, daß jedes Mädchen und jede Frau selbst entscheiden sollte, ob sie das Kind möchte oder nicht. Natürlich auch mit Hilfe einer Beratung, wenn sie so was braucht. Schließlich sind ja die Frauen die Leidtragenden.

Jetzt Sandra:

Interviewer: Sandra, Sie sind 18 Jahre alt, und haben schon eine Abtreibung hinter sich, nicht wahr?

Sandra: Ja, ich habe letztes Jahr eine Abtreibung gehabt, nicht, weil ich nicht verhütet habe, sondern weil ich vergewaltigt worden bin. Ich wollte das Kind eines fremden Mannes nicht zur Welt bringen und es großziehen müssen. Ich hätte es nicht lieben und nicht ansehen können. Und was hat das Kind vom Leben, wenn es nicht geliebt wird? Ich finde, in diesem Fall hat es nichts mit Mord zu tun.

Und schließlich Angelika:

Interviewer: Angelika, Sie haben sich entschieden, Ihr Kind nicht abtreiben zu lassen. Können Sie uns ein bißchen über diese Entscheidung erzählen?

Angelika: Ja. Ich kannte meinen Freund erst drei Monate, da wurde ich schwanger. Nun stand ich vor der Entscheidung, ob ich dieses kleine Leben abtreiben lassen sollte oder nicht. Ich selbst war schuld dran, daß ich schwanger wurde, denn ich nahm die Pille erst seit diesem Monat und vergaß sie einmal. Der Arzt bestätigte mir dann, daß ich in der achten Woche schwanger sei. Zu meinem Entsetzen! Er schenkte mir dann ein Buch über das ungeborene Leben. Wir blätterten das Buch durch und entschieden uns gegen Abtreibung, sehr zum Ärger meiner Eltern, die großes Theater machten. Ich war ja schließlich erst 16. Ich hielt Abtreibung für Mord. Ich hätte die Schwangerschaft nur abgebrochen, wenn das Kind behindert gewesen wäre oder sonst irgendwelche Schäden gehabt hätte. Jetzt bin ich glücklich verheiratet und habe einen sieben Monate alten Sohn, und meine Eltern sind die glücklichsten Großeltern der Welt.

Wann beginnt das Leben?

Seite 131, Aufgabe 5

Bild Nummer 1: Hier sehen Sie den Embryo, etwa 30 Tage alt. Der drei Millimeter kleine Körper ist wie ein Wurm um den Dottersack gekrümmt. Das Herz hat sich bereits geformt - um den 24. Tag herum schlägt es zum erstenmal.

Bild Nummer 2: Sechste Woche: Der Embryo ist durch die Nabelschnur mit dem Mutterkuchen verbunden und mißt 14 Millimeter, so groß wie der Fingernagel der Mutter. Das Hirn beginnt sich zu entwickeln.

Bild Nummer 3: Zehnte Woche: Der Embryo ist etwa 60 Millimeter groß. Das Gesicht ist zu erkennen. Alle inneren und äußeren Organe sind vorhanden. Ab dem 70. Tag arbeitet das Hirn, d.h., die Synapsen oder Kontakte zwischen den Nervenfasern haben sich gebildet: der Embryo kann die Finger bewegen.

Bild Nummer 4: Zwölfte Woche: Alle Organe des Embryos sind nun fast vollständig ausgebildet. Der Embryo heißt jetzt Fetus und ist ein ‚fertiges‘ Menschlein.

Answers

Seite 122, Aufgabe 1

a kein Laub

b Bürgerkrieg

c Lager

d Sammelunterkunft

e hat einen Asylantrag gestellt

f Verfahren

g Erzieherin

h abfällige Bemerkungen

Seite 122, Aufgabe 2

a ein Schock; viele hohe Häuser, weiße Menschen, tote Bäume

b Bürgerkrieg; Verfolgung durch die singhalesische Mehrheit; Terroranschläge und Hausarrest

c Weil sie Ausländer waren; weil es eine Familie war, die 5 Kinder hatte und weil sie dunkelhäutig waren

d Das Verfahren für den Asylantrag ist noch nicht abgeschlossen

e strenger erzogen; dürfen nicht allein weggehen

f Jenet bekommt abfällige Bemerkungen über ‚Asylanten'
zu hören

Seite 123, Aufgabe 4

Asylbewerber dürfen sich nicht aufhalten, wo sie wollen. Ihre
Bewegungsfreiheit beschränkt sich auf einen ihnen
zugewiesenen Landkreis. Sie wohnen in
Sammelunterkünften. Sie bekommen seit 1991 eine
Arbeitserlaubnis, und sie bekommen Sozialhilfe, wenn sie
keine Arbeit finden können. In dem großen
Asylbewerberheim in Augsburg sind die Zustände sehr
schlecht. Um den Flüchtlingen zu helfen, sammelt Daniela
Möbel und Kleidung. Sie hilft den Kindern der Asylbewerber,
indem sie mal einen Ausflug mit ihnen macht.

Seite 123, Aufgabe 5

🔊 **Asylbewerber**

a eine Berufsausbildung

b ihre Zeit in Deutschland so sinnvoll wie möglich

c kein Bleiberecht abgeleitet

d abbrechen und ausreisen

Seite 124, Aufgabe 1

1 Ausländer

2 Deutschland

3 Landes

4 Jahren

5 Türkei

6 Arbeitskräfte

7 schmutzige

8 Geld

9 geblieben

10 Welt

11 Deutsch

12 Schule

13 Ausbildung

14 Staatsangehörigkeit

15 Rechte

16 wählen

Seite 124, Aufgabe 2

a Sie haben ihre Heimat verlassen, um Arbeit zu finden.

b Sie haben deutsche Sitten angenommen, um anerkannt zu
werden.

c Sie sind in Deutschland geblieben, um sich ein neues
Leben aufzubauen.

d Sie haben schwere körperliche Arbeit machen müssen, um
einen Arbeitsplatz bekommen zu können.

Seite 124, Aufgabe 4

1 Ausländer müssen die deutsche Gesellschaftsform
akzeptieren.

2 Deutsche müssen lernen, mit den Eigenheiten der
Ausländer umzugehen.

3 Es muß Normen und Gesetze geben, an die sich alle halten
müssen.

4 Jeder hat die gleichen Chancen und Rechte.

5 Alle müssen selbst bestimmen dürfen, wie sie leben
wollen.

Seite 125, Aufgabe 1

🔊 **Fremdenhaß**

Benabdellah, 26

– seit 6 Jahren

– Algerier

– wurde beschimpft und in einer Telefonzelle
zusammengeschlagen

– zieht die Vorhänge immer zu; läßt das Licht an; kommt
vor 5 Uhr nachmittags nach Hause; fährt nicht mehr mit
dem Zug nach Dresden; macht den Führerschein

Christina, 15

– seit 8 Jahren

– Italienerin

– wurde beschimpft und aus der Straßenbahn gezerrt; sah,
wie Skinheads ihre Freundin zusammenschlugen

Mahmut, 20

– in Deutschland geboren

– Türke

– Skinheads und Neonazis haben gedroht aber nichts
gemacht

– wohnt bei vielen Türken; da ist man geschützt

Erol, 18

– seit 1977

– Türke

– wurde vor ein paar Jahren von Neonazis
zusammengeschlagen; sah, wie 3 Skinheads einen Türken
verprügelten, während die Passanten nur zuschauten.

– hat sich eine Gaspistole gekauft und trägt sie immer bei
sich.

Gita, 25

– seit 5 Jahren

– aus Kamerun

– ihr ist noch nichts passiert, aber sie wurde schon
beschimpft; kommt als Ausländerin in viele Augsburger
Discos nicht mehr rein.

– geht nur noch in Begleitung weg und fast nur noch in
Discos, wo Amis sind.

Seite 125, Aufgabe 3

a Sie tut, als hätte sie die Asylbewerber nicht beschimpft.
  = *She's pretending she didn't insult the refugees.*

b Er tut, als hätte er den Mann nicht angesprochen.
  = *He's pretending he didn't speak to the man.*

c Sie tut, als hätte sie nichts davon gewußt.
  = *She's pretending she knew nothing about it.*

d Sie tut, als hätte sie die Angriffe nicht miterlebt.
  = *She's pretending she didn't witness the attacks.*

Seite 127, Aufgabe 1

A4; B5; C3; D6; E1; F2

Seite 127, Aufgabe 2

die Krankenversicherung = i

zusätzlich belastet werden = h

vorliebnehmen = n

sich verschärfen = g

geringer = e

das Gaststättengewerbe = k

das Verfahren = d

anerkennt werden = a

jdn abschieben = j

der Tatverdächtige = f

die Urkundenfälschung = b
das Delikt = m
die Stationierungsstreitkräfte = o
die Unterstützung = c
nachweisen = l

Seite 127, Aufgabe 4

a Asylbewerber können aus politischen, aber nicht aus wirtschaftlichen Motiven anerkannt werden.

b Asylbewerber dürfen von den Behörden dazu gezwungen werden, in dem ihnen zugewiesenen Landkreis zu bleiben.

c Asylbewerber müssen vom Bundesamt in sogenannten Sammelunterkünften untergebracht werden.

d Nach 7 Jahren darf die Staatsbürgerschaft beantragt werden.

Seite 127, Lerntip, Blatt 30

a der Streitpunkt (-e) (*contentious issue*); die Zwangslage (-n) (*predicament, dilemma*); der Problembereich (-e) (*problem area*); die Schwierigkeiten (*difficulties*); eine heikle Frage (-n) (*a tricky/difficult question*); ein heikles Thema (*a tricky/difficult topic*).

b viele/einige etc. (*instead of* viele Leute/einige Leute); das Publikum/die Zuschauer (*the audience*); die Öffentlichkeit (*the public*); die Einwohner (*the inhabitants*); die Befürworter (+ Gen.) (*the supporters/advocates/those in favour of ...*); die Angestellten (*the employees*); der Durchschnittsbürger (*the average citizen*); Experten/Fachleute (*experts*); Jugendliche (*young people*).

c behaupten (*to affirm*); betonen (*to emphasize*); äußern (*to express*); den Standpunkt vertreten, daß ... (*to argue that ...*); erklären (*to explain*); versichern (*to assure*); beteuern (*to assert*); bestehen darauf, daß ... (*to insist that ...*); über etwas klagen (*to complain of sth.*); mitteilen (+ Dat.) (*to inform*); meinen (*to think*); der Meinung sein, daß... (*to be of the opinion that...*).

d erhalten (*to obtain*); erreichen (*to achieve*); sich (Dat.) etwas verschaffen (*to obtain/acquire sth.*)

e entdecken (*to discover*); feststellen (*to ascertain, realise*); etw. als etw. betrachten (*to consider sth. to be sth.*).

f untersuchen (*to examine*); besprechen (*to discuss*); erläutern (*to discuss a theory*); unter die Lupe nehmen (*to examine closely*).

g bedeutend (*significant*); einflußreich (*influential*); wertvoll (*valuable*); von entscheidender Bedeutung (*of great importance*); von großer Tragweite (*of great influence*); unentbehrlich (*indispensable*); unbedingt notwendig (*absolutely essential*); unbedingt erforderlich (*absolutely essential*); großen Wert auf etwas legen (*to attach great importance to sth.*); eine Voraussetzung für etwas sein (*to be a prerequisite for sth.*).

h die Ursache (-n) (*reason*); der Beweggrund (-e) (*motive*); die Ausrede (-n) (*excuse*); die Absicht (-en) (*intention*); es besteht kein Anlaß ... (*there is no reason ...*); wodurch ist diese Lage entstanden? (*how did this situation arise?*); zum Anlaß von etwas werden (*to trigger off sth.*).

i lobenswert (*laudable, praiseworthy*); hilfreich (*helpful*); günstig (*favourable*); wertvoll (*valuable*); positiv (*positive*); konstruktiv (*constructive*); sich lohnen (*to be worth it*); gültig (*valid*).

j ungesund (*unhealthy*); schlimm (*bad*); unanständig (*indecent*); böse (*evil, wicked*); ungünstig (*unfavourable*).

k problematisch (*problematic*); kompliziert/verwickelt (*complicated*); schwer (*difficult*); nicht leicht/einfach (*not easy*); ein strittiges Thema (*a controversial topic*).

l meinen (*to think*); der Meinung sein (*to be of the opinion*); glauben (*to believe*); laut (+ Gen.) (*according to ...*); etwas als etwas betrachten (*to consider sth. as sth.*); sich vorstellen (*to imagine*); etwas für etwas halten (*to consider sth. to be ...*).

m jedoch (*however*); doch (*but/however*); trotzdem/dennoch/ nichtsdestoweniger (*nevertheless*); allerdings (*however, nevertheless*).

n außerdem/zudem/überdies/ferner (*in addition, moreover*); weiter (*further*); obendrein (*moreover*); zusätzlich (zu ...) (*additional (to)*); als Ergänzung (*as the final touch*); nicht nur ..., sondern auch ... (*not only ... but also ...*).

o zur Verfügung stehen (*to be available*); sich befinden (*to be situated ...*); verfügen über ... (*to have at one's disposal*); es besteht ... (*... exists*); vorhanden sein (*to exist/to be available*); es fehlt an (+ Dat.) (*instead of* 'Es gibt keine ...'); vorkommen (*to occur/exist*); auftauchen (*to occur/arise*); sich zeigen (*to manifest oneself*); stattfinden (*to take place*).

p beträchtlich/erheblich (*considerable*); eine Fülle von (+ Dat.) (*an abundance of ...*); lauter ... (*nothing but ...*); zahlreich (*numerous*); eine ganze Reihe/Anzahl (*a large amount of ...*).

Seite 128, Aufgabe 2a

Kosmetik; Übersetzung; Baugewerbe; Rechtsberatung; Männer; Frauen; Gartenarbeit; Frauen; Männer; Kinderbetreuung.

Seite 129, Aufgabe 5b

Daß Frauen geholfen werden, wieder einen Beruf zu haben, wenn die Kinder groß sind – 8 unterstützt das.
Daß Hausfrau als Beruf anerkannt wird – 2 unterstützt das.
Daß sie später dieselbe Rente bekommt wie ihr Mann – 5 widerlegt das.

Seite 129, Aufgabe 6, Blatt 31

▣ **Frauenpolitik im vereinten Europa**

1 Gleichberechtigung; verwirklicht; verteilt; Rollenklischees; Doppelbelastungen; Vorurteile; Benachteiligungen; Diskriminierung; Grundrecht; Anspruch; Grundgesetzes

2 Das bedeutet, zum Beispiel die Kinderbetreuung zu verbessern.
Das bedeutet, den Familienalltag so zu gestalten, daß er nicht einseitig zu Lasten der Frau geht.
Es bedeutet, Frauen auch Freiräume für ihre eigene Entwicklung zu erlauben.
Das bedeutet auch, die Ausbildungssituation von Frauen zu verbessern.

4 a Falsch; Es reicht nicht, daß die Frauen sich nur gegenseitig Mut machen.
  b Richtig
  c Richtig
  d Falsch; Es geht um Chancengleichheit in der Partnerschaft, nicht um Konfrontation.

5 (Männer) Sie müssen noch mehr einsehen als bisher, daß überkommene Rollenklischees nicht mehr gelten.
(Frauen) Sie müssen sich noch mehr als bisher

bereitfinden, Verantwortung zu übernehmen und sich für ihre Interessen zu engagieren.

Seite 130, Aufgabe 2

a Rainer
b Steffi
c Michelle
d Georg
e Steffi
f Georg
g Rainer
h Michelle

Seite 130, Aufgabe 3

a *cruel; being; to meddle/interfere in sth.; disabled; consultation/counselling; to rape; to confirm; to make a fuss/song and dance about sth.*

b 📼 **Abtreibung – weitere Meinungen**

Burckhardt: gegen Abtreibung; findet so was grausam; ein kleines Wesen umbringen; in die Gesetze der Natur hineinpfuschen; Behinderte haben das gleiche Recht aufs Leben wie alle Leute.

Peter: für Abtreibung; Mädchen und Frauen sollten selbst entscheiden können (wenn nötig, mit Hilfe einer Beratung).

Sandra: für Abtreibung; hatte letztes Jahr eine Abtreibung; wurde vergewaltigt; hätte das Kind eines fremden Mannes nicht lieben können.

Angelika: gegen Abtreibung; wurde schwanger, weil sie die Pille einmal vergaß; fühlte sich selbst schuld dran; hielt Abtreibung für Mord; hätte die Schwangerschaft nur abgebrochen, wenn das Kind behindert gewesen wäre.

Seite 131, Aufgabe 5

a *synapse; embryo; foetus; yolk sac; placenta; umbilical cord; nerve fibre.*

b 📼 **Wann beginnt das Leben?**
1 der Embryo
2 der Dottersack
3 die Nabelschnur
4 der Mutterkuchen
5 die Synapse
6 die Nervenfaser
7 der Fetus

Seite 132, Übung a, Blatt 🔳32🔳

1 a Wenn ich die Abtreibung nicht gehabt hätte, hätte ich gegen meine Eltern gehandelt.
b Wenn meine Eltern mich 'rausgeworfen hätten, wäre ich obdachlos gewesen.
c Wenn ich meine Ausbildung abgebrochen hätte, hätte ich mich sehr frustriert gefühlt.
d Wenn ich mich gegen eine Abtreibung entschieden hätte, hätte ich alle meine Zukunftspläne aufgeben müssen.
e Wenn ich ein Kind bekommen hätte, hätte ich mit dem Kindergeld nicht auskommen können.
f Wenn ich das Baby weggegeben hätte, hätte ich mir ständig Gedanken darüber gemacht.
a *If I hadn't had an abortion I would have been acting against my parents.*

b *If my parents had thrown me out I would have been homeless.*
c *If I had broken off my education I would have felt frustrated.*
d *If I had decided against an abortion I would have had to give up all my plans for the future.*
e *If I had had a child I wouldn't have been able to get by on the child benefit money.*
f *If I had given away the baby I would have continually thought about it.*

2 a Er hätte warten können!
b Du hättest da sein sollen!
c Sie hätte anrufen können!
d Sie hätten das nicht sagen sollen!
e Es hätte fertig sein sollen!
f Du hättest mir helfen können!
g Er hätte es wenigstens versuchen können!
h Sie hätte nicht lachen sollen!

3 a Ich hätte meine Stelle aufgeben müssen.
b Wir hätten dich nicht stören wollen.
c Ich hätte sowieso nicht kommen können.
d Sie hätten den Zug verpassen müssen.
e Wir hätten keine Karte kaufen können.

Chapter overview

Page	Reference	Activities	Possible extension
133	Photographs, Poster 'Millionen stehen hinter mir', and map of Germany 1945.	■ The teacher could ask questions to help students describe and interpret the pictures and map, and to find out how much they already know of German history: e.g. 'Was sieht man auf diesem Bild? In welchem Jahr fanden diese Olympischen Spiele statt? Was passiert hier? In welchem Jahr kam Hitler an die Macht, d.h. wurde Reichskanzler von Deutschland?' (Give choice of dates if students don't know.) 'Wann begann und wann endete der 2. Weltkrieg? (und der 1. Weltkrieg?) Warum steht diese Stadt in Ruinen? Was zeigt diese Karte? Warum gibt es diese 4 Zonen? Welche Zone wurde später die DDR? Und welche Zonen wurden die BRD? Wann wurde die Berliner Mauer gebaut?' (Give choice of dates if students have no idea.) 'Was machen diese Leute? Wann fiel die Mauer? Was zeigt dieses Bild? Wann wurde Deutschland vereinigt? Erinnert Ihr Euch an diesem Tag? Habt Ihr etwas im Fernsehen gesehen?'	■ Students could be asked to interpret the thoughts and feelings of some of the people in the photographs, although a similar activity will occur later in the chapter with different pictures.
134	📻 Geschichte lebt!	1 Students match up sentence halves before listening to the tape. 2 They then listen to the tape, checking their answers to Ex. 1, identifying the speaker for each sentence, and deciding which of the speakers still has feelings of guilt.	■ The teacher should draw students' attention to the fact that Kerstin speaks first. The other girl, Daniela, has a very different voice to Kerstin, and the third speaker (Torsten) is male. Linking voices to names should therefore present no problems.
		3 Group discussion of German stereotypes in the media.	■ Students are referred back to the discussion of stereotypes on p. 44.
	📻 Unsere Sprache: Aussprache und Intonation	4 Students imitate sentences from the cassette item 'Geschichte lebt!' to practise pronunciation and intonation in pairs.	■ Students should be encouraged to use this method of pronunciation practice in pairs as often as possible, using any recorded text as a basis
	33 Sind Sie gut drauf?	■ **Grammatik:** Adjectival nouns. Students explain the endings on some nouns taken from the cassette item, then do a translation exercise and gap-filling exercise on Blatt 33.	■ Students may need to refer to the adjective ending tables on p. 236 of the grammar section.
135	Photographs and documents: Wer stoppt Hitler?	1 Students piece together a description of the time before World War 2, using the documentary evidence on the page. Useful phrases and vocabulary are provided.	■ This activity could be done in pairs or as a class. Preparation could be given as homework.
136	📻 Wer stoppt Hitler?	**Teil 1** 1 Gap-filling exercise. 2 Students match sentences from Ex. 1 to realia on p. 135. 3 Students search for vocabulary on tape to match definitions.	■ This is a major listening comprehension exercise broken down into 3 sections for manageability. If the teacher feels some students need extra support a German-English vocabulary list could be prepared for all or some of the sections. ■ The teacher could provide English sentences based on the content of the cassette item for retranslation into German, e.g.: After World War 1, Germany had to pay war costs under the treaty of Versailles; As a result of the world economic crisis in 1929, the German economy collapsed and there was a lot of unemployment.
		Teil 2 1 Students match names and descriptions. 2 True or false exercise. 3 Students search for a sentence to match one of the pictures on p. 135.	
	Map: Das deutsche Reich 1939	**Teil 3** 1 Vocabulary search. 2/3 Comprehension questions.	■ The map 'Das deutsche Reich 1939' acts as a visual aid for Teil 3.
		4 Brennpunkt! 400-word essay: 'Warum ist Hitler an die Macht gekommen?'	■ Before writing the essay, students could collect phrases from the tape 'Wer stoppt Hitler?' used for relating events in the past, e.g. 'ab 1919 ...', 'damals ...', 'als ...', 'Und dann ... .
137	Grammatik: Darauf/Worauf, usw.	■ Translation and sentence-building exercises to practise the use of 'da(r)-' or 'wo(r)-' with a preposition.	
	33 Sind Sie gut drauf?	a 33 Exercises 3 – 5; gap-filling and sentence-building. b Students write 2 paragraphs using the phrase 'Ich bin (nicht) stolz darauf, daß ...' c Students invent an interview in pairs. d Guessing game 'Dingsbums' in pairs. See rules right.	■ Dingsbums rules: Person A thinks of an inanimate object. Person B has 20 questions to guess what it is, using words like 'darauf' and 'damit' when necessary, e.g. Kann man damit Kochen/spielen? etc.

Page	Reference	Activities	Possible extension
138	Krieg!		
	Das Leben ist billig ...	**1 a** Students assign adjectives to the people in the text, then describe them in full sentences. ■ **Kommunikation!** Describing people.	
		b Students read part of the text aloud in pairs. **c** Questions to encourage analysis of vocabulary.	■ The teacher could refer students who enjoy this text to the Borchert short story 'Die Küchenuhr' in the reading section p. 208. A short biography of Borchert can also be found on this page.
		2 Questions to encourage analysis of the language and style of the piece. **3** Questions to encourage interpretation of meaning. **4** Students analyse the tone and purpose of the extract.	■ Blatt **14** will be useful here.
	34 Der zweite Weltkrieg in Europa	**5** Information-gap pair activity providing facts about the Second World War.	■ If possible the teacher should check students' answers to Ex. 1 on Blatt **34** before they attempt the spoken activity in Ex. 2.
	📼 99 Luftballons	**6** An anti-war song by the German singer Nena. Students are asked to describe the events triggered off by the 99 balloons and to interpret the anti-war message of the song.	■ Students may need the transcript to aid understanding.
139	Das ist Unsinn, oder?	**1** Students translate the letter into English for a non-German-speaking friend.	■ The English translation which appeared in 'The Guardian' (January 1993) is given in the answers section.
		2 Students write a 'Lesebuchgeschichte' in the style of Wolfgang Borchert based on the events in the letter.	■ Students brainstorm the feelings of the soldier in the photograph on p. 138, then write a letter home as if they were that soldier.
	Text: Trautes Heim, Glück allein?	**3** Students read the text and collect **a** synonyms for 'sagte'; **b** vocabulary to describe noise. These and other vocabulary groups could be collected on a database.	■ Teacher could ask students if they know the equivalent English expression to 'Trautes Heim, Glück allein'. (Home Sweet Home.)
	📼 Fliegeralarm über Köln	**4** Students note similarities between the bomb attack described on tape and the one in the Rodenberg text (i.e. praying/noise/fire).	■ Teacher may wish to provide some vocabulary support for this cassette item. ■ More 'noise' vocabulary could be added to the collection from Exercise 3b, i.e. 'das Bellen der Flak, Krachen von Bomben, Pfeifen von Luftminen'. ■ Students could be asked more detailed comprehension questions e.g. 'Warum hat man so laut gebetet? Warum haben Sprengbomben das Feuer verstärkt? Was war die Bilanz des Angriffs auf Köln? Was stand auf den englischen Flugblättern? Welche englische Stadt hat Hitler als Vergeltung für Köln bombadieren lassen und wann hat er das gemacht? Wie heißen die 7 anderen bombadierten Städte, die auf der Kassette erwähnt werden? Wie wollten die Briten die deutsche Rüstungsindustrie indirekt treffen? Was ist tatsächlich passiert?' ■ The following question could lead to a group discussion: 'Was halten Sie von der englischen Strategie, die deutsche Zivilbevölkerung zu bombadieren? War das berechtigt? Warum (nicht)?'
		5 Students continue the dialogue in the Rodenberg text in pairs.	■ The dialogue could be recorded with sound effects.
140 –41	Anfang bei Null	**1** Students read 7 short texts and race each other to match them to 7 headlines. **2** They then match photographs to texts. **3** False sentences to be corrected orally then written up.	
	35 So ein Leben!	**4 Brennpunkt! 35** Group role-play. A reporter interviews 4 people from the photographs on pp.140–141. The group then presents a portrait of post-war Germany. This could be based on the 4 role-play characters from Blatt **35**, as well as information gathered from magazines, encyclopædias, etc.	■ Students could be referred to post-war literature such as Böll's short story 'Mein teures Bein' or his novel 'Und sagte kein einziges Wort' for further insight into post-war Germany.
	📼 'Wirtschaftswunder' advertisement (Peter Cremer Waschmittel) and newspaper extract.	**5** Students look up vocabulary then listen to tape and answer comprehension questions.	■ Students could look up the word 'Währungsreform' and the phrase 'bar auf die Hand' before listening to the cassette.

Page	Reference	Activities	Possible extension
		6 Using the Peter Cremer advertisement as an example students create an advertisement for the stationer's shop described in the newspaper article. 💾	
142	Zugemauert!	**1** Students describe 4 photographs charting the building of the Berlin wall in 1961.	
	📼 Der Mauerbau	**2/3** Students match vocabulary to definitions, then listen to the recorded commentary for the 4 photographs in Exercise 1 and make notes. They use their notes to script a radio news broadcast.	■ The commentary could be recorded on tape, perhaps in the style of an old-fashioned newsreel.
	Text: Flucht	**4** Students read the text and search for prepositions. **5** The text is used as the starting point for imaginative story-writing. ■ **Kommunikation!** Describing past events and experiences.	■ Students could also use the **'Kommunikation!'** phrases to describe an event from their own past.
143	Die friedliche Revolution	**1** Students match slogans and cartoons to dates on the chronological table. **2** They relate the events from the table to a partner using the imperfect tense.	
	Grenzenlose Freude	**3** Practice in formulating German definitions. **4/5** Students fill in a table with events from the texts, then think up a headline for each event.	■ If time is available, students could be asked to design a special edition stamp ('Sonderbriefmarke') to commemorate the events of the 8th/9th November 1989. The DDR stamp at the top of the page could serve as an example.
144	Einigkeit macht stark?	**1** Students sort and interpret slogans.	
	📼 Zweieinhalb Jahre danach	**2** Eight young people from East and West Germany give their views on reunification; 4 on cassette, 4 on the page. Students listen and read, extracting information to complete a table. **3** **Brennpunkt!** 500-word-essay on one of the following titles: a Deutschland – wirklich vereint oder immer noch gespalten? b Wenn man Deutschland und die Deutschen heute verstehen will, muß man erst mal die deutsche Geschichte verstehen.	■ If time permits, an alternative activity could be to set up a display board in the classroom documenting the continuing history of Germany (and/or other German-speaking countries) as it unfolds. The display could be entitled 'Deutschland aktuell' and could feature a chronological table ('Zeittafel') surrounded by pictures, quotations, newspaper articles, etc.
206–8	Zum Lesen	■ A selection of short items from different periods of German history. Students are asked to guess the date of each item.	■ The solution is in the answers section.
		■ Extracts from Anne Frank's diary. Students are asked what the extracts say about life in hiding and Anne's character.	
		■ Short story by Wolfgang Borchert portraying the anguish of those left with nothing after bomb raids on Germany. Students are asked to describe the tone of the piece and the feelings of the young man.	■ Blatt 14 would be useful here.

Class cassette transcripts

Geschichte lebt!

Seite 134, Aufgabe 2

Kerstin: Ich habe immer noch so etwas wie ein Schuldgefühl, wenn ich als Deutsche im Ausland bin, in den Ferien zum Beispiel.

Daniela: Ja, man hat immer ein schlechtes Gewissen. Manchmal sind die anderen ja auch sehr direkt. ‚Woher kommst du?' – ‚Aus Deutschland.' – ‚Nazi!' Das hab' ich mal erlebt. Aber der Junge, der das gesagt hat, hat sich später entschuldigt. Er hatte sich wohl nichts dabei gedacht. Mich hatte es aber doch sehr getroffen. Das ist das Erbe, das man übernimmt. Wir sind ja in die Geschichte, in diese Zeit, hineingeboren worden.

Kerstin: Als Deutsche haben wir es da manchmal wirklich nicht leicht. Aber manchmal frage ich mich: Was haben wir heute damit zu tun? Sind wir heute nicht eine ganz andere Generation?

Daniela: Oft wird das Bild von den Deutschen immer noch durch Kriegsfilme beeinflußt. Besonders in Amerika oder auch in England. Die Deutschen sind immer nur die bösen Nazis.

Torsten: Ich glaube, die Deutschen haben manchmal zu viele Schuldgefühle. Uns fehlt der Stolz auf die eigene Nation, wie das bei den anderen ganz natürlich ist. Wenn zum Beispiel Deutschland im Fußball gewinnt, da fühlt man sich natürlich ein bißchen patriotisch. Und da haben manche doch ein schlechtes Gewissen dabei.

Daniela: Es ist ja auch gar kein Wunder, daß uns nach so einer Vergangenheit der Stolz auf die eigene Nation fehlt. Zuviel Nationalstolz kann ja auch negative Folgen haben, wie wir jetzt wieder bei den Neonazis gerade sehen.

Torsten: Ja, aber wir haben die Verantwortung, daß so etwas wie Hitler und die Nazis nicht wieder möglich wird. Wir haben jetzt seit über 40 Jahren eine Demokratie. Und wir müssen alles tun, damit es auch weiter so bleibt.

Kerstin: Damals haben die Nationalsozialisten das Nationalbewußtsein in ihrer Propaganda so richtig aufgeheizt und für ihre Ziele mißbraucht. ,Für Führer, Volk und Vaterland', dafür sind Millionen von Soldaten gestorben.

Daniela: Aber 1945 haben die Deutschen doch schon gemerkt, wie sinnlos das alles war. Was hatte meine Großmutter davon, daß ihr Mann den ,Heldentod' gestorben war?

Kerstin: Und dann hörten sie die ganze Wahrheit über die Ermordung der Juden. Wer konnte da noch stolz sein? Die meisten haben sich geschämt, Deutsche zu sein.

Daniela: Ältere Leute können doch stolz darauf sein, daß sie nach dem Krieg alles wieder aufgebaut haben. Aber wir sind einfach hineingeboren worden in den 70er Jahren. Der Reichtum war schon da. Darum haben wir auch keinen Grund, stolz zu sein.

Torsten: Vielleicht doch, wenn wir die Demokratie schützen, damit sie nicht wieder verlorengeht.

Wer stoppt Hitler?

Seite 136, Teil 1

Frank: Also, soviel weiß ich schon: Nach dem 1. Weltkrieg kam die Weimarer Republik, nicht? Das war doch eine Demokratie. Wie konnte also Hitler an die Macht kommen?

Großvater: Na ja, die Antworten auf diese Frage sind gar nicht leicht. Die Weimarer Republik war sicher eine Demokratie, aber die Situation ab 1919 war gar nicht so einfach. Wir hatten den 1. Weltkrieg verloren und jetzt sollten wir auch noch unter dem Friedensvertrag von Versailles die Kriegskosten der Sieger bezahlen. Bezahlen mußte am Ende der kleine Mann. Das Geld war nichts mehr wert.

Frank: Da gab es also eine Inflation?

Großvater: Sehr richtig. Und was für eine! Da kostete 1923 ein Kilo Roggenbrot 200 Milliarden Mark! Die Kinder haben die wertlosen Geldscheine sogar als Spielzeug benutzt!

Frank: Wahnsinn!

Großvater: Und dann kam doch 1929 auch noch der Schwarze Freitag, die Weltwirtschaftskrise. Und sofort ging es auch bei uns los: Die Wirtschaft brach zusammen. Ich weiß noch, ich war unheimlich froh: Mein Vater hatte im letzten Augenblick noch einen Arbeitsplatz für mich gefunden. Bei einer Bank.

Frank: Wie alt warst du damals?

Großvater: 17

Frank: Gab es dann viel Arbeitslosigkeit?

Großvater: Ja, und wie! Ich glaub, 1932 hatten wir über 6 Millionen Arbeitslose! Und damals gab es nicht so viel Arbeitslosenunterstützung wie heute. Die Leute sind

wirklich verhungert.

Frank: Ja, aber was hat das mit der Demokratie zu tun?

Großvater: Ganz einfach: Die Leute schimpften alle auf die Regierung. Und da haben natürlich die Gegner der Republik - also die Nationalsozialisten auf der rechten Seite und die Kommunisten auf der linken Seite - sie haben gesagt: ,Die Demokratie ist an allem schuld!' Und gemeinsam haben sie mit ihren Nein-Stimmen im Parlament die demokratische Regierung gestürzt. Fast jedes Jahr gab es eine neue Regierung. Das konnte ja nichts werden.

Teil 2

Frank: Trotzdem möchte ich wissen: Warum habt ihr eigentlich den Hitler gewählt?

Großvater: Haben wir doch gar nicht! Ich jedenfalls nicht! Der hatte doch bei seiner besten Wahl noch nicht einmal die Hälfte der Wählerstimmen.

Frank: Ja, aber wieso ist er dann ...

Großvater: Die Leute wollten einen starken Mann. Die großen Industrie-Bosse wollten das auch. Und der alte Hindenburg, der Reichspräsident, mußte Hitler 1933 zum Reichskanzler machen. Der Hitler hat ja auch den großen deutschen Helden gespielt. Den Leuten hat er erzählt: Deutschland wird wieder groß und stark.

Frank: Und das hat man ihm geglaubt?

Großvater: Ja. Auf einmal gab es wieder Arbeit für alle. Der hat Autobahnen gebaut und Volkswagen. Und die Leute haben alle gedacht, jetzt geht es wieder aufwärts. Im täglichen Leben fiel die Diktatur am Anfang kaum auf. Das Leben wurde eher noch positiver, schöner. Früher hatte es auf den Straßen immer Straßenschlachten und viel Kriminalität gegeben. Jetzt war es endlich ruhig und man fühlte sich sicher.

Frank: Aber dafür hat man doch die Meinungsfreiheit verloren.

Großvater: Ja. Immer mehr. Die sogenannte ,Gleichschaltung' begann ab 1934. In den Medien wurde das aber nicht sofort deutlich. Die Nazis haben nur wenige Zeitungen sofort verboten. Goebbels wurde dann Propagandaminister und bald gab es nur noch eine Meinung: die Meinung der Partei. Politische Gegner haben ihre Stellen verloren oder wurden sogar in Konzentrationslager gebracht. Alle anderen politischen Parteien wurden verboten.

Frank: Der Volkswagen und die Autobahn und so, das war natürlich alles schon Rüstung für den Krieg, oder?

Großvater: Ja. Das fing schon bei der Jugend an. Hitler hat die Jugend völlig unter den Einfluß seiner Partei gebracht: Jungen zwischen 10 und 18 mußten der Hitler-Jugend beitreten und für Mädchen gab es den Bund Deutscher Mädchen oder BDM. Da machte man vor allem ein körperliches Training, mit viel Disziplin; das war tatsächlich eine vormilitärische Schulung.

Teil 3

Frank: Hatte man denn keine Angst vor einem Krieg?

Großvater: Am Anfang eigentlich nicht. Man sah in Hitler sogar einen Kämpfer für den Frieden, der Deutschland nur wieder stark machen wollte. Als er 1935 das Saargebiet besetzte, waren alle begeistert. Sie dachten, wir hätten ein Recht darauf, weil wir das nur durch den 1. Weltkrieg verloren hatten. Als Hitler 1936 auch das Rheinland besetzte, war wieder großer Jubel. Bei den Olympischen Spielen 1936 in Berlin hat er dann wieder nur von Völkerverständigung und Frieden geredet. Selbst den Anschluß Österreichs 1938 fand man gut. Die Österreicher wollten ‚Heim ins Reich‘ und waren dankbar, als Hitler kam – oder so konnte man glauben, wenn man hier die Wochenschau jede Woche im Kino sah.

Frank: Und dann wollte er das Sudetenland in der Tschechoslowakei haben.

Großvater: Ja. Er wollte immer mehr. Wir hatten damals große Angst, daß er das notfalls auch mit Waffengewalt machen wollte. Aber dann haben 1938 der britische Premierminister Chamberlain und der Franzose Daladier in München das Sudetenland dem deutschen Reich zugesprochen. Das haben wir gar nicht erwartet. Aber wir freuten uns darüber, weil wir glaubten, jetzt war ein Krieg nicht mehr nötig für Hitler. Dann besetzte er im Frühling 1939 die ganze Tschechoslowakei. Es wurde allen klar, wie sehr er den Krieg wollte. Doch da war es zu spät. Der Nichtangriffspakt mit Rußland im August 1939 hat den Weg freigemacht, so daß seine Truppen einen Monat später in Polen einmarschieren konnten. Das hat den 2. Weltkrieg ausgelöst.

Frank: Eine Frage hab’ ich noch. Hätte man nicht mehr gegen die Judenverfolgung machen können?

Großvater: Na ja. Die Sache war so. Am Anfang hatte man nie was gehört. Die Juden wurden völlig unterdrückt. Man sollte sogar ihre Geschäfte boykottieren.

Frank: Aber es stimmt doch nicht, daß keiner was gewußt hat. Die Leute haben was gewußt. Oder sie hätten jedenfalls viel mehr wissen können.

Großvater: Ja und nein. Sagen wir mal so: Wenn wir uns mehr darum gekümmert hätten, dann hätten wir mehr gewußt. Viele haben sich Hitlers Buch ‚Mein Kampf‘ gekauft und waren entsetzt über die Rassenfrage, besonders weil sie jüdische Freunde hatten. Sie wählten aber trotzdem die Nazis, weil sie das Wirtschaftsprogramm und die ‚Heim-ins-Reich‘ Ideen gut fanden. Aber mit den Vernichtungslagern, das hat keiner glauben wollen. Mir hat selbst einmal einer erzählt: Die Juden werden umgebracht. Das habe ich einfach nicht glauben können. In der ‚Wochenschau‘ sah man immer, wie sie nur ins Ausland emigrierten. Der offene Terror begann mit der ‚Reichskristallnacht‘ am 8. November 1938. In dieser Nacht wurden jüdische Geschäfte, Wohnungen und Synagogen verbrannt und zerstört. Es wurde uns klar, daß Hitler viel weiter ging, als wir es uns vorher gedacht hatten.

Fliegeralarm über Köln

Seite 139, Aufgabe 4

Die älteren erinnern sich - Fliegeralarm über Köln. Die laue Vollmondnacht endet im Schrecken: Flächenbombardement durch eine bis dahin nicht gekannte Zahl von Bomben über eine Stadt. Das Bellen der Flak, Krachen von Bomben, Pfeifen von Luftminen – alle paar Minuten stürzt eine Bombe heulend ab.

Zeitzeugen:

‚Da war das ein unsägliches Meer über der ganzen Stadt - ein Feuermeer – Brandbombe an Brandbombe war dahin und da konnte man nur mit Sand ... da war ja Sand über alles hingeworfen, damit man die löschen konnte, aber da war nichts mehr zu löschen ...‘

‚Alarmnächte, sie sind ja furchtbar gewesen – da war man doch einfach nur aus dem Bett und dann so schnell wie möglich in den Keller ... Es wurde laut, ganz laut gebetet, damit man überhaupt dieses Knattern und alles nicht so hörte ...‘

Zuerst Brandbomben, dann Sprengbomben: 1500 Tonnen. Im Durchzug ausgeblasener Fenster, Türen und Decken sollen die Häuser tüchtig brennen, bevor die Bevölkerung aus dem Keller kommen kann. Die Bilanz: 469 Tote, 5000 Verletzte, 14 500 zerstörte Häuser. Nach 90 Minuten sind die Angreifer weg, aber der Feuersturm tobt weiter. Und dann Flugblätter: ‚Dies ist Hitlers Krieg‘. Schon in der folgenden Nacht noch am 3. Mai die Vergeltung: Deutsche Bomber werfen ihre hüben wie drüben Tod und Not bringende Last über Canterbury ab. Lübeck, Rostock und Köln versanken, nach London, Warschau, Rotterdam und Coventry, in Schutt und Asche. Die Briten wollten die Rüstungsindustrie indirekt treffen, in ihren Arbeiterinnen und Arbeitern: einfach die Zivilbevölkerung töten oder durch Obdachlosigkeit und Leid demoralisieren. Theorie. In der Praxis konnte Deutschland seine Rüstungsproduktion immer weiter steigern – bis zum Herbst 1944.

Wirtschaftswunder

Seite 141, Aufgabe 5

Nach dem Krieg gibt es zu viel Geld in Deutschland - wertloses Geld. Hitler hatte jahrelang Geld drucken lassen, um den Krieg zu finanzieren. Auch die Besatzungsmächte druckten für ihre Soldaten Besatzungsgeld. 1948 einigen sich die 3 westlichen Alliierten auf eine Währungsreform, um dem Geld wieder echten Wert zu geben. In den 3 westlichen Besatzungszonen sind 100 alte Reichsmark jetzt 1 deutsche Mark wert. Jeder Deutsche bekommt zum Anfang 40 DM bar auf die Hand. Gleichzeitig endet die Rationierung der Waren und Lebensmittel, und wie durch ein Wunder: Über Nacht haben alle Geschäfte wieder volle Schaufenster. Man kann wieder fast alles kaufen. Am Anfang haben viele nicht genug Geld dazu. Später schlägt der Konsum Wellen. Zuerst die Freßwelle (es gibt wieder genug Lebensmittel), dann die Reisewelle (man hat genug Geld und Zeit, um zu verreisen), dann die Möbelwelle, die Fernseh-Welle, die Hifi-Welle usw., usw. Für die Wirtschaft beginnt eine neue Zeit, das sogenannte ‚Wirtschaftswunder‘. Zwischen 1950 und 1970 steigt das durchschnittlich verfügbare Einkommen eines deutschen Haushaltes um 400%!

Der Mauerbau

Seite 142, Aufgabe 3

Tja, also hier auf dem ersten Bild sehen Sie das Plakat, das vier Wochen vor dem Bau der Mauer in Ostberlin zu sehen war. Ich erinnere mich sehr genau daran. Ich war damals 15. Ich weiß noch, ich wußte damals nicht mehr, was ich glauben sollte. Na ja, dann ist es 4 Wochen später, am 13. August 1961 plötzlich passiert – das Datum hat sich mir unauslöschlich eingeprägt. Um 2 Uhr 15 nachts haben sie

nnen, ganz Berlin durch eine Riesenmauer
hzuschneiden. Schon in den frühen Morgenstunden war
die Grenze dicht. Ich erinnere mich noch daran, wie die Leute
fassungslos zugesehen haben, als ob das alles irgendein
verrückter Alptraum war, wie auf Bild 2. Andere sind so
schnell wie möglich nach Westberlin geflohen, wie diese
Leute auf dem dritten Bild. Die Mauer ging mitten durch die
Stadt, ohne Rücksicht auf Straßen oder Häuser, deren Türen
und Fenster bald vernagelt und zugemauert worden sind. In
den ersten Tagen waren Ost und West an manchen Stellen
immer noch nur durch Stacheldraht getrennt, wie auf dem
letzten Bild. Familien, die plötzlich getrennt worden waren –
Gott sei Dank ist das meiner Familie nicht passiert – konnten
sich noch treffen. Bald darauf wurden aber solche
Begegnungen durch Mauer und Todesstreifen unmöglich
gemacht.

Zweieinhalb Jahre danach

Seite 144, Aufgabe 2

Jens, 19 Jahre alt, Ost
‚Bier ist teurer geworden: dafür hat sich die Kohle verbessert.
Früher mußtest du für eine Jeans 200 Mark hinlegen, jetzt
bekommst schon für 60 eine gute. Wir fahren nach Spanien
statt in den Harz oder nach Polen. Und Poolbillard gibt es,
Spielautomaten, besseres Werkzeug. Und rauchen dürfen wir
jetzt im Jugendklub.'

Tobias, 18 Jahre alt, West
‚Man kann auch was Positives über den Fall der Mauer
sagen: Zum Beispiel, daß man auch mal raus aus Berlin ins
Grüne kann.'

Katrin, 18 Jahre alt, Ost
‚Ich finde es schlimm, wenn meine Eltern jeden Tag mit dem
Gedanken zur Arbeit gehen, daß dies ihr letzter Arbeitstag
sein könnte. Sind sie dafür im Herbst 1989 auf die Straße
gegangen?'

Moritz, 17 Jahre alt, Ost
‚Man muß heute vorsichtiger sein, weil mehr Rechte und
mehr Kriminelle auf der Straße rumlaufen. Du kannst nicht
mehr wie früher nachts allein durch Leipzig gehen. Du weißt
nicht mehr genau, wer dir alles eins in die Schnauze hauen
will.'

Answers

Seite 134, Aufgabe 1
a 3;   b 6;   c 8;   d 7;   e 2;   f 4;   g 5;   h 1

Seite 134, Aufgabe 2
Geschichte lebt!
a K;   b K;   c D;   d T;   e D;   f T;   g D;   h D
Kerstin und Daniela fühlen sich immer noch schuldig;
Torsten nicht.

Seite 134, Grammatik, Blatt 33
1 *the young person (male); the stranger (male); an old lady;
the employee (female); an acquaintance (male); the
traveller (male); his relation (female); the good, the bad
and the ugly; the others.*

2 a Deutschen
  b anderen
  c Deutsche
  d Jugendliche; Bekannter
  e Angestellten
  f Fremde
  g Reisende; Alten
  h Verwandten

Seite 136, Teil 1
Wer stoppt Hitler?
1 a nichts mehr wert; Inflation
  b Kinder; Geldscheine; Spielzeug
  c 1932; 6 Millionen
2 a B
  b A
  c C
3 a Sieger
  b Weltwirtschaftskrise
  c Arbeitslosenunterstützung
  d Regierung
  e gestürzt

Seite 136, Teil 2
1 a 4
  b 5
  c 1
  d 6
  e 2
  f 3
2 a Falsch: er hatte bei seiner besten Wahl noch nicht
    einmal die Hälfte der Wählerstimmen.
  b Richtig
  c Richtig
3 H: Hitler hat die Jugend völlig unter den Einfluß seiner
  Partei gebracht.

Seite 136, Teil 3
1 a Kämpfer für den Frieden
  b besetzte
  c begeistert
  d Völkerverständigung
  e Waffengewalt
  f Vernichtungslager
2 a Die Österreicher wollten laut der ‚Wochenschau' ‚Heim
    ins Reich' und waren dankbar, als Hitler kam.
  b Die Juden sind laut der ‚Wochenschau' ins Ausland
    emigriert.
3 In dieser Nacht wurden jüdische Geschäfte, Wohnungen
  und Synagogen verbrannt und zerstört.

Seite 137, Übung a, Blatt 33
3 mit ihnen; darüber; daran; von ihr; darüber; dafür;
  darüber; für ihn; darauf.
4 a Woran denkst du?
  b Wofür arbeitest du?
  c Für wen arbeitest du?
  d Bei wem wohnst du?
  e Wofür interessierst du dich?
  f Wovon träumst du?

5 a darauf: *The following day it rained.*
   b daraus: *As a result of this the ozone layer is*
                     disappearing.
   c dazu: *What do you think of it?*
   d davon; dazu:*It depends if I have enough time for it.*
   e darauf: *I insist that you come.*
   f darauf: *We must take into consideration that this*
                     is a very thorny issue.
   g dazu: *I don't feel like going swimming.*
   h darauf: *I'd like to point out that drug misuse is*
                     widespread.

Seite 139, Aufgabe 1

January 1943

My dear parents,
We were in the Red October factory in Stalingrad, close to
the Russians. We have gradually got to know our enemy and
in the lulls between the battles, we would shout over to them:
have you got any butter or meat? They shouted back that
they had salted herrings and a few other things. So we
wrapped a bit of bread up in an old sheet of canvas and
threw it over to them and they threw back something else for
us to eat.
  Naturally we shouldn't have been doing it, but they were
just as hungry as we were. At the start we were shooting at
each other and we ended up throwing bread. It's nonsensical,
but then again, war itself is nonsense, isn't it?
  Yours, Hubert

Seite 139, Aufgabe 3

a beten; heulen; flüstern; schreien; jammern; brüllen.
b ein Prasseln; ein Wutgebrüll; ein dumpfer Schlag; Ruhe;
   klirren; krachen; brüllen; aufbellen; eine Explosion.

Seite 139, Aufgabe 4

🔊 Fliegeralarm über Köln
das Beten; der furchtbare Lärm; das Feuer.

Seite 141, Aufgabe 1

1 E;   2 D;   3 F;   4 A;   5 B;   6 G;   7 C

Seite 141, Aufgabe 2

1 E;   2 D;   6 F;   7 C

Seite 141, Aufgabe 3

a 12 Leute kamen in einer Wohnung mit 5 Betten zurecht.
b Alle Deutschen in Polen wurden ausgewiesen und mußten
   nach Westen ziehen.
c Im Februar 1946 waren 140 Millionen Menschen in
   Gefahr zu verhungern.
d Die heimkehrenden Soldaten hatten sich stark verändert;
   deshalb war das Wiedersehen mit der Ehefrau oft
   problematisch.
e Im Januar 1947 wurden 101 Personen wegen Erfrierungen
   in die Krankenhäuser eingeliefert.
f Der Bauer hat zwei Pfund Butter gegen eine Flasche
   Schnaps eingetauscht.
g Gesunde Menschen mußten bei der Trümmerbeseitigung
   helfen, um ihre Essensrationen zu erhalten.

Seite 141, Aufgabe 5

🔊 **Wirtschaftswunder**
a Um dem Geld wieder echten Wert zu geben.
b 1 DM
c 40 DM bar auf die Hand.
d Alle Geschäfte haben wieder volle Schaufenster.
e Die Freßwelle (es gibt wieder genug Lebensmittel), die
   Reisewelle (man hat genug Geld und Zeit zu verreisen),
   die Möbelwelle, die Fernseh-Welle, die Hifi-Welle.

Seite 142, Aufgabe 2

a 3; b 6; c 4; d 2; e 7; f 1; g 5

Seite 142, Aufgabe 4

zur Flucht = zu + Dat.; in einem Kunstdüngerflugzeug = in +
Dat.; in die BRD = in + Akk.; mit vier Kindern = mit + Dat.;
mit günstigem Wind = mit + Dat.; nach Bayern = nach + Dat.;
Im Kofferraum = In + Dat.; Seit dem 13. August = Seit + Dat.;
bis zum März 1989 = bis zu + Dat.; an den Grenzen = an +
Dat.; zur Bundesrepublik = zu + Dat.; zu West Berlin = zu +
Dat.; bei dem Versuch = bei + Dat.; ums Leben = um + Akk.;
an der Mauer = an + Dat.; am 6.2.1989 = an + Dat.; durch
Schüsse = durch + Akk.; in den Rücken = in + Akk.

Seite 143, Aufgabe 1

11.9.89 = 4   9.10.89 = 3, 5, 8
30.9.89 = 6   18.10.89 = 1
7.10.89 = 7   8./9.11.89 = 2

Seite 143, Aufgabe 3

a die Autos usw. sind zum Stehen gekommen
b Tag und Nacht
c kauft 800 Glas Bier für andere Leute
d umsonst/gratis

Seite 143, Aufgabe 4

Ort
– auf dem Kurfürstendamm
– in vielen Stadtteilen
– am Brandenburger Tor
– rund um die Gedächtniskirche
– an einigen Tankstellen
– vor den Banken und Sparkassen
– in den Banken und Sparkassen
– in vielen Jeans-Geschäften

Ereignis
– ein Volksfest wurde gefeiert
– der Verkehr brach zusammen
– Demonstranten hieben ein Stück der Mauer heraus
– ein gigantisches Open-air-Spektakel wird gefeiert
– man bietet Ost-Autofahrern Benzin gratis
– Es gibt Warteschlangen
– Jeder aus dem Osten bekommt 100 Westmark
  Begrüßungsgeld.
– Hongkong-Waren werden als ‚Anti-Honecker-Jacken'
  verkauft.

Seite 144, Aufgabe 1

a Für: 1, 5, 6, 8   Gegen: 2, 3, 4, 7

b die Vereinnahmung der DDR durch die BRD; Faschismus;
Kapitalismus; daß die Wiedervereinigung zu früh
stattfindet.

Seite 144, Aufgabe 2

Name	positiv/ negativ eingestellt	Warum?
Torsten	negativ	hat weniger Freizeit
Sabine	positiv	hat jetzt bessere Chancen in der Schule
Franka	positiv	hat mehr Freiheit; die Partei hat keinen Einfluß mehr
Katharina	negativ	glaubt nicht an den Kapitalismus; hat keine Ideale mehr
Jens	positiv	kann Jeans billiger kaufen und nach Spanien in den Urlaub fahren; Ausgehen ist auch besser
Tobias	positiv	kann jetzt aus Berlin ins Grüne fahren
Katrin	negativ	ihre Eltern sind von Arbeitslosigkeit bedroht
Moritz	negativ	es gibt mehr Gewalttätigkeit auf den Straßen im Osten

Seite 206, Zum Lesen

Im 17./18. Jahrhundert:
Gedicht von J. W. von Goethe

Vor und während des 2. Weltkriegs:
‚Überall Mißtrauen‘
Zitat: Adolf Hitler
‚Not macht erfinderisch‘
‚Damals lernten wir in der Schule, daß ...‘

Kurz nach dem 2. Weltkrieg:
‚Warten auf den Gifttod!‘
‚Kinderwärmestuben’ (Hamburger Echo 7/1/1947)
Poster: ‚Unser Handschlag ...‘

1989
Witz: ‚Wenn die Fluchtbewegung so weitergegangen wäre ...‘
Zitat: Barry Stuppler
Zitat: Ostberlinerin

Chapter overview

Page	Reference	Activities	Possible extension
145	Quiz	■ Students answer quiz individually to find out how politically aware they are. ■ Students compare their answers in pairs.	■ Students could write their own 'Auswertung' for the quiz and/or compile their own quiz to test political or European awareness, with 'Auswertung'.
		■ Class discussion of general views about politics and why students are/are not interested in political issues.	
	Pictures	■ Teacher asks questions, e.g. Welche europäischen Länder/Leute werden hier dargestellt? Sind Sie schon in diese Länder gefahren? Glauben Sie, daß diese Bilder typisch sind? Warum (nicht)? Was bedeutet es, ‚Europäer' zu sein? Verliert man eigentlich seine nationale Identität? Fühlen Sie sich als ‚Europäer'? Möchten Sie in einem anderen Land wohnen/arbeiten/studieren? Welches? Warum (nicht)?	■ Students work in groups to make a collage on the theme of 'Politik' and/or 'Europa'.
146 –47	Habt endlich Mut zur Wahrheit!	1 'Who says what?' exercise. 2 Find sentences in texts as evidence of key qualities valued in politicians. List these qualities in order of priority.	
	🔊 Perfekte Politiker?	3 Collect views about politicians from cassette.	■ Students discuss which of the views on the cassette is closest to their own.
		4 Work with a partner and express views on politicians in own country. ■ **Kommunikation!** Expressing opinions.	
	Nur noch jeder 3. geht zur Wahl	5 Explain key phrases from text in own words.	■ Teacher could supply his/her own explanations in German and students just match.
		6 Discuss key themes of text in pairs and relate these to other information on the page.	■ Students could be asked to list the 3–4 themes/ sentences in the text which they believe are the most important and to compare these with their partner's sentences, so that more support is given for this exercise.
		7 Draw and label a cartoon entitled 'Der Politiker'/'Die Politikerin'.	
	🔊 Eine große Persönlichkeit	8 Karl Carstens' obituary. Find out more about him. List his qualities as a politician. 9 Essay. Describe own ideal politician.	■ Students write a short obituary for someone who, in their view, has made a positive contribution in their political life. Then write another for someone whose contribution they feel has been less beneficial.
148	Grammatik: Der Gebrauch des Dativs	36 Klarer Fall a Exercises to practise dative and indirect verbs. b Invent own wordsearch. 💾 c 'Verbindungen' game, connecting words to form sentences.	■ The game can also be played without the verb cards. Students concentrate solely on the verb 'geben' and, using the 2 sets of picture cards and relative cards, instead justify why they would *give* the object featured in the picture to the relative on the card. Again, points awarded for appropriate reasons.
		d Write a politician's speech containing as many dative expressions and verbs as possible.	
149	🔊 Die Stimme der Vernunft?	1 Die Stimme der Vernunft? 37 (1) Match vocabulary with translations. (2) Students listen to tape for gist understanding of German voting system. (3) Complete gapped summary of key facts. (4) Explain quotation about votes.	
		2 Explain abbreviations of party names. 3 Match descriptions with parties.	■ Students write short descriptions explaining each of the main political parties in their own country.
		4 Explain/compare system of voting in own country.	■ Write a simplified guide, aimed at German exchange students, to explain the voting system *in this* country. Provide illustrations to help clarify.
		5 Role-play: persuade a non-voter to vote.	
150 –51	Was steht zur Wahl?	1 Synonyms exercise. Find phrases from text.	
		2 Summarise information in a grid. 💾	■ Students could also produce posters to promote a particular political party, using the example on p. 151 as a model.
	🔊 Junge Wähler	3 Match views with parties.	

Page	Reference	Activities	Possible extension
		4 Produce a party political broadcast with youth appeal.	▪ Teacher may wish to ensure that a balance of political parties is represented, rather than allowing students totally free choice of party – otherwise a mock election may not be possible.
		5 Give a politician's campaign speech, outlining what can be done to help the constituency. **6** Mock election and analysis of results. 💾	▪ Would the results have been the same if students had voted using their own country's system rather than the German voting system? Discussion. ▪ Students compile spreadsheets to analyse results, factors influencing voting, etc. 💾
152	📼 Die da oben	**1** Listen to explanation of political hierarchy in Germany and match key words with numbers on diagram.	▪ Teacher could draw hierarchy on board/OHT afterwards and reinforce. ▪ Students explain and compare the political hierarchy in their own country, with the aid of diagram(s).
		2 General listening comprehension questions.	▪ Cross-curricular links with humanities department: find out as much as possible about *their own* country's political systems and report back to the rest of the group in German.
		3 Debate.	
		4 Essay.	▪ Find out about political systems and parties in other German-speaking countries (and present information to the rest of the group).
153	Mit anderen Augen!	**1** True/False exercise. **2** Exercise on register, substituting vocabulary in text with more formal/factual expressions.	
		▪ **Projektarbeit:** present an illustrated talk to the rest of the group about a European country.	▪ Teacher should check that talks cover a spread of countries, including as many German-speaking ones as possible. ▪ Students write to address on p. 153 for further information about the 'Model International Parliament'.
154 –55	Die Grenzen fallen 📼 Europa wird eins	**1 a** Listen to views and match with feelings shown in cartoon.	▪ Cross-reference cartoon with Zum Lesen p. 211 to understand the significance of the personification of Europe on a white bull.
		b Discuss own views of European unity in pairs.	▪ Students could design a positive European awareness-raising poster. Each star of the European flag could contain a benefit of European unity.
		2/3 Reading comprehension exercises.	
		4 Write own 'Europa' acrostic. 💾	▪ Students could also invent their own cartoon on the theme of 'Europe'.
		5 Grammar exercises to practise the use of the impersonal passive. **6** Work in pairs with one student taking the part of a talkshow host. ▪ **Kommunikation!** Asking for opinions.	
		7 Advert/poster to attract people to the Euro-town.	▪ Students devise a plan to raise European awareness in their own town/city and turn it into a Euro-town/Euro-city. ▪ Cross-curricular links with careers department: find out about links which really do exist between the local area and other European countries.
156	Haus der offenen Tür!	**1** Brainstorm advantages of the EC.	
	📼 Wie mache ich mich fit für Europa?	**2** Make notes about specific themes covered. ▪ **Fürs Leben:** write a letter, applying for European work experience. 💾	
	📼 Neue Grenzen?	**3** Anecdotal-style report about an embarrassing error on a new map of Europe. Students explain in detail the reasons for the embarrassment.	
		4 Brennpunkt! Essay about Europe of the future. Futher background listening on the theme of future world unity could be provided by Udo Lindberg's song 'Keine Staaten'.	▪ Students could write to political parties in Germany for more information on their policies, both general and European-specific: – SPD: Ollenhauerstr. 1, 53113 Bonn. – CDU: Friedrich-Ebert-Allee 73–75, 53113 Bonn. – CSU: Nymphenburgerstr. 64, 80335 München. – F.D.P: Baunscheidtstr. 15, 53113 Bonn. – Bündnis 90/Grüne: Scheidemannstr. 2, 10557 Berlin. – PDS: Kleine Alexanderstr. 28, 10178 Berlin. ▪ More detailed project/coursework on the political parties could then be undertaken. ▪ Students could invent quiz/survey to test European awareness.

Class cassette transcripts

Perfekte Politiker?

Seite 146, Aufgabe 3

Nummer 1: Ich erwarte von einem Politiker, daß er seine Meinung durchsetzen kann. Ich erwarte von ihm, daß er sein Handwerk versteht – wie jeder Facharbeiter.

Nummer 2: Für mich ist das Wichtigste, daß der Politiker nicht für sich selbst kämpft, sondern für das Volk.

Nummer 3: Ein guter Politiker muß gut aussehen, muß sich selbst treu bleiben, und er muß wirklich seine Meinung vertreten – bis zur letzten Konsequenz. Er muß dann auch zurücktreten, wenn er etwas tun soll, was gegen seine Prinzipien geht.

Nummer 4: Auf jeden Fall müssen Politiker dem Bürger gegenüber ehrlich sein. Sie müssen das wahr machen, was sie vor der Wahl gesagt haben. Kurz gesagt, man muß Politikern glauben können.

Nummer 5: Politiker müssen glaubhaft antworten können. Nicht nur leere Phrasen. Es muß etwas dahinter stecken. Und sie sollten auch tun, was sie sagen.

Nummer 6: Klar, man sollte sich auf die Politiker verlassen können. Es ist mir wichtig, daß Politiker sich nach der Mehrheit richten und hören, was die Leute so sagen. Sie sollten unermüdlich arbeiten und auch ihre Fehler offen zugeben können.

Die Stimme der Vernunft?

Seite 149, Aufgabe 1

Mutter: Tja! Was mich wirklich über die Nichtwähler ärgert, ist, daß sie nicht einsehen, wie wichtig ihre Stimmen sind!

Schüler: Wie meinen Sie das?

Mutter: Also, jeder Wähler hat zwei Stimmen: erstens eine sogenannte ‚Erststimme‘ für den Kandidaten in seinem Wahlkreis, dessen persönliche Eigenschaften als Politiker ihm die besten scheinen. Der Kandidat mit den meisten Stimmen in jedem der 331 Wahlkreise bekommt einen Sitz im Bundestag.

Schüler: Das scheint dem britischen Wahlsystem sehr ähnlich, oder?

Mutter: Eigentlich nicht – ich finde das deutsche System besser, denn wir haben auch eine zweite Stimme. Diese Stimme wird auch ‚Zweitstimme‘ genannt und ist für eine bestimmte politische Partei.

Schüler: Und was passiert denn mit dieser Stimme?

Mutter: Also, es gibt *noch* 331 weitere Sitze im Parlament, die für diese ‚Parteistimmen‘ sind. Diese Sitze werden unter den Parteien verteilt, proportional zum Anteil der Zweitstimmen, die jede Partei erhält.

Schüler: Aber warum glauben Sie, daß das deutsche System besser ist?

Mutter: Weil mit dieser Mischung aus Persönlichkeits- wahlrecht und Verhältniswahlrecht der Bürger eine größere Chance hat, daß seine Meinung im Parlament vertreten wird. Sogar wenn ich keinen Erfolg mit der Erststimme habe, und mein gewählter Kandidat nicht in das Parlament kommt, ist es wahrscheinlich, daß die Partei meiner Zweitstimme vertreten ist.

Schüler: Also, die Meinung jedes Wählers wird vertreten?

Mutter: Ahh, nein, nicht ganz. Die einzige Ausnahme ist, daß eine Partei mindestens fünf Prozent aller Stimmen in ganz Deutschland braucht, um Sitze im Parlament zu bekommen. Diese Regelung ist ‚die Fünfprozentklausel‘, die verhindern soll, daß extreme Minderheitsgruppen ins Parlament kommen.

Junge Wähler

Seite 151, Aufgabe 3

Nummer 1: Ich glaube, daß jeder Einzelne das Recht haben sollte, eine eigene Wohnung zu besitzen. Die Regierung sollte mehr Geld für privaten Bau ausgeben.

Nummer 2: Ich will, daß die Menschen in einer sauberen Umwelt leben, und daß man den Schutz der Natur vor alles stellt, egal mit welcher Politik man es zu tun hat.

Nummer 3: Die Wohnungsnot der letzten Jahre ist katastrophal geworden. Ich glaube an eine Partei der sozialen Gerechtigkeit, die die Rechte der ärmeren Leute schützt und in sozialen Wohnungsbau investiert.

Nummer 4: Ich bin keine Kernkraftbefürworterin, aber ich sehe ein, daß wir mit dieser Energiequelle leben müssen, bis wir eine bessere Alternative gefunden haben.

Nummer 5: Männer und Frauen sollten die gleichen Chancen in der Berufswelt haben. Es mag sein, daß Arbeitgeber kurzfristig Frauen bevorzugen müssen, bis Frauen in der Arbeitswelt proportional vertreten sind. Ich habe nichts dagegen – im Moment ist die Situation ungerecht.

Nummer 6: Meiner Meinung nach hängt alles von der Wirtschaft ab. Ich will dynamisches Wachstum mit immer mehr Arbeitsplätzen sehen und möchte, daß die Mark eine der härtesten Währungen der Welt bleibt.

Nummer 7: Ich habe Angst, daß ein Unfall wie bei dem Tschernobylreaktor wieder vorkommen könnte. Die Welt sitzt auf einer Zeitbombe, bis *alle* Länder auf alternative Energiequellen umstellen.

Nummer 8: Ja, im Prinzip ist die soziale Marktwirtschaft eine gute Idee, aber man sollte die Umwelt nicht vergessen, wenn man die Industrie entwickelt.

Nummer 9: Es gibt Vor- und Nachteile für die Einführung einer Quote, um Frauen in der Arbeitswelt zu fördern. Ich denke, daß man diese Maßnahme nicht treffen sollte, obwohl ich mich noch nicht ganz entschieden habe.

Nummer 10: Wann wird die Bevölkerung endlich erkennen, daß Kernkraft doch umwelt*freundlich* ist und kein Kohlendioxid produziert?!

Die da oben

Seite 152, Aufgabe 1

Der *Bundespräsident* ist das Staatsoberhaupt. Er ist überparteilich und hat das wichtigste politische Amt in der BRD inne. Alle Gesetze müssen seine Unterschrift tragen. Er wird für fünf Jahre von der *Bundesversammlung* gewählt. Diese Versammlung besteht aus Mitgliedern des Bundestags und der Landesregierungen.

Am anderen Ende der politischen Hierarchie stehen die *Wähler*. Das deutsche Parlament, das heißt der *Bundestag* wird alle vier Jahre von ihnen bestimmt. Die Bevölkerung wählt aber auch in den regionalen Landtagswahlen, in denen die Mitglieder der 16 *Landesregierungen* bestimmt werden.

Jede Landesregierung schickt drei bis sechs Mitglieder in den *Bundesrat*, je nach der Größe der Bevölkerung in jedem Land.

Dieser Bundesrat ist die zweite Kammer des Parlaments und hat 68 Mitglieder. Er vertritt die Interessen der Länder. Nationale Gesetze des Bundestags, die für die einzelnen Länder wichtig sind, brauchen die Zustimmung des Bundesrats. Der Bundesrat hat aber auch eine wichtige Rolle bei der Verabschiedung aller Gesetze.

Der Leiter der Regierung im Bundestag ist der *Bundeskanzler*. Er wird vom Bundespräsidenten vorgeschlagen und wird dann vom Bundestag gewählt.

Europa wird eins

Seite 154, Aufgabe 1

Nummer 1: Ja, im Prinzip ist das natürlich eine gute Idee. In der Praxis aber bezweifele ich, ob das zu verwirklichen ist.

Nummer 2: Mir ist egal, was man mit anderen europäischen Ländern zu tun hat. Was geht das mich an?

Nummer 3: Europa bietet uns immer mehr Möglichkeiten – grenzenloses Lernen, Arbeiten und Reisen; die Chance, den eigenen Horizont zu erweitern. Ich freue mich schon riesig darauf, nächstes Jahr eine Lehre bei der deutschen Bank in Paris anzufangen! Ich betrachte mich schon als Europäer und bin auch stolz darauf!

Nummer 4: Ja, wenn es sein muß ... . Eine Zukunft ohne die Einheit der EG könnte viel schlimmer sein ...

Nummer 5: Ich glaube, daß die verschiedenen Länder Europas zusammenarbeiten können, um Frieden, Freiheit und eine gesunde Umwelt für unsere Kinder zu sichern.

Nummer 6: Meiner Meinung nach ist die EG für viele Probleme verantwortlich: zu viel Bürokratie bei der Arbeit, höhere Preise in den Läden und Überproduktion in der Landwirtschaft!

Wie mache ich mich fit für Europa?

Seite 156, Aufgabe 2

Diskjockey: Als Arbeitsmarkt steht Europa uns zur Verfügung! Wer mobil ist, selbstbewußt und offen kann viel leichter als je zuvor in einem anderen Land Europas arbeiten! Aber wie machen wir uns für Europa fit? Bei mir im Studio heute ist Frau Isobel Reichert, Berufsberaterin für Jugendliche und mit besonderer Verantwortung für berufliche Aus- und Weiterbildung im Ausland. Hallo Isobel! Herzlich Willkommen!

Isobel Reichert: Hallo!

DJ: Also, wie nütze ich persönlich die Chancen, die mir Europa bietet? Wie mache ich mich dafür fit?

IR: Ja, erstens würde ich sagen, daß Ihre Persönlichkeit, oder besser gesagt die Persönlichkeit der jungen ‚Euro-Arbeiter‘, eine große Rolle spielt. Junge Leute, die im Ausland weiterkommen wollen, müssen unbedingt aufgeschlossen sein. Man muß bereit sein, sich einer anderen Kultur anzupassen, viel Neues zu lernen und neue Leute kennenzulernen. Ein bißchen Selbstbewußtsein kann einem schon helfen.

DJ: Und, nehmen wir an, daß die Persönlichkeit sozusagen ‚in Ordnung‘ ist – welche anderen Faktoren sind wichtig?

IR: Fremdsprachenkenntnisse sind natürlich sehr wichtig. Wer nicht schon eine Fremdsprache beherrscht, sollte sofort eine lernen! Das heißt nicht, daß man sie perfekt können muß. Hauptsache: Man kann sich in den meisten alltäglichen Situationen im fremden Land zurechtfinden und ein Telefongespräch führen. Ein Schüler- beziehungsweise. Studentenaustausch oder eine Inter-Rail Reise vor dem Betriebspraktikum verbessert die Sprachkenntnisse und erweitert das Wissen über andere Länder.

DJ: Und ein letzter Tip für Zuhörer, die im Ausland arbeiten wollen?

IR: So viele Informationen wie möglich bei einer schriftlichen Bewerbung beifügen. Dazu gehören ein Paßbild, ein tabellarischer Lebenslauf und, womöglich, Zeugniskopien. Alle Papiere sollten natürlich übersetzt und erklärt werden ...

DJ: Also, Isobel – vielen, vielen Dank. Wir machen jetzt eine kleine Pause, um ein bißchen Musik zu hören und dann geht die Diskussion weiter, mit dem Phone-in um halb elf. Bis bald!

Answers

Seite 146, Aufgabe 1

a Hans-Dietrich
b Islin
c Canan
d Michael
e Islin
f Michael

Seite 146, Aufgabe 2

a **Hans-Dietrich:** Mein Idealpolitiker müßte menschlicher sein.

b **Michael:** Er müßte Grundsätze haben.

c **Michael:** Klare Grundsätze. Dann kann man ihm vertrauen. Der Bürger hat nur Vertrauen, wenn er sieht: Dieser Politiker steht zu dieser Meinung.

d **Canan:** Er muß auch ehrlich sein.
Hans-Dietrich: Sie kommen nicht zum Kern der Sache, weil sie nicht ehrlich sind.

e **Canan:** Das sollte einer sein, der wirklich nicht an sich denkt, sondern an den Staat, an den Bürger.

f **Michael:** Dann müßte er jung sein, so um die 30.

Seite 146, Aufgabe 3

📼 **Perfekte Politiker?**

Mögliche Antworten:

Ein Politiker …

1 kann seine Meinung durchsetzen
  versteht sein Handwerk

2 kämpft nicht für sich selbst, sondern für das Volk

3 muß gut aussehen
  muß sich selbst treu bleiben
  muß wirklich seine Meinung vertreten
  muß zurücktreten, wenn er etwas tun soll, was gegen seine Prinzipien geht

4 muß ehrlich sein
  muß das wahr machen, was er vor der Wahl gesagt hat
  muß glaubwürdig sein

5 muß glaubhaft antworten können
  muß tun, was er sagt

6 muß zuverlässig sein
  sollte sich nach der Mehrheit richten
  sollte fleißig arbeiten
  sollte seine Fehler offen zugeben können

Seite 148, Übungen Blatt 36

1 a dient der vertraue ihm
  b gefällt mir mir antwortet/antworten
  c folgt seinen gelingt ihm
  d rate den Politikern schaden ihrer

2 a der einen
  b den Bürgern seinen/seine
  c dem eine
  d dem ein
  e der die

3 a Es wird der Politikerin ein Brief geschickt.
    Ein Brief wird der Politikerin geschickt.
  b Es wurde(n) den Bürgern der/die Fehler des Politikers erklärt.
    Der/Die Fehler des Politikers wurde(n) den Bürgern erklärt.
  c Es wurde dem Minister eine Liste mit Unterschriften gebracht.
    Eine Liste mit Unterschriften wurde dem Minister gebracht.
  d Es wurde dem Wähler ein Manifest gegeben.
    Ein Manifest wurde dem Wähler gegeben.
  e Es wurden der Ministerin die Papiere gereicht.
    Die Papiere wurden der Ministerin gereicht.

Seite 149, Aufgabe 1, Blatt 37

📼 **Die Stimme der Vernunft**

1 a 5, b 9, c 8, d 7, e 10,
  f 3, g 1, h 2, i 6, j 4

3 a 328
  b Kandidaten Zweitstimme Partei
  c proportional zum Anteil der Zweitstimmen
  d Sitze im Parlament zu bekommen
  e verhindern, daß extreme Minderheitsgruppen ins Parlament kommen

4 *Alle* Stimmen beeinflussen die Wahlergebnisse. Die Erststimme beeinflußt, welcher Politiker im Wahlkreis einen Sitz im Bundestag gewinnt, und alle Zweitstimmen zählen für die Parteien, deren Sitze von dem Anteil der Zweitstimmen abhängen.

Seite 149, Aufgabe 2

a Christlich Demokratische Union Deutschlands
b Sozialdemokratische Partei Deutschlands
c Freie Demokratische Partei
d Die Grünen/Grün-Alternative Liste
e Partei des Demokratischen Sozialismus
f Die Republikaner

Seite 149, Aufgabe 3

a Grüne/GAL
b CDU
c SPD
d F.D.P.
e REP
f PDS

Seite 151, Aufgabe 1

a An der Kernenergie scheiden sich die Geister
b plädiert … für …
c Alle im Bundestag vertretenen Parteien räumen ein …
d Eine Quotenregelung für die Beschäftigung von Frauen im Berufsleben lehnt sie ebenso ab wie …
e Demgegenüber fordern …
f … soll eine Gleichbehandlung von Frauen und Männern am Arbeitsplatz gewährleisten.
g … und die Chancen von Frauen im öffentlichen Dienst fördern.
h … eine Bevorzugung der Frauen in diesen Bereichen.
i Ein brisantes Thema
j … indem Mietpreis und Schutz vor Kündigung langfristig festgelegt werden.

Seite 151, Aufgabe 3

📼 **Junge Wähler**

1 CDU/CSU
2 Die Grünen
3 SPD
4 F.D.P.
5 SPD
6 CDU/CSU/F.D.P
7 Die Grünen
8 SPD
9 F.D.P.
10 CDU

Seite 152, Aufgabe 1
📼 **Die da oben**
1 Bundespräsident
2 Bundesversammlung
3 Bundeskanzler
4 Bundestag
5 Bundesrat
6 Landesregierungen
7 Wähler

Seite 152, Aufgabe 2
a Das Staatsoberhaupt, überparteilich, hat das wichtigste politische Amt inne, unterschreibt alle Gesetze
b Alle fünf Jahre, von der Bundesversammlung
c Alle vier Jahre
d Die 2. Kammer des Parlaments; 68 Mitglieder; vertritt die Interessen der Länder; Nationale Gesetze des Bundestags brauchen die Zustimmung des Bundesrats; wichtige Rolle bei der Verabschiedung aller Gesetze; jede Landesregierung hat 3–6 Vertreter im Bundesrat.
e Vom Bundespräsidenten vorgeschlagen und vom Bundestag gewählt; Leiter der Regierung.

Seite 153, Aufgabe 1
a F
b R
c F
d R
e F
f F

Seite 154, Aufgabe 1
📼 **Europa wind eins**
1 Pessimismus
2 Apathie
3 Euphorie
4 Resignation
5 Optimismus
6 Unmut

Seite 154, Aufgabe 3
Possible solutions:
a ... bei Aachen an der holländischen Grenze.
b ... ins Mittelalter ...
c ... ein Maschendrahtzaun errichtet.
d ... den 60 Zentimeter hohen Leicon-Streifen ersetzen.
e ... Häuser billiger sind und es einfacher ist, einen Platz in Kindergarten und Vorschule zu finden.
f ... die Alten einen deutsch-flämischen Dialekt sprechen und die Jugend sich auf englisch, holländisch oder deutsch unterhält.

Seite 154, Aufgabe 5
a Es wird hier geplant./Hier wird geplant.
b Es wird hier/Hier wird von einer Euopastadt gesprochen.
c Es wird hier/Hier wird gebaut.
d Nachher wurde/Es wurde nachher auf den Straßen gefeiert.
e Es wurde gegessen und getrunken.

13 Unter dem Einfluß ...

Page	Reference	Activities	Possible extension
157	Pictures	■ *Before* looking at p. 157, teacher helps students to brainstorm negative infuences on society and individuals, asking questions such as 'Was für Einflüsse gibt es auf die Gesellschaft?', 'Welche gibt es auf Jugendliche?', e.g. peer group pressure, violence in the media, drugs.	■ Discuss implication of picture on p. 157 'Sind wir eigentlich nur Marionetten unter diesen Einflüssen? Warum (nicht)?'
		■ Students decide which of the influences discussed are the most dangerous. List in order of priority. (1 = most dangerous). Then compare results.	■ In groups of 3, students use dictionaries to brainstorm each of the 3 sub-topics of the chapter: Gewalttätigkeit, Verbrechen, Drogen. Then students enter vocabulary in database(s) and add to this as they work through the chapter.
		■ Students decide which of the influences most affect them and draw up their own individual list of priority (1 = most affects them). Compare results in pairs.	■ Students design and label their own individual collage on the theme 'Unter dem Einfluß …', showing what influences each of them.
158 –59	Einflußreiche Freunde ...	1 Exercise on register, matching vocabulary from text with more formal vocabulary. 2 Retranslation. Sentences practising the conditional.	■ Students use dictionaries for support in Ex. 2 if necessary.
	🎧 Ungeschriebene Gesetze	3 Listening comprehension questions.	■ Students practise modal verbs and draw up a grid showing conflicts of interest: Bei meinen Eltern | Bei meinen Freunden sollte ich ... | will ich ...
		4 Sketch: one student tries to persuade another to do what the clique wants to do. A third student is the alter ego and suggests what should be done instead.	
		5 Draw own spheres of influence: one for today and one for 4 years ago. Write about the changes and possible conflicts of interest.	■ Students add to the parental reminders shown in the cartoon on p. 159 and practise the imperative.
160	Grammatik: Der Gebrauch des Infinitivs 38 Definitive infinitive	a Exercises to practise infinitive clauses (including 'lassen').	■ Other grammar games to practise the infinitive: see 'Spielkasten'.
		b Continue conversation shown in cartoon, using 6–10 more 'um ... zu' sentences. c 'Infinitive tennis' game. Students complete their partner's sentences, using infinitive clauses. d Ten tips for young people wanting to avoid conflicts of interests. Each tip should contain an infinitive clause.	
161	Fernsehen oder Fernhalten?	1 (1) Match sentence halves.	■ Note: students list the benefits of TV, looking back at Chapter 8 if necessary.
	🎧 Schädlicher Einfluß? 39	(2) Complete sentences. (3) Discussion in groups of three about TV violence.	■ Students use TV listings to calculate the level of violence in TV programmes in their own country and the approximate number of hours of programmes featuring violence – write up results in German.
		2 Read text and put sentences into correct order. 3 Pair-work. ■ **Kommunikation!** Express concern about problems.	■ Students could also survey younger pupils' viewing habits and report back in German.
162 –63	Wo soll das nur hinführen?	1 Read text and sort violent crime-related vocabulary into verbs, nouns and adjectives. 2 Work in pairs, revising and reusing this vocabulary. 3 Reading comprehension questions.	■ Collect cuttings from German- and English-speaking newspapers about crimes and compare the frequency of different types of crimes. Students could also compile and analyse this information on a spreadsheet.💾
	🎧 Amoklauf in Hamburg	4 a Complete table of information. b Make up interview between journalist and eye witness.	■ Students write a sensational newspaper article for a German tabloid newspaper, based on the cassette 'Amoklauf in Hamburg'.💾 ■ Background listening on the theme of violent crime could be provided by Kurt Weill's song 'Die Moritat von Mackie Messer'.
		5 **Brennpunkt!** Write a letter to the press about the rising level of violence in society. Also suggest possible solutions.💾	■ Students imagine that they are one of the police present at the scene of the incident and write a report giving their version of the events.💾
164 –65	Gesellschaftlich akzeptabel? 40	1 40 Vocabulary puzzle based on texts about smoking. 2 Correct mistakes in summary of texts. 3 Match nouns and verbs with prepositions.💾	
	🎧 Tabak und Alkohol	4 a Make notes about the 4 speakers' comments. b Students decide which views they agree with and discuss.	■ Students write a short piece about their own personal views with regard to smoking and drinking.

Page	Reference	Activities	Possible extension
	📼 Alkohol	5 Read problem page letter. Brainstorm advice in pairs. 6 Write a reply from an agony aunt/uncle. 7 Song about alcohol. Name at least 3 of the images of alcohol mentioned.	■ Make up a problem page letter about a friend who has a drinking problem. 💾 ■ Analyse tobacco and alcohol adverts in German magazines. Compare with adverts for tobacco and alcohol in own country.
		8 Design a poster/leaflet warning about the dangers of alcohol/tobacco. 💾	
166 –67	Immer tiefer sinken ... 📼 Der Weg in die Sucht	1 Complete table of information.	■ Write a biography of one of the young people mentioned in the cassette.
		2 a Analyse and try to explain graph of statistics. b Compare results with another pair and try to suggest solutions.	
	📼 Drogenmetropole	3 News item about rising numbers of drug addicts in Berlin. Students give details.	■ Use address on p. 166 and research topic of 'drugs' for coursework.
	41 Rollenspiel	4 Role-play: simulation of radio discussion about drugs.	■ Give an oral or written summary of the discussion.
	Wir Kinder vom Bahnhof Zoo	5 Compare text and cassette.	■ Analyse extract from 'Wir Kinder vom Bahnhof Zoo' as a piece of literature. Use exercise 'Literaturkritik' on p. 47 and Blatt 14 to help with literary analysis.
		6 List reactions to drugs in correct order.	
		7 Write and continue Christiana's story from the point of view of another character – in form of diary entries.	■ Make up an interview between Christiana and a counsellor.
		■ Projektarbeit: wall display/radio report/video warning about the dangers of drugs, giving information.	
168	Wieder fit fürs Leben 📼 Ein österreichisches Behandlungs-modell	1 Gist read and summarise the theme of each paragraph. ■ Fürs Leben: write a summary for an annual report.	
		2 a Make notes under headings. b Compare similarities and differences in methods described in text and cassette.	■ Discuss pros and cons of each of the methods of therapy mentioned.
		3 Brennpunkt! Essay.	■ Additional essay title/discussion topic: 'Die Gefahren von Drogen und wie man sie bekämpfen kann.'
212 –14	Zum Lesen	■ Assorted texts on cigarettes, alcohol and drugs.	■ Write own poem/slogan about cigarettes, alcohol or drugs.
		■ Cartoon, newspaper article and detective story on topic of crime.	■ Students search through back copies of German newspapers to see who can find the most unusual crime- or drug-related news article.
		■ Dürrenmatt extract on theme of crime and justice.	

Class cassette transcripts

Ungeschriebene Gesetze

Seite 159, Aufgabe 3

Lisa versucht, ihr widersprüchliches Verhalten zu verstehen. Es ist, als bestehe sie aus zwei Personen, der Familien-Lisa und der Cliquen-Lisa und könne diese beiden nicht in Übereinstimmung bringen. Sie hängt an ihrer Familie und freut sich auf den Ausflug, aber das kann sie vor ihren Freunden nicht zugeben, da ihr auch die Zugehörigkeit zur Clique sehr wichtig ist. So wichtig, daß sie sich fast gegen ihren Willen der Gruppennorm beugt, man habe über die Eltern zu motzen, um die eigene Unabhängigkeit von ihnen zu beweisen.

In den meisten Gruppen gibt es noch andere ungeschriebene Gesetze, die sich etwa auf Kleidung oder ein ‚cooles' Verhalten beziehen.

Es hilft einem, diese Gesetze zu erkennen und sich darauf vorzubereiten. So wäre es für Lisa wichtig, ihren eigenen Standpunkt zu finden, um nicht ständig zwischen ihren verschiedenen Rollen hin- und hergerissen zu werden. Vielleicht wäre ein erster Schritt für Lisa, zur rechten Zeit zu schweigen.

Man braucht Zivilcourage, den Normen und dem Geschmack der anderen etwas Eigenes entgegen zu setzen. Man riskiert dann das Gefühl, allein zu sein. Auf die Dauer wird man von den anderen jedoch als die geschätzt, die man wirklich ist.

Schädlicher Einfluß?

Seite 161, Aufgabe 1

Reporter: Hat von euch schon jemand einen Film gesehen, vor dem er Angst gehabt hat?

1. Junge: Ich hab' mal was Schreckliches gesehen: Einen Mann auf dem elektrischen Stuhl, der wurde voll elektrisiert, und dann ist sein Schädel zersprungen.

1. Mädchen: Den ,Poltergeist', den hab' ich mit meinem Vater gesehen, da gibt es auch zerfleischte Kinder.

Reporter: Konntest du denn danach schlafen?

1. Mädchen: Ich hatte Angst. Da habe ich im Bett von meinen Eltern geschlafen.

Reporter: Was findet ihr schlimmer: Tote in den Nachrichten oder im Film?

2. Mädchen: Es ist gruseliger im Film.

2. Junge: Vielleicht, weil es schlimmer dargestellt wird als in den Nachrichten.

1. Junge: Ich hab' mal ,Die Reporter' gesehen, da war ein Kind, dem hatte eine Granate das Bein zerfetzt. Das war schlimmer als im Film. Denn das Kind kann jetzt wirklich nicht mehr laufen.

Reporter: Findest du gut, daß so was gezeigt wird?

1. Junge: Ja, schon, denn dann sieht man, wie schlimm der Krieg ist.

Reporter: Viele Leute sagen, Kinder werden gewalttätig, weil sie brutale Filme sehen. Glaubt ihr, daß das stimmt?

3. Mädchen: Ja, einige Kinder denken, wenn die das im Fernsehen machen, dann wird das schon gut sein.

Reporter: Kommt es oft vor, daß ihr von anderen angepöbelt oder verprügelt werdet?

2. Mädchen: Ja, das passiert immer öfter.

3. Junge: Aggressivität bei Jugendlichen liegt aber nicht nur am Fernsehen. Wenn das zum Beispiel Große machen, dann findet man das ,cool' und will das auch machen.

1. Mädchen: Ich glaube, das liegt auch an der Erziehung.

Reporter: Glaubt ihr, daß zuviel Fernsehen schädlich ist?

1. Mädchen: Ja, wenn man viel guckt, dann hat man gar keine eigenen Gedanken mehr. Dann verblödet man.

Amoklauf in Hamburg

Seite 163, Aufgabe 5

Moderator: Die Nachrichten um acht: Amoklauf in Hamburg. Die Polizei der Hansestadt hat einen 23-jährigen Verbrecher erschossen. Der Mann hatte zuvor randaliert, einen Busfahrer bedroht und den Beamten angegriffen.

Reporter: Von mehreren Polizeikugeln getroffen liegt der Amokläufer neben einem Streifenwagen unter einer schwarzen Plastikfolie. Er ist tot, erschossen in Notwehr von einer 30 Jahre alten Polizistin, die ihrem Kollegen half. Der getötete Amokläufer war in der Nacht völlig ausgerastet und hat in einem Linienbus dessen Fahrer bedroht. Dieser hat verzweifelt um Hilfe über Funk gerufen. Als der erste Streifenwagen (Kennung Peter 38 4) nur wenig später am Tatort eintraf, ging der 23jährige sofort auf dessen Besatzung los. Mit einer schweren Eisenstange schlug er wie rasend auf einen 30 Jahre alten Polizeiobermeister ein. Während des Kampfes entriß er ihm dessen Dienstwaffe, schoß sofort damit los, rannte in den Streifenwagen, verschanzte sich dort. Dann schoß er wieder gezielt auf den Polizisten und traf ihn am Kopf. Der Notarzt brachte ihn ins Krankenhaus. Inzwischen ist er außer Lebensgefahr sagt Polizeisprecher Wolfgang Lüdke:

Polizeisprecher: Über die Schwere der Verletzung kann ich zur Zeit noch nichts sagen. Wir hoffen natürlich alle, daß der Kollege nicht besonders schwer verletzt ist.

Tabak und Alkohol

Seite 165, Aufgabe 4

Moderator: Max Nowak, 18 Jahre alt aus Giubiasco.

Interviewerin: Trinkst du Alkohol?

Max: Manchmal zu einer Pizza etwas Wein.

Interviewerin: Und was empfindest du dabei?

Max: Es löscht den Durst.

Interviewerin: Warst du schon 'mal betrunken?

Max: Natürlich! Jeder ist schon 'mal betrunken, oder?

Interviewerin: Machst du dir je Sorgen über deinen Alkoholkonsum?

Max: Nein! Wieso soll ich mir denn Sorgen machen? Es gibt wenig abends hier zu tun und es macht Spaß, mit meinen Freunden ins Lokal zu gehen und ein paar Bier zu trinken. Alkoholfrei zu leben wäre langweilig!

Interviewerin: Rauchst du eigentlich?

Max: Nein – mir schmeckt das überhaupt nicht! Außerdem ist es teuer, asozial und ungesund.

Moderator: Sybille Eichenberger, 17 Jahre alt aus Bern.

Interviewerin: Trinkst du alkoholische Getränke?

Sybille: Ab und zu ein Bier. Aber es ist nicht so, daß ich unzufrieden bin, wenn ich heute mein Bier noch nicht gehabt habe. Ich trinke nicht regelmäßig.

Interviewerin: Was empfindest du dabei, wenn du Alkohol trinkst?

Sybille: Ich mag's gern, aber nicht zuviel. Ich liebe es gar nicht, wenn ich am anderen Tag Kopfweh habe.

Interviewerin: Und warum rauchst *du*?

Sybille: Mein Freund und meine Kollegin rauchen, und ich kam mir als Nichtraucherin fast ein wenig ,daneben' vor. Ich rauche auch, weil es mich beruhigt.

Moderator: Louis Lisboa, 17 Jahre alt aus Neuenburg.

Interviewerin: Warum rauchst du?

Louis: Also, ich rauche, weil es mir in gewisser Weise Spaß macht. Vor allem nach dem Essen. Eine Gewohnheit eben. Und es fällt mir schwer, es mir abzugewöhnen.

Interviewerin: Und deine Gesundheit wird nicht beeinträchtigt?

Louis: Ah ja, doch. Ich habe nicht mehr so viel Luft. Ich kann nicht mehr so lange laufen wie früher. Das ist aber halt so.

Interviewerin: Trinkst du alkoholische Getränke?

Louis: Ja, vielleicht zwei, drei Bier in der Woche, aber Alkohol bringt mir absolut nichts. Ich trinke Bier, weil es mir schmeckt. Ab und zu. Weil es erfrischt.

Moderator: Marjorie Bregy, 18 Jahre alt aus Genf.

Interviewerin: Warum rauchst du nicht?

Marjorie: Ich habe es einmal probiert, aber es hat mir nichts gebracht. Nachher hatte ich Kopfschmerzen.

Interviewerin: Bist du überzeugte Nichtraucherin?

Marjorie: Ich kann nicht jetzt schon sagen, ob ich nie in der Zukunft rauchen werde, mit all den Sorgen und so. Ich weiß nicht.

Interviewerin: Und würde es dich stören, wenn dein Freund rauchen würde?

Marjorie: Nein, überhaupt nicht. Das ist sein Problem. Ich würde ihn vielleicht auf die Gesundheitsgefahren hinweisen, aber es ist seine Entscheidung. Wenn er aber rauchen würde, möchte ich das nicht, wenn er mit mir zusammen ist.

Interviewerin: Trinkst du alkoholische Getränke?

Marjorie: Nein. Ich trinke Alkohol nicht gern.

Interviewerin: Gar nicht?

Marjorie: Nein, überhaupt nicht.

Der Weg in die Sucht

Seite 166, Aufgabe 1

Journalistin: Also, Sie sind zweiundzwanzig Jahre alt und drogensüchtig. Wie ist das passiert?

Junge Frau: Ich bin einfach so in die Abhängigkeit reingerutscht. Meine Mutter und mein Stiefvater haben mich streng erzogen, und deshalb bin ich mit achtzehn ausgezogen. Doch da war dann plötzlich niemand mehr, der mir sagte, was ich tun sollte. Und wenn ich Probleme hatte, verdrängte ich sie mit Tabletten.

Journalistin: Und irgendwann reichte die Dosis nicht mehr?

Junge Frau: Ja, ich hab' alles reingeworfen, was der Markt hergab, auch Heroin. Ich hatte aber Angst davor, auf den Strich gehen zu müssen, um das zu finanzieren.

Journalistin: Probierten Sie dann also den Ausstieg?

Junge Frau: Ja, die ersten Tage hab' ich durchgehalten, aber dann hatte ich Schweißausbrüche, Durchfall und Magenkrämpfe, und ich konnte nicht mehr laufen. Ich hab's vor Schmerzen nicht mehr ausgehalten, und ich bin ausgerastet. Jetzt aber versuche ich es wieder mit einer Therapie.

Journalistin: Und Sie sind im selben Alter. Wie sind Sie drogensüchtig geworden?

Junger Mann: Tja, ich hatte echt ein behütetes Heim und verständnisvolle Eltern. Zu den Drogen bin ich aus Langeweile und reiner Neugierde gekommen. Mit zehn Jahren lernte ich die entsprechenden Leute kennen und begann zu kiffen. Mit dreizehn hatte ich bereits alles außer Heroin ausprobiert. Ich hatte eine Riesenangst vor der Spritze, doch eines Tages war kein anderer Stoff mehr da …

Journalistin: Wie haben Sie Ihren Bedarf finanziert?

Junger Mann: Mit Schulden machen und dealen. Das hat Jahre gedauert, bis ich ins Krankenhaus gekommen bin. Jetzt warte ich auf einen Therapieplatz …

Ein österreichisches Behandlungsmodell

Seite 168, Aufgabe 2

Moderatorin: Ein Behandlungsmodell etwas anderer Art hat Primarius Dr. Günther Pernhaupt entwickelt.

Moderator: Die Süchtigen kommen …

Moderatorin: aber nur bei entsprechender Motivation, das heißt, wenn sie selbst es wirklich wollen, bereit sind, durchzuhalten und dafür Opfer zu bringen, eine Voraussetzung, die für alle ausführlichen Therapien gilt …

Moderator: Die Süchtigen kommen in ein

Behandlungszentrum, wo ein Team aus ehemaligen Süchtigen, die hier als Therapeuten angestellt sind, und Profis der Psychotherapie, eine Mischung aus Einzel- und Gruppenarbeit, künstlerischer, therapeutischer Tätigkeit und harter Arbeit am Bauernhof durchführt. Pernhaupt hat mehrere Bauernhöfe gemietet, die nun von den Patienten bewirtschaftet und restauriert werden. Neben der Motivation gibt es nur eine Voraussetzung, so eine dort betreute Patientin:

Junge Frau aus Österreich: Wenn du daher kommst, ja, solltest du schon ein Jahr bleiben.

Answers

Seite 158, Aufgabe 1

a 5
b 10
c 7
d 3
e 1
f 9
g 4
h 2
i 8
j 6

Seite 159, Aufgabe 2

a Ich hatte den Eltern versprochen, daß ich mit ihnen zu meiner Großmutter fahren würde.

b Ich sagte, ich müßte mit, sonst gäbe es Stunk.

c Anna hätte es OK gefunden, wenn ich ihr gesagt hätte, wie es war.

d Wenn ich nur wüßte, warum ich solchen Blödsinn erzähle.

e Ich könnte mir in den Hintern treten!

f Andererseits, wenn es dabei geblieben wäre, wäre es noch nicht so tragisch/schlimm (gewesen).

Seite 159, Aufgabe 3

Ungeschriebene Gesetze

a Die Familien-Lisa und die Cliquen-Lisa.

b Weil es die Gruppennorm ist und sie ihre Unabhängigkeit von ihren Eltern beweisen will.

c Gesetze, die sich auf Kleidung oder ‚cooles' Verhalten beziehen.

d Lisa sollte ihren eigenen Standpunkt finden und zur rechten Zeit schweigen.

Seite 160, Übung a, Blatt 38

1 a Ich versuchte, das Problem zu verstehen.
 b Er hilft, nach dem Essen abzuwaschen.
 c Wir haben vor, früh nach Hause zu kommen.
 d Ich begann, die Situation zu erklären.
 e Es hörte auf zu regnen.
 f Sie haben beschlossen, in die Disco zu gehen.

2 a Sie tragen modische Kleider, um ‚cool' auszusehen.
 b Ich verließ die Party, ohne ein Wort zu sagen.
 c Er blieb zu Hause, anstatt in die Schule zu gehen.
 d Sie benutzte eine Ausrede, ohne ihn dabei anzusehen.

e Wir fahren in die Stadt, um ins Kino zu gehen.
f Sie sahen einen Film anstatt einzukaufen.
3 a Das Problem läßt sich lösen.
b Eine Alternative ließ sich finden.
c Das läßt sich morgen tun.
d Solche Situationen lassen sich vermeiden.
e Viele Ausreden ließen sich verwenden.
f Diese Sätze lassen sich umschreiben.

Seite 161, Aufgabe 1, Blatt 39
🔊 Schädlicher Einfluß

1 a 6
b 4
c 8
d 2
e 7
f 1
g 5
h 3
2 a … danach nicht schlafen konnte und im Bett ihrer Eltern schlafen mußte.
b … man sieht, wie schlimm der Krieg ist.
c … angepöbelt oder verprügelt werden.
d … man das ‚cool' findet und das auch machen will.

Seite 161, Aufgabe 2
d, a, f, b, e, c

Seite 163, Aufgabe 1
Verben: stoßen, berauben, hinunterwerfen, lähmen, packen, entreißen, flüchten, stürmen, prügeln, sterben, (sich) bewaffnen, überfallen, einbrechen
Nomen: der Überfall, die Vergewaltigung, der Mord, der Räuber, das Opfer, die Vernehmung, die Schädelverletzung, das Krankenhaus, die Gewalt, der Totschlag, die Körperverletzung, der Dieb, die Polizei, das Gewaltpotential, die Ellenbogenmentalität, das Waffenverbot, die Schreckschußpistole, das Kampfmesser, die Würgekette, die Angst
Adjektive: brutal, gelähmt, tot, angetrunken, straffällig

Seite 163, Aufgabe 3
Possible answers:
a Ein Mann hat sie überfallen und hat ihre Rente gestohlen.
b Er hatte zuviel getrunken und wußte nicht mehr, was er tat.
c Eine große Gruppe Skins überfiel Gäste auf einer Geburtstagsparty. Ein Mann wurde getötet und fünf Gäste wurden schwer verletzt.
d Die Ellenbogenmentalität und der Verlust der Werte.
e Verbrechen und Angst vor Verbrechen nehmen zu.

Seite 163, Aufgabe 5
🔊 Amoklauf in Hamburg

der Amokläufer	Ein 23-jähriger
seine 2 Opfer	Ein Busfahrer, den er bedrohte und ein Polizeiobermeister, den er mit einer Eisenstange schlug und dem er in den Kopf schoß.
die Polizistin	30 Jahre alt
6 Hauptereignisse (*any 6*)	Der Amokläufer bedrohte einen Busfahrer. Dieser rief um Hilfe. Ein Streifenwagen kam an. Der Amokläufer schlug auf einen Polizisten ein und entriß ihm seine Pistole. Er verschanzte sich im Streifenwagen und traf den Polizisten am Kopf. Eine 30-jährige Polizistin half ihrem Kollegen und erschoß den Amokläufer in Notwehr. Der Notarzt brachte den Polizisten ins Krankenhaus.

Seite 164, Aufgabe 1, Blatt 40
1 BLAUSÄURE
2 BEGRÜNDET
3 BESTANDTEILE
4 KREBSERREGEND
5 ENTGEGENGESETZTE
6 IM SCHNITT
7 TEER
8 HIRNTÄTIGKEIT
9 NACHWEISLICH
10 ARSEN
11 BETRÄGT
12 EINTEILUNG
13 LUSTVOLL
14 ENTSPANNUNG
15 GLIMMSTENGEL
16 LEBENSERWARTUNG

Seite 164, Aufgabe 2
Fast jeder **dritte** Deutsche raucht ..... ist der Prozentsatz aber höher. Robby raucht **sowohl** wenn er Streß hat **als auch in Phasen der Entspannung** ..... um ca. 8 Jahre verkürzen ..... enthalten 43 krebserregende Stoffe. Die gefährlichsten davon sind **die Dinge, die** im Rauch verbrennen oder sich während des Rauchvorgangs erst bilden.

Seite 164, Aufgabe 3
a mit
b in
c um
d an
e zu
f auf
g auf
h um

Seite 165, Aufgabe 4
🔲 Tabak und Alkohol

Max	
Alkohol:	trinkt manchmal
	löscht den Durst
	manchmal betrunken
	keine Sorgen um seinen Alkoholkonsum
	macht Spaß, ins Lokal zu gehen
	Leben ohne Alkohol langweilig
Tabak:	raucht nicht
	schmeckt überhaupt nicht
	teuer, asozial und ungesund
Sybille	
Alkohol:	ab und zu ein Bier
	kann ohne Alkohol leben
	trinkt nicht regelmäßig
	mag es nicht, zuviel zu trinken
Tabak:	Freund und Kollegin rauchen
	kam sich als Nichtraucherin ,daneben' vor
	beruhigt
Louis	
Alkohol:	2–3 Bier in der Woche
	bringt ihm absolut nichts
	Bier schmeckt und erfrischt
Tabak:	Rauchen macht Spaß
	eine Gewohnheit
	kann nicht mehr so lange laufen
Marjorie	
Alkohol:	trinkt nicht gern
	trinkt gar nicht
Tabak:	hat einmal geraucht, aber es hat ihr nichts gebracht
	kann nicht sagen, daß sie nie in der Zukunft rauchen wird
	es würde sie nicht stören, wenn der Freund rauchen würde, aber möchte nicht, daß er das in ihrer Anwesenheit täte

Seite 166, Aufgabe 1
🔲 Der Weg in die Sucht

Junge Frau:
- Mutter und Stiefvater streng
- Mit 18
- Zog aus; niemand mehr, der sagte, was sie tun sollte. Verdrängte Probleme mit Tabletten.
- davor, auf den Strich gehen zu müssen
- auf den Strich gehen

Junger Mann:
- behütetes Heim und verständnisvolle Eltern
- Mit 10
- aus Langeweile und Neugierde; lernte die entsprechenden Leute kennen
- vor der Spritze
- Schulden machen und dealen

Seite 166, Aufgabe 5
Person 1 war auf dem Turkei.
Person 2 probierte Heroin mit 13.

Seite 167, Aufgabe 6
f, c, h, d, a, e, b, g

Seite 168, Lerntip
Possible answers:
Patienten in der Uhlandstraße schon gescheitert; Selbständigkeit und Eigenverantwortung; Andreas mußte sich mit seiner Sucht auseinandersetzen; mußte alles auflisten und sein Leben in den Griff bekommen; zukünftige Wohnungssituation; finanzielle Situation; Freizeit; der Weg aus dem Drogensumpf.

Seite 168, Aufgabe 2
🔲 Ein österreichisches Behandlungsmodell
a (1) Die Süchtigen kommen nur, wenn sie es selbst wirklich wollen und bereit sind durchzuhalten und dafür Opfer zu bringen.
  (2) Bauernhöfe. Team aus ehemaligen Süchtigen und Profis der Psychotherapie.
  (3) Mischung aus Einzel- und Gruppenarbeit, künstlerischer und therapeutischer Tätigkeit und harter Arbeit auf dem Bauernhof. Patienten bewirtschaften und restaurieren die Bauernhöfe und müssen ein Jahr bleiben.

Chapter overview

Page	Reference	Activities	Possible extension
169	Photo-montage	■ Students brainstorm the question 'Was ist Kultur?' with the help of the photo-montage. They could use a dictionary to list as many different areas of culture as possible, together with any associated vocabulary, e.g. 'Musik: Orchester, Chor, Band, Komponist, Rockkonzert …' etc. Vocabulary could be stored in a database.	■ The brainstorm could be widened into a discussion of where the boundaries of 'art' or 'culture' lie, e.g. can advertising, pop videos, street art, films be classed as 'art' or not?
		■ Students could do a dictionary search for compound nouns beginning with 'Kultur-', 'Kunst-', 'Musik-', 'Theater-', etc.	
		■ Students discuss their own contact with the arts: how often do they read/go to the theatre or cinema/go to a concert or art gallery? Are they actively involved in music, art, dance, etc.?	■ They could produce their own multiple-choice quiz entitled 'Sind Sie Kulturfanatiker?'
		■ Students briefly discuss their reactions to the painting, sculpture, building, etc. in the photo-montage.	■ Students list as many German-speaking composers, artists and writers they can think of.
170–1	Asphalt-Künstler	1 Search for vocabulary in text from German definitions.	■ Teacher could also ask comprehension questions about the text, e.g. 'Warum ist es heute so hektisch im Stadtzentrum? Wer oder was ist Joschi und was spielt er? Seit wann ist Albrecht Winkler Straßenkünstler? Warum kriegen die "Highnumbers" nur 10 Mark Gage? Finden sie das frustrierend? Warum (nicht)?'
		2 Explain meaning of phrases from the text in German. 3 Search for German equivalent of English words and phrases. 4 Fill in a table with information from the text.	
		■ **Nochmal:** search for examples in text of: a) the attributive participle, e.g. 'die in Quadrate aufgeteilte Fläche'; b) sentences with 'lassen'; c) 'um … zu' sentences; d) relative clauses. Students are then asked to invent their own examples of the above constructions.	■ This grammar recap could be done orally as a class or as a written homework. Students could also search for sentences in the text with 'zu'+ infinitive (see p. 160).
		5 Group role-play: each group member takes on the role of a street artist and is interviewed by the others about their lifestyle.	■ Students could design a poster to advertise their imaginary act.
	🔲 Unsere Sprache: Zungenbrecher	6 Four tongue-twisters to be repeated for pronunciation practice.	■ Students may find the transcript useful here.
172–3	Kul-Tour!	1 Students look up any unknown adjectives in the box, then use them to compare picture A with picture B, and picture C with picture D. They compare the adjectives they chose with those chosen by others in the group.	■ Students could think up their own adjectives in addition to those in the box.
		2 Students use the same adjectives to compare text A with text B , and text C with text D, lifting quotations from the texts to illustrate each adjective. 3 Students match a German definition to each of the four artistic movements.	
		4 Students describe a landscape familiar to them either in classical or romantic style.	■ Students interested in the arts could choose one of the four movements featured and research it further for coursework (see Blatt 27).
174–5	Mozart	1 Sentence completion exercise involving grammatical manipulation of information from the text.	■ Students could draw up a time-line showing the chronology of events mentioned in the text. With further research other events in Mozart's life could be filled in.
		2 a Students work in pairs, each making up ten questions with which to test the other's knowledge of the text. b Written summary of the text in German.	■ Students particularly interested in music could collect musical vocabulary from the text, e.g. 'komponieren', 'das Klavierkonzert', etc. and store it in a database.
	🔲 Ein Fettkäse namens Amadeus	3 Students listen to the tape and correct the mistakes in a short German summary.	■ Students could discuss how famous figures from the past are marketed in their own country, what sort of ridiculous souvenirs are on offer, and so on.
	Two poems about music	4 Pairs discuss their own attitudes to music. They read two poems by young people then produce their own poem.	

Page	Reference	Activities	Possible extension
		■ **Projektarbeit:** students interested in Mozart's life and music may like to carry out further research for a coursework project. They could present their findings orally to the others in the group.	■ Students are referred to Blatt **27** for tips on carrying out coursework. Students may in particular be interested in researching the controversy surrounding Mozart's death and the mysterious commissioning of his last work, the Requiem. ■ Students could be referred to the song 'Rock me Amadeus' by the Austrian singer Falco.
176	🎞 Mit der Seele malen	1 Look up vocabulary in advance.	■ This could be a homework activity.
		2 Listen to tape about the life and work of the expressionist painter Emil Nolde. Answer comprehension questions in German. N.B. Make sure students realize that Nolde is a pseudonym; Hansen was his real name.	■ Students particularly interested in art could collect vocabulary to do with painting from the cassette, e.g. 'die Ölfarbe', 'das Aquarell' , and store it in a database.
		3 Students choose a painting by any German-speaking artist and present it to the others in the group, using the questions provided to help them.	■ If students have little knowledge of art, the teacher could suggest some German-speaking painters to them, e.g. Klimt, Klee, Ernst, Hundertwasser, or even bring in some art books for them. Some students may wish to research a German-speaking artist as a course-work project.
177	🎞 Moderne Kunst – alles nur Bluff?	1 Read introduction then listen to tape. Match quotations to speakers. 2 Pair or group discussion of students' own reactions to modern art.	
	Modern painting and sculpture	3 a Students prepare an oral or written reaction to the modern painting and sculpture on the page. b They compare their reactions with those of others in the group.	■ 3a could be a homework activity. Language from Ex. 3 on p. 176 could also be used.
178	🎞 Unternehmen Kultur	1 Listen to tape and complete summary with words from a pool.	■ Students could look up the following vocabulary in advance: ein angeschlagenes Image aufbessern; die Bevormundung; das Engagement (für); fördern; gelassen; die Inszenierung; die Marke; Reichtümer anhäufen; sich der Sättigungsgrenze nähern; subventionieren; im Verdacht stehen; sich vervierfachen; sich gegen etw. wehren; zumal.
		2 Match sponsors mentioned on tape to the things they sponsor.	
		3 Pair discussion of five statements on the topic of arts and arts funding.	■ The 'Wußten Sie schon …?' item and diagram showing arts funding may be useful in discussing statement b.
	🎞 Kunstzug	4 A short news item describing an 'arts train' for young artists in Germany. Students are asked to note down as many details about it as possible.	■ This task is intended to practise communication skills often required by communicative tasks in post-16 oral examinations. N.B. Teacher should make sure that both students have a copy of all the 'Kommunikation!' phrases at the bottom of the sheet.
		■ **42** Fürs Leben: Pair role-play, based in a tourist office. ■ **Kommunikation!** Apologizing to someone; calming someone down; polite persuasion; expressing anger; demanding something.	
179	Grammatik: komplizierte Satzbildung	■ Explanation of, and practice in constructing complex sentences with one or more subordinate clauses embedded within the main clause. A 'Lerntip' is included to support reading comprehension skills when faced with complex sentences.	
	43 Alles in Ordnung!	a Exercises 1–3 on Blatt **43** : (1) Manipulation exercise. (2) Translation from English to German. (3) Gap-filling exercise. b Consequences game to practise main and subordinate clauses. Rules are in 'Spielkasten' (Game 13). c Oral version of the above game.	
		d Students write a report on an everyday event as if they were an uncomprehending alien from outer space, using as many complex sentences as possible.	■ Students could instead write a police report on a crime or an accident, a gossip columnist's report on a social occasion, or a letter to a firm written by a young artist in search of sponsorship. The reports or letter should contain as many complex sentences as possible.

Page	Reference	Activities	Possible extension
180	Kino allein genügt nicht mehr …	1 Read text and match paragraph headings to paragraphs. 2 Explain meaning of words and phrases from text in German. 3 Students prepare a speech to persuade potential investors to invest in a 'Cinedom'. The rest of the group act as the audience and can ask questions. Students could be referred to copymasters **10** and **41** for communication help.	■ Students interested in film may wish to research the life and work of a German-speaking filmmaker as a coursework option. Possible choices could be: Rainer Werner Faßbinder ('Berlin Alexanderplatz'); Wim Wenders ('Paris, Texas', 'Alice in den Städten'); Volker Schlöndorff ('Die verlorene Ehre der Katharina Blum', 'Die Blechtrommel'); Edgar Reitz ('Heimat', 'Die neue Heimat'); Wolfgang Petersen ('Das Boot'); Ula Stöckl ('Der Schlaf der Vernunft'); Margarethe von Trotta ('Rosa Luxemburg').
	44 Lerntip: Prüfungsvor- bereitung	4 **Brennpunkt!** Students revise one of their exam topics then write an essay under exam conditions on being handed a choice of titles.	■ Refer students to Blatt **44** for revision tips.
215–7	Zum Lesen	■ Miscellaneous items on the topics of art and culture.	■ Students are asked to say which item appeals to them most and why.
		■ An article about producing art by computer, followed by an extract about an artist who paints cars for a living.	■ Students are asked to say which of the two types of art they would most like to try and why.
		■ A collection of texts intended to encourage students' own creativity.	■ Students could a analyse their own or a friend's handwriting; b try the 'Begriffe finden' activity and evaluate their own creativity; c make up their own 'Schüttelreime'; d complete the modern fairytale or make up a new one of their own; e finish off the 'ABC-Geschichte' or invent a new one. ■ Students could also be encouraged to search for critiques of books, films or music albums in German-speaking magazines. They could then use language from these to write their own critique of a book, film or album.

Class cassette transcripts

Ein Fettkäse namens Amadeus

Seite 175, Aufgabe 3

Das musikalische Genie, das vor über 200 Jahren in Armut starb, wird heute von Salzburg bis Tokio wie ein Pop-Star vermarktet.

Mozart wird geraucht für 300 000 Mark, getrunken für 350 000 Mark und als Fettkäse aufs Brot gelegt für zehn Millionen Mark. Sogar ein Kartoffelsalat und eine Mayonnaise tragen seinen Namen. Die Amerikaner schwören auf eine ,Mozart-Diät', und eine fernöstliche Getränkefirma wirbt damit, daß sie ihren Reiswein bei Mozart-Musik gären läßt.

Mozarts Konterfei prangt auf Aschenbechern, Fingerhüten und T-Shirts, Regenschirmen, Frisbees und Spielkarten. Selbst auf Bierseideln wurde der Weintrinker Mozart schon entdeckt.

All die Schlüsselanhänger, Spieldosen, Parfüms und Liköre, Wecker, Puzzle-Spiele, Hologramme und Uhren, auf denen Mozart abgebildet ist, füllen mühelos einen ganzen Supermarkt – und würden aus dem Amadeus, wenn er noch lebte, einen reichen Mann machen.

Die Aufführungen seiner Werke allein in Deutschland würden dem ,James Dean mit Schnallenschuhen' (so nannte ihn der ,Spiegel') schätzungsweise eine Million Mark Honorare bescheren, ganz zu schweigen von den Tantiemen, die er für Plattenverkäufe, Rundfunk- und Fernsehkonzerte erhielte. Verglichen mit ihm wäre Michael Jackson, der bestverdienende Pop-Star aller Zeiten, wohl ein armer Schlucker.

Mit der Seele malen

Seite 176, Aufgabe 2

Als Kind malt er mit dem Saft von schwarzroten Holunderbeeren und roten Rüben – ,Ich mochte so gerne die rotviolette Farbe', sagte er später. Als 16jähriger malt er Bilder von Menschen und Landschaften auf weiße Stalltüren in seinem Dorf. Aber er darf nicht Maler werden. Der Pastor sagt, das sei ein sündiger Beruf. Der Vater will aus dem Jungen einen Bauern machen, einen Schlachter oder einen Schreiner. Aber am Ende wird er dennoch Maler, denn Emil Nolde kann nicht leben ohne zu malen.

Er hieß eigentlich Emil Hansen. Seine Eltern waren Bauern in dem kleinen Dorf Nolde in Nordfriesland. So nannte er sich später.

Die ,Jugend' entdeckte den jungen Maler. Diese Zeitschrift, die dem Jugendstil den Namen gab, druckte schon Ende des 19. Jahrhunderts zwei Kunstpostkarten von Emil Hansen. Die Leser waren begeistert. Die Kunstwerke im Postkartenformat waren ein großer Erfolg. In kurzer Zeit verdiente Hansen 25 000 Goldfranken – genug Geld für einige Jahre. Er konnte auf Reisen gehen und in fremden Ländern studieren. Nach dem Ersten Weltkrieg machte er sich einen Namen als deutscher Expressionist. Viele Museen und Privatsammler kauften seine Bilder.

Dann kam die Zeit des Nationalsozialismus. Nolde erkannte zu spät, was dies auch für ihn und seine Kunst bedeuten mußte. Die Nazis nannten die moderne Kunst ‚krank‘, ‚undeutsch‘ und ‚entartet‘ Auch Noldes Bilder wurden aus den Museen entfernt. 1941 verbot man Nolde sogar das Malen. Aber er malte heimlich weiter: viele hundert kleine Bilder auf alte Papierreste. Er nannte sie die ‚Ungemalten Bilder‘. Es waren alles Aquarelle, denn der Geruch von Ölfarbe hätte ihn bei Polizeikontrollen verraten. Nach dem Krieg hat Nolde einige der ‚Ungemalten Bilder‘ in großem Format in Öl gemalt.

Die Farben der Bilder liegen oft in mehreren Schichten übereinander. Das gibt ihnen ihre Leuchtkraft. Unter einem intensiven Blau kann Rot liegen, oder Rot liegt über Gelb. Nolde zeichnet nicht erst mit Bleistift, sondern malt sofort mit Wasserfarbe auf nasses Papier. Er meditiert mit der Farbe. Seine Bilder sind ‚Seelenlandschaften‘. Er drückt seine Gefühle frei und direkt mit Farben aus. ‚Bilder sind geistige Lebewesen‘, sagt Nolde. ‚Die Seele des Malers lebt in ihnen.‘

Moderne Kunst

Seite 177, Aufgabe 1

Nummer 1 Susa: Ich gebe zu, daß ich manche Bilder einfach nicht ernst nehmen kann. Und ich will auch nicht alles ernst nehmen. Man muß doch nicht Kunst studiert haben, um über ein Kunstwerk etwas sagen zu können. Es muß doch auch mal möglich sein, vor ein Bild zu treten und einfach ‚bääh‘ zu sagen. Es gibt ja Leute, die mit einem geheimnisvollen Lächeln durch die Galerien schreiten und vor lauter Farbklecksen das große Kunstgefühl erleben. Aber zum Teufel, was sehen sie da? Alles nur Bluff? Oder fehlt uns anderen nur die Bildung?

Nummer 2 Raoul: Man muß mit der Zeit ein Auge für die Kunst entwickeln. Nicht gleich aufgeben, wenn man es nicht sofort verstehen kann. Es ist auch nicht schlimm, wenn man ein Kunstwerk überhaupt nicht versteht. Es braucht eben viel Zeit. Man muß auch mit sich streiten, um mit einem Bild fertig zu werden. Manche Künstler haben es aufgegeben, ihrem Bild überhaupt einen Sinn zu geben. Das Bild wird zu einer eigenen Welt. Der Künstler ist nur noch ein Medium, das die Fenster zu dieser Welt öffnet.

Nummer 3 Kurt: Ich weiß noch, ich hab’ einmal in irgendeiner Galerie eine Serie von 5 Bildern gesehen, die alle blau waren und alle gleich aussahen. Ich wußte nicht, was ich davon halten sollte. Auch mit viel gutem Willen verstehe ich das nicht: Blau, blau, blau. Ich kann mir das ansehen, aber über das Motiv des Künstlers erfahre ich nichts. Irgendwie langweilt mich das, nimmt mir die Zeit weg. Ich frage mich, warum manche Leute für so etwas so viel Geld ausgeben. Sehen die wirklich mehr als ich?

Nummer 4 Silke: Für mich ist wichtig, wie ein Kunstwerk wirkt, nicht was ein Maler sich dabei gedacht hat. Ich sehe vielleicht Bewegung, auch wenn der Künstler etwas ganz anderes wollte. Für mich ist Kunst immer ein Erlebnis.

Unternehmen Kultur

Seite 178, Aufgabe 1

Seit 1988 besteht in Deutschland ein Kulturkreis im Bundesverband der Deutschen Industrie, in dem sich Firmen aller Größenordnungen zur vereinten Hilfe für das Unternehmen Kunst zusammengefunden haben. In den ersten 4 Jahren hat der Kulturkreis für schätzungsweise 25 Millionen Mark rund 800 Künstler gefördert. In Zukunft wird er noch mehr gebraucht, weil in Städten und Gemeinden mehr und mehr das Geld knapp wird. Zwar wird weiterhin fast jedes Theater, jedes Orchester und jedes Museum mit Steuergeldern subventioniert, doch bei außergewöhnlichen Ereignissen, z.B. Musikfestivals, geht es kaum noch ohne Sponsoren.

Anders als beim Sport geht es bei der Kultur nicht immer um Produktwerbung. Manches Unternehmen – die Zigarettenfabrik, der Chemiekonzern oder die Großbank, die im Verdacht steht, Reichtümer anzuhäufen – nutzt das Engagement für das ‚Schöne, Wahre, Gute‘, um das angeschlagene Image aufzubessern. So wächst das Interesse am Unternehmen Kunst, zumal sich das Sportsponsoring der Sättigungsgrenze nähert. Zwar ist der Sport mit 900 Millionen Mark jährlich immer noch der dickste Brocken im Sponsoring, doch die Kultur holt auf. Seit 1985 hat sie sich vervierfacht, auf nunmehr knapp 400 Millionen Mark im Jahr. Gefördert wird in bunter Mischung: Audi hilft dem Schleswig-Holstein-Musikfestival und den Münchener Philharmonikern, die Frankfurter Sparkasse verhilft Pop- und Rockkids zu ersten Auftritten, die Deutsche Lufthansa hat sich darauf spezialisiert, Kunstwerke für Ausstellungen kostenlos zu transportieren, Mercedes fördert das Fotodesign und hat nichts dagegen, wenn sich auf den Fotos hin und wieder ein Auto dieser Marke sehen läßt.

Vor noch nicht allzu langer Zeit wehrten sich Künstler vehement gegen Sponsoren, indem sie von Bevormundung sprachen. Inzwischen sehen sie es viel gelassener. Peter Eschberg, Theaterintendant in Frankfurt, sagt:

‚Ob auf dem Vorhang Coca-Cola steht, ist mir Wurst, wenn ich damit eine Inszenierung finanzieren kann, die ich mir sonst nicht leisten könnte.‘

Answers

Seite 171, Aufgabe 1

a Im Stadtzentrum geht (…) der Punk ab.
b der Nährboden (¨)
c der Geiger (-)
d pelzig
e das sich bei näherem Hinsehen als Hund entpuppt
f der Zylinder (-)
g geht allein Gassi

Seite 171, Aufgabe 2

a d.h. das Publikum ignoriert sie; sie haben gar keinen Erfolg; sie sind nicht gerade ein Hit; sie kommen beim Publikum nicht an.
b d.h. allein, hilflos, traurig, einsam, verloren.

c d.h. er spielt schlecht, ausdruckslos oder stümperhaft auf seiner Gitarre.

d d.h. sie haben schon etwas Geld für ihren Urlaub gespart: sie wollen aber mehr Geld dazuverdienen.

Seite 171, Aufgabe 3

der Pflastermaler (-); lediglich; der Rahmen (-); in Quadrate aufgeteilt; lassen erahnen, daß ...; sputen sich; die Aushilfsarbeit (-en); Ingo hat die Kunst (...) von einem Freund abgeschaut; der Verdienst (-e); verraten; die Zwänge; der Feierabend (-e); das Gemälde (-)

Seite 171, Aufgabe 4

Name	Albrecht Winkler
Tätigkeit als Künstler	Puppenspieler; bewegt seine Marionettenfigur Joschi zu klassischer Musik.
Ort des Auftretens	an einem Platz am Berliner Kurfürstendamm
Gründe dafür, Straßenkünstler zu sein	es ist eine bequeme, legale genehmigungsfreie Möglichkeit, Geld zu verdienen; er war in einer finanziellen Notlage.
Finanzielle Belohnung	deckt seine Miete und seinen Lebensunterhalt.
	Die ‚Highnumbers'
Tätigkeit als Künstler	Rockband: Sänger, Gitarrist und Schlagzeuger.
Ort des Auftretens	neben der Gedächtniskirche
Gründe dafür, Straßenkünstler zu sein	sie machen Ferien in Berlin und wollen ihre Urlaubskasse aufbessern.
Finanzielle Belohnung	nur 10 Mark!
	Ingo und Silvia
Tätigkeit als Künstler	Pflastermaler
Ort des Auftretens	unweit von der Gedächtniskirche
Gründe dafür, Straßenkünstler zu sein	man hat die Freiheit, ohne Rücksicht auf Arbeitgeber zu verreisen
Finanzielle Belohnung	kein fest kalkulierbares Einkommen, aber der Verdienst ist ‚nicht schlecht'.

Seite 171, Nochmal

a ... auf einen in ein Tuch eingewickelten Deckel (5. Absatz);
... die in Quadrate aufgeteilte Fläche (7. Absatz).

b ... hier **läßt** er Joschi an den Fäden **zappeln** (3. Absatz);
... ein paar farbige Stellen **lassen erahnen**, daß ... (7. Absatz)

c ... die Leute, die stehenbleiben, **um** nach ein paar Minuten wieder ihrer Wege **zu** gehen, zücken immer wieder den Geldbeutel, **um** den braunen Zylinder (...) **zu** füllen. (3. Absatz)

... auf die Straßenmusik-Idee sind sie nur gekommen, **um** die Urlaubskasse etwas aufzubessern. (6. Absatz)
... er schätzt die Freiheit, (...) Stadt und Land den Rücken zu kehren, **um** (...) mal nach Costa Rica **zu** reisen. (9. Absatz)

d ... Etwas, **das** sich (...) als Hund entpuppt. (2. Absatz)
... eine Marionettenfigur, **die** sein Herr (...) bewegt. (2. Absatz)
... die Leute, **die** stehenbleiben ... (3. Absatz)
... Sänger Thomas, **der** seine Texte (...) abliest. (5. Absatz)
... Gitarrist Ludwig, **der** auf seiner (...) Klampfe herumklimpert. (5. Absatz)... Schlagzeuger Cedric, **der** (...) auf einen (...) Deckel klopft. (5. Absatz)
... die Besitzer der Geschäfte, vor **denen** sie malen ... (8. Absatz)

Seite 172, Aufgabe 1

Possible solutions:

A heiter, ruhig, harmonisch, anmutig, ordentlich, sanft, verhalten, zufrieden.

B dramatisch, traumhaft, wild, märchenhaft, sehnsuchtsvoll, bewegt, bedrohlich, kontrastreich, abenteuerlich.

C realistisch, nüchtern, alltäglich, genau, sachlich, naturgetreu, finster.

D traumhaft, phantasiereich, abstrakt, unwirklich, symbolisch, ungewöhnlich.

Seite 173, Aufgabe 3

a (2)

b (4)

c (1)

d (3)

Seite 175, Aufgabe 1

a Das Wunderkind wurde durch den Ehrgeiz des Vaters Leopold Mozart von Hof zu Hof gehetzt.

b Es ist bekannt, daß er mit sechs Jahren in Konzerten mit seiner Schwester Nannerl in Wien auftrat.

c Sein Gehörsinn entwickelte sich um so höher, weil sein äußeres Ohr nicht voll ausgebildet war.

d Er konnte sich wegen einer Nichtigkeit erregen und zitternd in Ohnmacht fallen.

e Mozart selbst sagte, man hätte ihm gewiß Gift gegeben, er könne sich von diesem Gedanken nicht losmachen.

Seite 175, Aufgabe 3

⌨ **Eine Fettkäse namens Amadeus**

Mozart starb vor über 200 Jahren. Heute wird er von **Salzburg bis Tokio (auf der ganzen Welt)** wie ein Pop-Star vermarktet. **In Amerika** schwört man auf eine Mozart-Diät, und eine **fernöstliche Getränkefirma** läßt ihren **Reiswein** bei Mozart-Musik **gären**. Mozart trank besonders gern **Wein**, aber man findet sein Porträt sogar auf **Bierseideln**. Wenn Mozart heute noch lebte, würde er von den Aufführungen seiner Werke allein in **Deutschland** schätzungsweise **1 Million Mark** Honorare bekommen, sowie auch Tantiemen für **Plattenverkäufe** und **Rundfunk- und Fernsehkonzerte**.

Seite 176, Aufgabe 2
🔊 **Mit der Seele malen**

a Er malt Bilder von Menschen und Landschaften auf Stalltüren in seinem Dorf.

b Laut dem Pastor ist das ein sündiger Beruf.

c ‚Nolde‘ ist der Name eines kleinen Dorfs in Nordfriesland, wo seine Eltern Bauern waren.

d Sie druckte zwei Kunstpostkarten von Emil Nolde.

e Er verdiente 25 000 Goldfranken, mit denen er auf Reisen ging und in fremden Ländern studierte.

f Die Nationalsozialisten verboten Nolde das Malen.

g Das sind viele hundert kleine Bilder, die Nolde während der Zeit des Nationalsozialismus heimlich auf alte Papierreste malte.

h Weil der Geruch von Ölfarbe ihn bei Polizeikontrollen verraten hätte.

i Weil sie Noldes Gefühle direkt ausdrücken: Nolde selber hat gesagt: ‚Die Seele des Malers lebt in ihnen‘.

Seite 177, Aufgabe 1
🔊 **Moderne Kunst**

Susa	6 and 4
Raoul	7 and 1
Kurt	2 and 8
Silke	3 and 5

Seite 178, Aufgabe 1b

1 Firmen
2 Kulturkreis
3 fördern
4 Museum
5 Steuergeldern
6 Sponsoren
7 Kultur
8 aufbessern
9 vervierfacht
10 vierhundert
11 Millionen
12 Zeit
13 Künstler
14 verlieren
15 gelassener
16 finanzieren

Seite 178, Aufgabe 2

a (3)
b (4)
c (2) (5)
d (1)

Seite 179, Übung a, Blatt 43

1 a Meine Tante, die wir seit 10 Jahren nicht gesehen haben, kommt nach Deutschland, um uns zu besuchen.

b Mein Bruder, der sehr gut Tennis spielt, hat das Endspiel vieler Turniere erreicht, obwohl er nie ein Endspiel gewonnen hat.

c Manche ältere Leute, die allein wohnen, sehen fern, um sich dadurch die Zeit zu vertreiben.

d Einige junge Leute, die nicht sehr selbstsicher sind, nehmen Drogen, weil ihre Freunde sie dazu überrede[n]

2 a Leute, die eine Schlankheitskur machen, um abzunehmen, finden oft, daß sie sofort wieder zunehmen, wenn die Schlankheitskur zu Ende ist.

b Ich weiß, daß mein Bruder, der letztes Jahr nach Schweden ausgewandert ist, viel Geld verdient, obwohl sein Lebensstandard nicht besonders hoch ist, weil alles in den Geschäften da drüben so teuer ist.

c Ich bin der Meinung, daß Mozart, der insgesamt über 600 Werke komponierte, eines der größten Genies aller Zeit war.

d Emil Noldes ‚Ungemalte Bilder‘, die er auf alte Papierreste malte, waren alles Aquarelle, weil der Geruch von Ölfarbe ihn verraten hätte.

e Viele Unternehmen, die im Verdacht stehen, Reichtümer anzuhäufen, fördern Künstler und Kulturereignisse, um ihr Image aufzubessern.

f Leute, die Kunstgalerien besuchen, um kultiviert zu erscheinen, täuschen mich nicht.

g Der Mann, der da drüben steht, ist mein Onkel.

h Leute, die das Rauchen aufgeben, um ihre Gesundheit zu verbessern, leiden oft unter Entzugserscheinungen.

i Ich weiß, daß mein Bruder, der diese Art von Musik normalerweise haßt, ihr letztes Album sehr gern mag.

j Mozart siedelte von Salzburg nach Wien über, weil der Salzburger Erzbischof, der ihn sehr schlecht bezahlte, ihn beleidigt hatte.

3 a z.B. Die Tropenwälder, deren Bäume wir seit Jahren abgeholzt haben, werden bald verschwinden, wenn wir sie nicht retten.

b z.B. Meiner Meinung nach sind Leute, die in der Öffentlichkeit rauchen, einfach rücksichtslos, weil sie die Gesundheit anderer nicht achten.

c z.B. Ich hoffe, daß mein Freund, der nach Bristol gefahren ist, um für einen Job interviewt zu werden, erfolgreich gewesen ist.

Seite 180, Aufgabe 1
a 2; b 5; c 1; d 4; e 3

Seite 180, Aufgabe 2

a ein besonders gutes Beispiel

b Die Filmpaläste werden überall in Deutschland sehr schnell errichtet, so daß sie plötzlich wie Pilze auftauchen.

c sind sehr schnell vorbei

d Filme, die ein hohes geistiges Niveau verlangen

e ein Film, der sehr populär ist und einen sehr großen Gewinn einspielt.

f Man will immer mehr; man ist mit dem alten Ange¹ nicht mehr zufrieden.

Chapter overview

Page	Reference	Activities	Possible extension
181	Psycho Test: Trägst Du gern Verantwortung?	■ Students do the quiz then read the evaluation in the answers section.	■ Students could create their own quiz or 'scruples'-type game along the same lines.
	Photographs, cartoon and sticker	■ They could then decide which (if any) of the visual stimuli illustrate each question in the quiz.	■ Students could be asked to describe and/or interpret the visual stimuli. ■ Students could draw up a list of the 10 things they feel most concerned about in this world. They could then discuss in pairs or as a group how individually responsible they feel for each item on their list.
182–3	Das Ende des Versuchs-kaninchens?	1 Match synonyms.	
		2 Fill in grid, noting information from text.	■ Could be done in pairs. One student fills in the 'Tierversuche' information, the other fills in 'Alternativen'. They then exchange their information orally and complete their grids.
	🔊 Eine Notwendigkeit?	3 Add to grid, noting information from cassette.	
		4 Pair-work: debate animal experimentation versus the alternatives. Students could refer back to copymaster **41** for communication help.	
	Satzanfänge	5 a Find as many sentence starters as possible which correspond to the types listed.	■ Make up one or two new sentences for each type of sentence starter listed.
	45 Von Anfang bis Ende	b Exercises to practise sentence beginnings. (1) Retranslation sentences. (2) Sentence completion exercise.	
		6 Design a poster for or against animal testing. 💾	■ Write a letter to the press, arguing for or against animal testing.
184–5	Pommes aus dem Genlabor	1 True/False exercise.	
	🔊 Gen-Panik?	2 Collect advantages and disadvantages of genetic engineering mentioned.	■ Students develop discussion, adding own advantages and disadvantages of genetic engineering and its applications.
	46 Fürs Leben	■ Explain an English newspaper article to a German-speaker. Students could also refer back to copymaster **26**.	■ Make up an advert for 'Flavr Savr' tomatoes, using video, cassette, desktop publishing package or other means.
		3 Make up slogans for demonstration mentioned in text. 💾	
		4 Complete the poem, using pattern outlined.	■ Alternatively, write a piece of prose, incorporating as many colours as possible and describing a vision of the future.
186–7	Ein Schritt vor und zwei zurück		
	Hägar cartoon	1 List positive advances of technology mentioned in cartoon. 2 Brainstorm positive and negative consequences of modern scientific discoveries and complete table.	■ Students could be asked to identify the 4 sentences in the future and the one sentence in the passive in the cartoon text.
	Elektronische Kollegen	3 Find synonyms in text. 4 Complete sentences to show comprehension. 5 List positive and negative effects of robots in the workplace.	
	🔊 Die Physiker	6 a Students listen to the extract from the play by Friedrich Dürrenmatt and note down the order in which they hear certain quotations. b Students categorise the quotations from Exercise 6a in terms of whether they support or go against the responsibility of the scientist for his/her discoveries. They then discuss this theme using their notes from Ex. 2 above.	■ The teacher may wish to provide extra vocabulary support for weaker students as they listen to this extract as the language is quite challenging. ■ Students could be encouraged to act out extracts from the play 'Die Physiker'.

Page	Reference	Activities	Possible extension
		7 **Brennpunkt!** Essay or presentation: 'Mit dem Fortschritt ist auch unweigerlich ein Schritt zurück verbunden'.	■ Students are referred to Zum Lesen p. 219 for further texts on this theme. The teacher may like to provide some essay phrases for developing an argument or examining implications, e.g. – Diese Art Forschung bringt aber viele Probleme mit sich … – Vielleicht sollte man noch einen Schritt weiter gehen und fragen, ob … – Wenn man das genauer untersucht, stellt man fest, daß … – Es ist durchaus möglich, daß … – Man muß zwar zugeben, daß … – Man sollte aber auch nicht vergessen, daß … – Man sollte aber gleichzeitig sagen, daß … – Es besteht aber nach wie vor die Tatsache, daß … – Es hängt davon ab, ob …
	47 Lerntip: Tips für die Prüfungen	■ Advice on exam techniques in the four skill areas.	
188–9	Ein Kampf auf Leben und Tod …		
	Gnadentod oder Mord?	1 Sentence completion exercise, requiring manipulation of original phrasing. 2 Discuss reactions to views on cassette in pairs. 3 General comprehension questions on text. ■ **Grammatik:** weak masculine nouns.	■ Compare views with other members of the class/class survey on views about euthanasia. ■ Teacher could supply additional common weak nouns, e.g. der Affe, der Herr, der Junge, der Kolleg, der Polizist, der Student.
	Wie ein Baum, den man fällt	4 Reinhard Mey song about wanting to die in one's boots. Students note the singer's last wish and explain the title.	■ List the conditions which the singer makes about when he would be ready to die.
		5 **Brennpunkt!** Class debate on euthanasia.	■ Debate title could also/alternatively be used as a title for a timed essay to provide additional examination practice.
190–1	Diese Menschen warten auf Hilfe	1 Brainstorm problems of the modern world and what the individual can do to help.	
	48 Diese Menschen warten auf Hilfe	2 a (1) Students skim-read the text on p. 190 and do the vocabulary puzzle on Blatt **48**. b They then summarise the article in English without the help of a dictionary.	■ Students could be asked to rewrite all direct quotations in the text as reported speech, e.g. 'Ich wollte einfach auch etwas beitragen' →'Sie sagt, sie wolle einfach auch etwas beitragen'. Refer students to p.107 and to pp. 231–2 of the grammar section for help. ■ Students could be asked to find and translate the two idioms in the text 'Diese Menschen warten auf Hilfe' which use a part of the body ('auf den Beinen sein' (3rd paragraph) – to be on one's feet; 'jdm. an die Nieren gehen' (9th paragraph) – to get somebody down). They could then use a dictionary to work out the English version of the following: a Er hat Haare auf den Zähnen b aus den Augen, aus dem Sinn c Sie stellte ihm ein Bein d Er nahm die Beine unter den Arm e Sie ist bis über beide Ohren verliebt f Ich lege mich aufs Ohr ■ A database could be set up to collect such expressions.
		3 **48** (2) Gap-filling exercise based on a paragraph lifted from the text 'Diese Menschen warten auf Hilfe'. Practice of definite article in different cases and adjective endings. 4 Role-play interview in pairs: a reporter interviews Katrin Bohne about her experiences.	
	Wir brauchen ein Grünes Kreuz	5 a Students look up vocabulary in dictionary. b They listen to the tape and answer comprehension questions in German.	

Page	Reference	Activities	Possible extension
	Quotation and poem	6 **Brennpunkt!** Students read the quotation and poem and say which of the opposing views they agree with more. Group debate on the theme of responsibility.	■ Students could be referred to the song 'Kinder' by Bettina Wegner about our responsibility to the next generation.
192	Zeitreise – ein Blick in die Zukunft!	■ Students produce a futuristic newspaper or news broadcast in groups. The headlines on the page (which match the 15 **Brennpunkt** chapter topics) can be used as a starting point, or students may prefer to make up their own. 💾	
218 –20	Zum Lesen	■ A collection of short snippets based on themes from the chapter which could cause concern.	■ Students are asked to say which snippet they find the most concerning and why.
		■ Three poems by young people and a cartoon portraying the negative effects of progress.	■ Students produce their own cartoon, poem or speech on the theme of progress, perhaps giving a more positive standpoint to that in the texts.
		■ Three texts on the wider theme of global responsibilities.	■ Students are asked to produce their own set of ten commandments for a responsible life.

Class cassette transcript

Eine Notwendigkeit?

Seite 182, Aufgabe 3

Interviewer: Sind Tierversuche notwendig? Das ist die strittige Frage, die wir heute besprechen. Bei mir im Studio sind Dr. Michael Vogt, Sprecher des Bundesverbandes der Pharmazeutischen Industrie und Professor Dr. Toni Lindl, Leiter des Instituts für angewandte Zellkultur.

Also, Dr. Vogt, Sie unterstützen Tierversuche?

Dr. Vogt: Ja, zahllose Menschen verdanken ihr Leben der modernen Medizin – neuen Operationsmethoden, neuen Arzneimitteln und neuen Erkenntnissen über Krankheiten. Vieles davon haben Forscher durch wissenschaftliche Versuche mit Tieren erreicht. Ohne Tierversuche könnte es heute kaum neue Arzneimittel gegen Muskelschwund oder Herzerkrankungen geben.

Interviewer: Professor Lindl, was sagen Sie dazu?

Professor Lindl: Die Ergebnisse von Tierversuchen auf den Menschen zu übertragen, ist eine schlechte wissenschaftliche Methode. Bei vielen Arzneimitteln erkennt man erst bei der Anwendung auf den Menschen, daß unerwünschte Nebenwirkungen auftreten. Letzten Endes ist also immer der Mensch das Versuchskarnickel.

Interviewer: Stimmt es, daß bei solchen Versuchen die Tiere unsägliche Qualen erleiden?

Dr. Vogt: Tatsächlich sind nur die wenigsten Versuche mit Schmerzen verbunden: Operative Eingriffe etwa müssen grundsätzlich unter Narkose durchgeführt werden. Die Haltung der Tiere und den Versuchsablauf überwacht der Amtstierarzt – er kontrolliert auch unangemeldet die Labors.

Professor Lindl: Aber man sollte *keine* schmerzhaften Versuche unternehmen. Die Tierversuche sollten nur so angewandt werden, daß sie die Tiere nicht belasten. Die Intention sollte sein: Wir tun alles vorher, was im Reagenzglas möglich ist, der Tierversuch sollte nur als Ausnahme zugelassen werden.

Interviewer: Kann man also Tierversuche durch Alternativmethoden einfach ersetzen?

Dr. Vogt: Die Arzneimittelindustrie investiert jährlich Millionen von Mark in Alternativmethoden. Wie aber der gesamte Organismus reagiert, kann auch ein Computer nicht vorhersagen. Zellen im Reagenzglas haben eben keinen Blutdruck und keine Verdauung.

Interviewer: Professor Lindl?

Professor Lindl: Die gleiche Summe, die bisher für Tierversuche ausgegeben wird, sollte meiner Meinung nach für Alternativmethoden verwendet werden, während für Tierversuche nur der kleine Rest bleibt. Dann wären in absehbarer Zeit Tierversuche kein Thema mehr.

Interviewer: Dr. Vogt, Professor Lindl, vielen Dank.

Gen-Panik?

Seite 185, Aufgabe 2

1. Mann: Ich finde die Angst vor der Gen-Technologie übertrieben – meiner Meinung nach gibt es viel mehr Vor- als Nachteile. Man könnte mit solchen wissenschaftlichen Entwicklungen die ganze Landwirtschaft revolutionieren und die Ernährung der Menschheit sichern. Es ist nicht auszuschließen zum Beispiel, daß man in Zukunft sogar Weizen in der Sahara ernten könnte.

1. Frau: Das ist aber eine zu grobe Vereinfachung. Wer weiß, ob unsere Gesundheit durch solche Nahrungsmittel beeinträchtigt wird? Mögliche Nebenwirkungen könnten vielleicht erst nach Jahren erfaßt werden!

2. Frau: Also ... Unsere Gesundheit wird durch die Gen-Technologie doch eher *verbessert*. Medizinische Fortschritte hängen von dieser neuen Technologie ab. Dadurch könnten Krebs und AIDS vielleicht einmal der Vergangenheit angehören.

2. Mann: Die Risiken der Gen-Technologie sind aber unkalkulierbar. Zur Zeit dürfen manipulierte Mikroorganismen unbegrenzt in der Umwelt freigesetzt werden, ohne sterilisiert oder inaktiviert zu werden. Und wohin führt die Manipulation von Embryonen, zum Beispiel? Solche Versuche könnten ja unabsehbare Folgen haben.

Die Physiker

Seite 187, Aufgabe 6

Sie hören Auszüge aus dem Theaterstück ‚Die Physiker' von Friedrich Dürrenmatt. Drei Wissenschaftler namens Einstein, Newton und Möbius streiten sich darum, ob sie für ihre Forschung und deren Folgen verantwortlich sind oder nicht. Zuerst hören Sie Newton und Einstein:

Newton: Ich weiß, man spricht heute von der Verantwortung der Physiker. Wir haben es auf einmal mit der Furcht zu tun und werden moralisch. Das ist Unsinn. Wir haben Pionierarbeit zu leisten und nichts außerdem. Ob die Menschheit den Weg zu gehen versteht, den wir ihr bahnen, ist ihre Sache, nicht die unsrige.

Einstein: Zugegeben. Wir haben Pionierarbeit zu leisten. Das ist auch meine Meinung. Doch dürfen wir die Verantwortung nicht ausklammern. Wir liefern der Menschheit gewaltige Machtmittel. Das gibt uns das Recht, Bedingungen zu stellen. Wir müssen Machtpolitiker werden, weil wir Physiker sind. Wir müssen entscheiden, zu wessen Gunsten wir unsere Wissenschaft anwenden, und ich habe mich entschieden.

Der dritte Physiker Möbius hat sich entschieden, sich freiwillig in ein Irrenhaus zu sperren. Da kann er seine Forschung ungestört weiterbetreiben, ohne zu fürchten, daß die Resultate für böse Zwecke benutzt werden könnten. Hier versucht er, die beiden anderen dazu zu überreden, mit ihm im Irrenhaus zu bleiben:

Möbius: Sind wenigstens Ihre Physiker frei?

Einstein: Da auch sie für die Landesverteidigung ...

Möbius: Merkwürdig. Jeder preist mir eine andere Theorie an, doch die Realität, die man mir bietet, ist dieselbe: Ein Gefängnis. Da ziehe ich mein Irrenhaus vor. Es gibt mir wenigstens die Sicherheit, von Politikern nicht ausgenützt zu werden.

Einstein: Gewisse Risiken muß man schließlich eingehen.

Möbius: Es gibt Risiken, die man nie eingehen darf: Der Untergang der Menschheit ist ein solches. Was die Welt mit den Waffen anrichtet, die sie schon besitzt, wissen wir, was sie mit jenen anrichten würde, die ich ermögliche, können wir uns denken. Dieser Einsicht habe ich mein Handeln untergeordnet. Ich war arm. Ich besaß eine Frau und drei Kinder. Auf der Universität winkte Ruhm, in der Industrie Geld. Beide Wege waren zu gefährlich. Ich hätte meine Arbeiten veröffentlichen müssen, der Umsturz unserer Wissenschaft und das Zusammenbrechen des wirtschaftlichen Gefüges wären die Folgen gewesen. Die Verantwortung zwang mir einen anderen Weg auf. Ich ließ meine akademische Karriere fahren, die Industrie fallen und überließ meine Familie ihrem Schicksal. Ich wählte die Narrenkappe. Ich gab vor, der König Salomo erscheine mir, und schon sperrte man mich in ein Irrenhaus.

Newton: Das war doch keine Lösung!

Möbius: Die Vernunft forderte diesen Schritt. (...) Unsere Wissenschaft ist schrecklich geworden, unsere Forschung gefährlich, unsere Erkenntnisse tödlich. Es gibt für uns Physiker nur noch die Kapitulation vor der Wirklichkeit. Sie ist uns nicht gewachsen. Sie geht an uns zugrunde. Wir müssen unser Wissen zurücknehmen, und ich habe es zurückgenommen. Es gibt keine andere Lösung, auch für

euch nicht.

Einstein: Was wollen Sie damit sagen?

Möbius: Ihr müßt bei mir im Irrenhaus bleiben.

Newton: Wir?

Möbius: Ihr beide.

Gnadentod oder Mord?

Seite 189, Aufgabe 1

Alter Mann: Ich trete dafür ein, daß es das Recht jedes alten Menschen ist, frei über den Zeitpunkt seines Ablebens zu entscheiden.

Junge Frau: Meiner Meinung nach hat jeder Mensch ein Recht auf einen Gnadentod. Mit medizinischer Hilfe kommt man auf die Welt – die Medizin sollte einem helfen, wenn man die Welt wieder verlassen will und einen Menschen nicht leiden lassen.

Frau: Ich denke, wir Menschen sind nicht da, um über Leben und Tod zu entscheiden. Nur Gott kann dem Leben ein Ende setzen.

Mann: Was macht die Medizin im Moment? Auf der einen Seite spricht man von Tötung auf Verlangen. Auf der anderen Seite versuchen Mediziner alles, um winzige Frühgeborene zu retten, wenn mehr als 80% davon dann schwere körperliche oder geistige Behinderungen davontragen.

Junger Mann: Ich glaube, daß Todkranke die Chance haben sollten, Sterbehilfe zu wählen, statt langes körperliches Elend erleben zu müssen. Wenn das Gesetz nicht geändert wird, werden immer mehr Menschen Selbstmord begehen oder sogar ihre Verwandten oder Freunde überreden, ihnen das Leben zu verkürzen.

Alte Frau: Nur *passive* Sterbehilfe sollte erlaubt werden, glaube ich. Das heißt, die Euthanasie sollte ungesetzlich bleiben, aber wenn das Leben ihrer Patienten unerträglich ist, dürften Ärzte das Leben nicht künstlich verlängern.

Wir brauchen ein Grünes Kreuz

Seite 191, Aufgabe 5b

Interviewer: Heute sprechen wir mit Herrn Roland Wiederkehr, Initiator des sogenannten Grünen Kreuzes, d.h. der ersten internationalen ökologischen Eingreiftruppe.
Herr Wiederkehr, warum soll neben den zahlreichen Umweltschutzorganisationen nun auch noch ein Grünes Kreuz entstehen?

Wiederkehr: Einzelne Gruppen sind völlig überfordert, wenn sie die Not an den ökologischen Brennpunkten der Welt lindern wollen. Unter dem Dach des Grünen Kreuzes können Staaten, private Hilfsorganisationen, die Wirtschaft und die Uno zusammenarbeiten.

Interviewer: Was kann ein Grünes Kreuz gegen die Umweltkatastrophen tun?

Wiederkehr: Wir müssen eine schnelle Eingreiftruppe schaffen, die weltweit auf den ökologischen Schlachtfeldern zum Einsatz kommt, ausgestattet mit bestem Wissen und Material. Nach dem Giftgasunglück im indischen Bhopal sind die Menschen lange alleingelassen worden, und in Kuwait sind mehrere Wochen vergangen, bis endlich die ersten brennenden

Ölquellen gelöscht wurden. Zusammen mit nationalen Grünkreuz-Organisationen hätten Grünhelme vieles retten können.

Interviewer: Grünhelme allein verhindern aber keine Katastrophen.

Wiederkehr: Darum sollte das Grüne Kreuz parallel zur Eingreiftruppe eine internationale Umweltakademie aufbauen, die Politikern und Wirtschaftsführern aus aller Welt Hilfestellung für eine umweltverträgliche Entwicklung ihrer Länder anbietet. Nur so läßt sich auch verhindern, daß neben politischen Flüchtlingen und Wirtschaftsflüchtlingen demnächst auch Umweltflüchtlinge in großer Zahl ihre Heimat verlassen.

Interviewer: Woher kommt die plötzliche Bereitwilligkeit, ein Grünes Kreuz zu gründen und zu finanzieren?

Wiederkehr: Wir leben – ökologisch gesehen – in einem globalen Dorf. Das erkennen gerade die jungen Wirtschaftsführer mehr und mehr. Viele haben ein ganz anderes Bewußtsein als noch ihre Väter.
Ein Beispiel: Die Reiseunternehmen der Schweiz planen eine Grün-Kreuz-Abgabe auf alle Reisen in ökologisch sensible Gebiete.

Interviewer: Vor rund 130 Jahren gründete der Schweizer Henri Dunant das berühmte Rote Kreuz. Sind Sie der grüne Enkel Dunants?

Wiederkehr: Nein, ein einzelner kann heute nicht mehr viel erreichen, ich gebe nur den Anstoß.

Answers

Seite 181, Testauswertung

Zähle nun die für Dich zutreffenden Punkte zusammen. Die Summe ist das Ergebnis.

Frage	Antwort		
	a	b	c
1	6	4	0
2	6	3	1
3	0	4	6
4	6	0	3
5	1	4	6
6	0	6	4
7	4	0	6
8	0	6	4

2–18 Punkte

Nach mir die Sintflut – nach diesem Motto schaltest und waltest Du. Warum solltest Du die Dinge des Lebens so wichtig nehmen, wenn sich zum guten Schluß doch wieder alles regelt. Dabei mißt Du allerdings mit zweierlei Maß: Wenn's nämlich um die Verantwortung anderer geht, verlangst Du schon, daß sie zuverlässig und pflichtbewußt sind. Vor allem, wenn Deine eigenen Belange davon betroffen sind. Ein kleiner Tip: Du solltest Dich etwas entschiedener

zur Verantwortung bekennen – damit nicht der Eindruck entsteht, daß Du gleichgültig und gedankenlos bist.

19–38 Punkte

Deine Meinung: Jeder ist irgendwann auf die Hilfe anderer angewiesen. Und deshalb sollte auch jeder ein Stück Verantwortung mittragen – sei es für Benachteiligte, Schwächere oder für die Umwelt. Nun gut – Du trägst die Last der Verantwortung nicht immer mit überschäumender Begeisterung, aber man kann sich auf Dich verlassen. Es sei denn, jemand versucht, seine Verantwortung auf Dich abzuwälzen. Dann kannst Du Dich stur stellen. Bittet man Dich indes um etwas ganz offen, dann vergißt Du mitunter sogar Deinen Grundsatz, Dir nicht mehr Pflichten aufzubürden als unbedingt notwendig.

39–48 Punkte

Daß Du zu Deinen Pflichten stehst, ist für Dich eine Selbstverständlichkeit. Mehr noch: Du springst sogar dort hilfreich ein, wo Du eigentlich gar nicht zuständig bist. So gut Deine Initiative und Dein Einsatz gemeint sind – nicht immer tust Du den Betroffenen einen Gefallen, wenn Du ihre Verantwortung übernimmst. Denn: Wer ständig von seinen Pflichten entbunden wird, verlernt schließlich, seine Probleme aus eigener Kraft zu meistern. Deshalb: Laß getrost mal anderen den Vortritt. Bei Deinem ausgeprägten Verantwortungsgefühl kannst Du Dir das leisten!

Seite 182, Aufgabe 1

a (5)
b (8)
c (1)
d (10)
e (6)
f (3)
g (9)
h (7)
i (4)
j (2)

Seite 182, Aufgabe 2

Tierversuche: 2,4 Millionen Wirbeltiere werden jährlich ,verbraucht'/Vor allem Mäuse, Ratten, Meerschweinchen/Auch Hunde, Katzen, Affen, Kaninchen, Schweine und Schafe/u.a. wird Penicillin ins zentrale Nervensystem gespritzt und Strychnin ins Futter gemischt/an Kaninchenaugen wird die Verträglichkeit von chemischen Stoffen, Chemikalien, Putzmitteln überprüft/Viele Tests sind gesetzlich vorgeschrieben/noch nicht möglich, vollständig auf Tierversuche zu verzichten.

Alternativen: Die Schweizer Forscher Olpe und Maas haben das In-vitro-Modell entwickelt/Wissenschaftler benutzen Gewebeschnitte von Ratten, statt für jeden Versuch ein neues Tier zu opfern/Tests an Zell- und Gewebekulturen/Operationen am Computer/Organe werden für Beobachtungen isoliert/Alternativen oft billiger und haben mehr Aussagekraft/bebrütete Hühnereier für Verträglichkeittests/Fördermittel bleiben aus.

Seite 182, Aufgabe 3

📖 **Eine Notwendigkeit?**

Tierversuche: Medizinische Fortschritte durch Versuche an Tieren – Operationsmethoden, Arzneimittel und neue

Erkenntnisse über Krankheiten/Tierversuche wichtig für Arzneimittel gegen Muskelschwund und Herzerkrankungen/Unerwünschte Nebenwirkungen erst bei der Anwendung auf Menschen entdeckt/wenige Versuche mit Schmerzen verbunden/Operationen unter Narkose/Amtstierarzt überwacht die Haltung der Tiere, den Versuchsablauf und die Labors

Alternativen: Arzneimittelindustrie investiert jährlich Millionen von Mark in Alternativen/Zellen im Reagenzglas haben keinen Blutdruck und keine Verdauung/der Computer kann nicht vorhersagen, wie der gesamte Organismus reagiert/Noch nicht soviel Geld wie für Tierversuche

Seite 183, Aufgabe 5a

(1) Den Weg bereitet haben die Schweizer Forscher …
(2) Den Tieren war … Penicillin ins zentrale Nervensystem gespritzt …
(3) Hilflos muß der Affe …
(4) Noch immer werden … jährlich … 2,4 Millionen Wirbeltiere ‚verbraucht'.
    Schon seit langem sucht die Wissenschaft …
    Nun haben Wissenschaftler herausgefunden …
(5) Statt für jeden Versuch ein neues Tier zu opfern, …
    Da die Tränen der Nager Flüssigkeiten nicht ausschwemmen, …
    Weil Fördermittel ausbleiben, …
    Doch wenn mehr Mittel … investiert werden, …
(6) Zum Wohl des Menschen …
    Aus dem quälenden Dilemma …
    An den Gewebeschnitten …
    Trotz aller Erfolge …
    In manchen Bereichen …

Seite 183, Aufgabe 5b, Blatt 45

Possible answers:

1 a Noch gibt es viele Wissenschaftler, die Tierversuche unterstützen.
  b Akzeptable Alternativen zu finden, ist nicht leicht.
  c Um die Versuche zu überwachen, muß immer ein Tierarzt dabei sein.
  d Bei vielen Versuchen werden heutzutage Computer benutzt.
  e Wenn mehr Geld in Alternativen investiert würde, könnten mehr Tiere geschont werden.
2 a Weil Zellen im Reagenzglas keinen Blutdruck haben, …
  b Den Kaninchen [Dative] …
  c In der Zukunft …
  d Wenn man mehr Geld investiere/investieren würde, …
  e Jedes Jahr …

Seite 185, Aufgabe 1

a Richtig
b Falsch … weil man in der Nähe gentechnisch präpariertes Gemüse anbauen will/… daß das Gemüse mutieren könnte.
c Richtig
d Falsch. Bauern in Niederbayern sind gespalten, ob solche Pflanzen umweltfeindlich sind.
e Falsch. Stefan Jahrstorfer hält von der Gen-Rübe nichts.

Seite 185, Aufgabe 2

🎧 Gen-Panik?

Vorteile: man könnte die ganze Landwirtschaft revolutionieren und die Ernährung der Menschheit sichern/medizinische Fortschritte, z.B. Krebs und AIDS?

Nachteile: mögliche Nebenwirkungen/manipulierte Mikroorganismen dürfen unbegrenzt freigesetzt werden/unabsehbare Folgen, z.B. faschistische Diktaturen könnten genetische Manipulation zu ihren Zwecken mißbrauchen.

Seite 186, Aufgabe 3

a Maschinenwesen
b stumme Diener
c elektronische Kollegen
d automatische Sklaven

Seite 186, Aufgabe 4

Possible answers:

a Früher wurden Roboter in Filmen oft als seelenlos und furchterregend dargestellt; heute werden sie eher als freundliche Helfer betrachtet, die dem Menschen schwere und gefährliche Arbeit abnehmen.
b Moderne Industrie-Roboter sind erstaunlich intelligent, weil sie mit Computern bestückt sind.
c In den letzten 10 Jahren steigerte sich die Nachfrage nach Robotern allein in Deutschland um das Zwanzigfache.
d Manfred Schweizer glaubt nicht, daß Roboter den Menschen allmählich überflüssig machen.
e Der Mensch wird am Arbeitsplatz immer unverzichtbar sein: erstens, weil Roboter keine Kreativität besitzen und daher nur monotone Arbeiten verrichten können, und zweitens, weil jeder Roboter den Menschen zur Programmierung, Wartung und Instandhaltung braucht.

Seite 186, Aufgabe 5

Possible answers:

Positive Seiten
– machen schwere oder gefährliche Arbeit und schützen die Gesundheit des Menschen, z.B. ferngesteuerte Roboterarme bei Strahlenbelastung, ferngesteuerte Roboter zur Bombenräumung.
– verfügen über eine erstaunliche Intelligenz
– verrichten Arbeit, die für Menschen sehr monoton und langweilig ist
– sind meistens sehr zuverlässig
– ideal für Präzisionsarbeit

Negative Seiten
– machen vielleicht eines Tages den Menschen überflüssig
– besitzen keine Kreativität
– verursachen gesteigerte Arbeitslosigkeit
– Massenproduktion statt individueller Handwerkskunst
– wenn sich die künstliche Intelligenz zu weit entwickelt, könnten Roboter eines Tages selbständiger werden und den Menschen bedrohen

Seite 187, Aufgabe 6a

🎧 Die Physiker

1 (4)
2 (3)
3 (5)
4 (2)

5 (1)

Seite 187, Aufgabe 6b

(1) für
(2) für
(3) gegen
(4) gegen
(5) für

Seite 189, Aufgabe 1

⊟ **Gnadentod oder Mord?**

Possible answers:

a … frei über das Ende seines Lebens entscheiden dürfen.

b … die Welt wieder zu verlassen.

c … sollten nicht von Menschen getroffen werden.

d … was die Medizin im Moment macht.

e … Sterbehilfe wählen als langes, körperliches Elend erleben zu müssen.

f   … deren Leben unerträglich ist, dürften Ärzte das Leben nicht künstlich verlängern.

Seite 189, Aufgabe 3

a Weil sie an Bauchspeicheldrüsen-Krebs in fortgeschrittenem Stadium litt.

b Ihre Enkel verabschiedeten sich von ihr. Ihre beiden Töchter blieben bei ihr und streichelten ihr die Hände, bis sie einschlief.

c Wenn zwei Ärzte bestätigen, daß die Euthanasie auf den bei klarem Bewußtsein geäußerten, wiederholten Wunsch eines Todkranken erfolgt. Wenn das Leiden dem Patient unerträglich, die Krankheit unheilbar und tödlich ist.

d Weil die Nazis Euthanasie als Tarnbezeichnung für den Massenmord an 275 000 Behinderten mißbrauchten und weil Deutschland eine zurückgehende Geburtenrate und einen steigenden Anteil an Greisen hat, so daß immer weniger Junge für immer mehr Alte sorgen müssen und ältere Leute fürchten, ihren Nachkommen eine Last zu sein.

e Leidende Tiere erhalten einen Gnadenschuß oder eine Todesspritze, aber leidende Menschen haben kein Recht darauf.

Seite 191, Aufgabe 2a, Blatt 🔳48

1 OP-KITTEL
2 ABENTEUERLICH
3 VERBÄNDE
4 GEMEINNÜTZIGER VEREIN
5 STREIFT (…) AB
6 TREIBEN
7 GESCHAFFT
8 EINSATZ
9 MITGENOMMEN
10 BEHANDELT WERDEN
11 KURZERHAND

Seite 191, Aufgabe 3, Blatt 🔳48

2 **Stichprobe!**

Zögernd greift der kleine Kumar zum Spiegel. Wirft einen scheue**n** Blick hinein. Zum ersten Mal nach **der** Operation. Dann huscht ein glückliche**s** Lächeln über **das** Gesicht **des** achtjährigen indischen Jungen. Endlich sieht er aus wie **die** ander**en** Kinder!

Die Ärzte im Hospital ‚Student's Health Home' in Kalkutta haben bei ihm eine tief**e** Gaumenspalte korrigiert. Bei uns ein selbstverständliche**r** Eingriff schon im Baby-Alter. Doch in Indien – wie überall in **den** Entwicklungsländern – fehlt es an Spezialisten. Kumar hat Glück gehabt. Sein Name stand ganz oben auf **der** Liste, die von **den** indisch**en** Medizinern für **die** deutsch**en** Fachärzte zusammengestellt worden war. **Das** siebenköpfige Chirurgen-Team hat drei Wochen lang in Kalkutta operiert. Mit dabei: Katrin Bohne, 34-jährige Krankenschwester aus Frankfurt.

Seite 191, Aufgabe 5b

⊟ **Wir brauchen ein Grünes Kreuz**

(1) Staaten, private Hilfsorganisationen, die Wirtschaft und die Uno können unter dem Dach des Grünen Kreuzes zusammenarbeiten.

(2) Er erwähnt das Giftgasunglück im indischen Bhopal, nach dem die Menschen lange alleingelassen worden sind, und die brennenden Ölquellen in Kuwait, die erst nach mehreren Wochen gelöscht worden sind.

(3) Sie wird ihnen helfen, ihre Länder so umweltverträglich wie möglich zu entwickeln.

(4) Sie erkennen, daß wir ökologisch gesehen in einem globalen Dorf leben.

(5) Sie planen eine Grün-Kreuz-Abgabe auf alle Reisen in ökologisch sensible Gebiete.

Copymasters

1 Hexagonspiel

Bitten Sie Ihre(n) Lehrer(in) um
die Spielregeln.

2 Freie Wahl

„Schlurpen"

Person A denkt an ein Verb, das ein Hobby oder
eine Art Hausarbeit beschreibt, **z.B.** ins Kino
gehen, abwaschen, usw. Die anderen in der
Gruppe stellen Fragen mit dem Phantasieverb
‚schlurpen', um das Verb zu raten. Person A
muß die Frage mit einem ganzen Satz
beantworten.

z.B. – Schlurpen Sie in der Küche?

– Nein, ich schlurpe draußen.

– Schlurpt Ihr Vater?

– Ja, er schlurpt gern.

– Schlurpt er jeden Tag?

– Nein er schlurpt nur einmal pro Woche.

Achtung! Es gibt kein Verb ‚schlurpen', aber
die Endungen müssen richtig sein!

Welches Adjektiv?

Eine Person in der Gruppe denkt an ein
Adjektiv von Seite 2. Er/Sie sitzt in der Mitte der
Gruppe. Die anderen stellen ihm/ihr Fragen mit
Verben von der Verbliste auf Seite 243.

z.B. „Wie trinkst du eine Tasse Kaffee?"

„Wie fährst du Auto?"

Die Person in der Mitte muß die Frage durch
Pantomime im Stil des Adjektivs beantworten,
ohne etwas zu sagen.

Jedesmal hat die Gruppe *eine* Chance, das
Adjektiv zu raten. Wenn es nicht richtig ist,
bekommt die Person in der Mitte einen Punkt.

Dolmetscher(in)

Bilden Sie eine Dreiergruppe (A, B, C). Person B
ist Dolmetscher(in), und Personen A und C
müssen alles durch Person B sagen:

z.B. **A:** Wie heißt er?

B: Wie heißt du?

C: Ich heiße C.

B: Er heißt C.

C: Wie heißt sie?

B: Wie heißt du?

A: Ich heiße A.

B: Sie heißt A.

Machen Sie ein Interview mit acht Fragen. Dann
tauschen Sie die Rollen.

Kennen Sie Ihre(n) Freund(in)?

1 Zwei Personen (A und B) gehen aus dem
Klassenzimmer und machen einen Plan für
den Abend.

2 Die anderen im Klassenzimmer planen zehn
Fragen, **z.B.** „Um wieviel Uhr ißt du heute
abend?" „Was trägst du heute abend?" usw.

3 Person A kommt allein ins Zimmer und
beantwortet die Fragen der anderen. Er/Sie
darf nur einmal „Ich weiß nicht" sagen!

4 Person B muß dann die Fragen <u>über Person A</u>
beantworten **z.B.** „Was trägt deine(n)
Freund(in) heute abend?" B darf auch nur
einmal „Ich weiß nicht" sagen.

Neun Antworten müssen gleich sein, sonst
kennen sich die Freunde nicht!

Brennpunkt © Thomas Nelson & Sons Ltd 1994

1 ⊡ Udo Lindenberg singt das Lied ‚Desperado‘ über einen alten Cowboy, der jung bleiben möchte. Hören Sie sich das Lied an und füllen Sie die Lücken mit der richtigen Form der Verben aus.

,Desperado‘

Desperado, du .... nun schon seit Jahren
Allein und verloren durch die Prärie
So hart und rastlos .... du auf der Suche
Doch hier in der Einsamkeit .... du dich nie.
Du .... dein Pferd die Hügel hoch
In den Canyons .... dein Echo
Was du ...., das .... nur du allein
Das nächste Tal kann noch grüner sein
Und dahinter .... Gold im Sonnenschein
Vielleicht .... das endlich dein El Dorado
Desperado, du .... dich, und du ....
   nicht jünger
Schmerzen und Hunger .... dich bald
Freiheit, Freiheit, so .... ’s die anderen
Doch für dich .... ’s zum Gefängnis
Darin .... du schwach und alt.

> **wissen, treiben, sich belügen, suchen, reiten, sein, hängen, werden, nennen, werden, finden, sein, brechen, werden, glänzen**

---

2 Lesen Sie den Ausschnitt aus einem Brief über das Erwachsenwerden. Tragen Sie die richtige Form der Verben ein. Benutzen Sie nur das Präsens.

… Ich (1)................... viel am Erwachsenwerden gut.

Meine Eltern (2)................... meistens ganz

aufgeschlossen, und mein Freund, Paul, (3)...................

oft das Wochenende bei uns. Er ist älter als ich und

(4)................... schon Auto. Ich dagegen (5)...................

nur ein Mofa, also es (6)................... Spaß, mit Paul

auszugehen. Meine Schwester (7)................... in einer

Apotheke, und nach der Arbeit (8)................... wir oft

zusammen ins Kino. Paul (9)................... am liebsten

Horrorfilme, aber meine Lieblingsfilme (10)...................

Krimis.

> 1 finden
> 2 sein
> 3 verbringen
> 4 fahren
> 5 haben
> 6 machen
> 7 arbeiten
> 8 gehen
> 9 sehen
> 10 sein

1 Hören Sie sich zuerst Daniel an. Was passiert am Samstagnachmittag im Café? Finden Sie die richtige Reihenfolge.

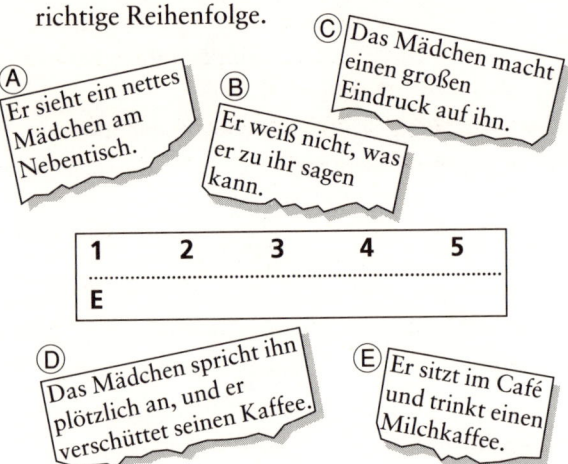

Ⓐ Er sieht ein nettes Mädchen am Nebentisch.

Ⓑ Er weiß nicht, was er zu ihr sagen kann.

Ⓒ Das Mädchen macht einen großen Eindruck auf ihn.

1	2	3	4	5
E				

Ⓓ Das Mädchen spricht ihn plötzlich an, und er verschüttet seinen Kaffee.

Ⓔ Er sitzt im Café und trinkt einen Milchkaffee.

2 Hören Sie sich Daniel noch einmal an. Finden Sie die passende Bedeutung für diese Wörter und Ausdrücke. **z.B. a 4**

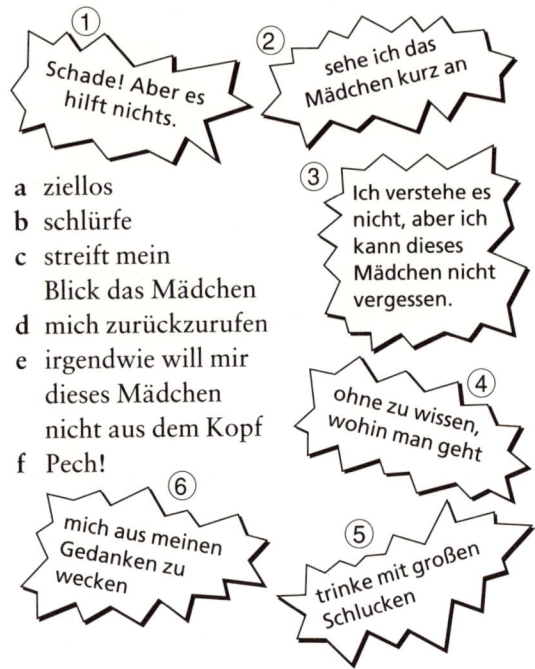

① Schade! Aber es hilft nichts.

② sehe ich das Mädchen kurz an

③ Ich verstehe es nicht, aber ich kann dieses Mädchen nicht vergessen.

④ ohne zu wissen, wohin man geht

⑤ trinke mit großen Schlucken

⑥ mich aus meinen Gedanken zu wecken

a ziellos
b schlürfe
c streift mein Blick das Mädchen
d mich zurückzurufen
e irgendwie will mir dieses Mädchen nicht aus dem Kopf
f Pech!

3 Bevor Sie sich die anderen Jugendlichen anhören, schlagen Sie diese Vokabeln im Wörterbuch nach. Notieren Sie die Bedeutungen.

a die Anmache...
b die Abfuhr...
c schlimmstenfalls.....................................
d ausprobieren..
e herrschen...
f die Gleichberechtigung...............................
g einen Korb bekommen...................................

4 Jetzt hören Sie sich Carmen, Micha und Ali an. Kreuzen Sie die Tabelle an.

	Carmen	Micha	Ali
Den ersten Schritt …			
mache ich oft		X	
mache ich fast nie			
sollten Jungen machen			
machen nette Mädchen nicht			
können Jungen und Mädchen machen			
Ich …			
bin selbstsicher			
habe Angst			
finde es komisch, wenn Mädchen Jungen ansprechen			

5 Kreuzworträtsel

(N.B. ä = ae, ß = ss) Benutzen Sie die Kassette, um Ihre Antworten zu finden. Viele Antworten sind auch irgendwo auf diesem Blatt.

Waagerecht (→)

1, 13 .... ist es aber schon .... komisch. (Ali) (8, 5)
3 Sie spricht Jungen in der Straßenbahn an. (5)
5 Daniel trinkt einen .... (11)
11 Die gleichen Rechte für alle. (Micha) (18)
12 Siehe 6↓.

Senkrecht (↓)

2 Angst vor einer .... hat Micha nicht. (6)
3 Eine junge Frau (Ali) (8)
4 Siehe 7↓.
6, 12→ Die Jungs, die uns ansprechen, gehen ja auch das Risiko ein, einen .... zu .... (Micha) (4, 8)
7, 4 Carmen .... unbekannte Jungen nicht .... (7, 2)
8, 10 Schlimmstenfalls .... er .... (Micha) (4, 4)
9 Ali spielt in einer .... (4)

5 Rollenspiel

A Sie sind Andrea. Mit Hilfe der Notizen erklären Sie Ihre Situation. Besprechen Sie mögliche Lösungen mit Marco und dem (der) Berater(in). Sie sollten bereit sein, Kompromisse zu schließen!

- ziemlich deprimiert im Moment
- viele Gründe dafür: Frank ... das Baby ... die Mutter ... das neue Leben weg vom Heim ...
- ♡Marco und das Baby Kevin
- Marco = ein wunderbarer ‚Vater'
- Kevin = ein süßes Baby
- Aber Marco kommt spät nach Hause, verbringt seine Zeit mit dem Baby
- Wohnung = weit weg vom Heim ... einsam, allein, keine Freunde in der Nähe
- Marcos Eltern? Nette Leute, aber was denken sie über mich und meine Situation?

B Sie sind Marco. Mit Hilfe der Notizen erklären Sie Ihre Situation. Besprechen Sie mögliche Lösungen mit Andrea und dem (der) Berater(in). Sie sollen bereit sein, Kompromisse zu schließen!

- ♡Andrea und das Baby Kevin
- Andrea = sehr deprimiert ... spricht nicht ... oft weg mit Kevin
- Ich helfe Andrea viel ... die Hausarbeit ... das Baby ... einkaufen ...
- Ein Mann muß stark sein ... Arbeit sehr wichtig ... Geld für Andrea und Kevin
- Andrea: Keine Freunde ... Ich: Viele Freunde ... Babysitter? → Gemeinsame Freunde? Spaß haben!
- Meine Eltern = nett, aufgeschlossen. Andrea = keinen Kontakt zu ihnen.

C Sie sind der (die) Berater(in). Stellen Sie Fragen, um Andreas und Marcos Standpunkte herauszufinden. Sammeln Sie so viele weitere Informationen wie möglich. Besprechen Sie mögliche Lösungen mit dem Paar, damit sie Zukunftspläne machen können.

- Wie geht es Ihnen heute?
- Wie kommen Sie mit ... aus?
- Was gibt es denn für Probleme?
- Hausarbeit? Freunde? Ausgehen abends / am Wochenende? Hobbys? Gemeinsame Interessen? Vereine in der Nähe?
- Wer sorgt für Kevin? Babysitter?
- Halbtagsstelle für Andrea? Im Heim oder in der Nähe?
- Marcos Eltern? Kontakt zwischen Andrea und ihnen?

6 Textpuzzle

(A) ihren Erziehungsurlaub aufsplitten und sich abwechselnd um die Kinder kümmern.

(B) neuen Väter kommen aus allen Schichten: Automechaniker sind genauso darunter wie Software-Spezialisten oder evangelische Pfarrer.

(C) Am frühen Vormittag legt Michael Specht eine Mußestunde ein, denn dann liegt der kleine Daniel in seinem

(D) wichtig, daß Väter nicht nur Schönwetterzeiten mit dem Kind erleben." Nach der Geburt hat sich zunächst die Mutter um Daniel gekümmert. Jetzt bleibt

(E) **NEUE VÄTER HAT DAS LAND**

(F) die Eltern festlegen, wer von ihnen den Erziehungsurlaub nimmt, oder ob sie ihn sich teilen wollen. Immer mehr Männer

(G) sind bereit, die Kinder zu versorgen, auch wenn ihre Zahl noch immer klein ist. Das Institut für Entwicklungsplanung und Strukturforschung in Hannover ermittelte, daß nur 1,5

(H) Der Trend geht zum Teilen: Die Statistiken zeigen, daß immer mehr Väter und Mütter

(I) Prozent aller deutschen Väter Erziehungsgeld erhalten. Die

(K) Bett und schläft. Michael Specht ist an der Reihe, den Sohn zu versorgen. Er ist der Meinung, daß viele Väter zu wenig Zeit mit ihren Kindern verbringen. „Es ist

(J) der Vater zu Hause, und die Mutter geht arbeiten. Das Ehepaar splittet seinen Erziehungsurlaub. Bis zum dritten Lebensmonat des Kindes müssen

7 Das letzte Wort haben!

1 Die folgenden Konjunktionen sind wie **weil**: **obwohl** (*although*); **während** (*while*); **bevor** (*before*); **sobald** (*as soon as*); **da** (*since, because*).

a Verbinden Sie die folgenden Sätze mit den Konjunktionen in den Klammern; vergessen Sie nicht, die Wortstellung zu verändern.

z.B. Ich gehe mit ihm aus. Er hat einen guten Sinn für Humor. (weil) → Ich gehe mit ihm aus, **weil** er einen guten Sinn für Humor **hat**.

1 Ich kann sie nicht leiden. Sie macht mir immer Komplimente. (obwohl)

2 Er liest die Zeitung. Er bringt seine kleine Tochter in die Schule. (bevor)

3 Ich koche das Abendessen. Ich komme nach Hause. (sobald)

4 Du kannst den Rasen mähen. Du bist den ganzen Tag zu Hause. (da)

5 Ich gehe einkaufen. Du sitzt vor dem Fernseher. (während)

b Jetzt verbinden Sie die Sätze (**1**)–(**5**) mit der Konjunktion am Anfang.

z.B. **Weil** er einen guten Sinn für Humor **hat**, **gehe** ich mit ihm aus.

2 Juttas Eltern fahren in Urlaub. Was sagen sie ihr, bevor sie wegfahren? Schreiben Sie den Ausdruck: „Vergiß nicht, …" vor jedem der folgenden Sätze.

z.B. Du mußt Oma jeden Tag anrufen. → Vergiß nicht, daß du Oma jeden Tag anrufen mußt.

a Du mußt die Katze füttern.

b Du darfst hier keine Party geben.

c Du sollst die Pflanzen jeden zweiten Tag gießen.

d Du kannst das Auto benutzen.

e Du mußt die Haustür immer zuschließen.

3 Schreiben Sie die folgenden Sätze im Perfekt. Verbinden Sie dann jedes Paar Sätze mit der Konjunktion **während**, **obwohl** oder **als** (= '*when*' *with verbs in past tense*).

a Sabine und Holger gehen zu Fuß in die Stadt. Es regnet stark. (obwohl)

b Sie sehen einige Freunde in der Schlange. Sie kommen am Kino an. (als)

c Sie sprechen ihre Freunde an. Sie kaufen die Eintrittskarten. (während)

d Sie essen Eis. Sie sehen den Film an. (während)

e Sie gehen in einen Nachtklub. Sie verlassen das Kino. (als)

---

8 Fürs Leben: Wie man visuelle Informationen präsentiert

1 Entweder …

a Benutzen Sie das Tageslichtprojektor und Folien …
oder …

b Kleben Sie Ihre Bilder, Statistiken, usw. auf ein großes Stück Papier oder Karton.

2 Erklären Sie das allgemeine Thema Ihrer Informationen.

Titel … Ich möchte über … sprechen.

3 Beschreiben Sie die *wichtigsten* Punkte jedes Bildes, Diagramms, usw. Folgende Ausdrücke sind vielleicht nützlich:

(NB
8,2% = acht Komma zwei Prozent)

Diese Statistiken zeigen, daß..
Dieses Bild zeigt, daß …
Hier sieht man, daß …

Es scheint, daß

{ diese Zahl
dieser Prozentsatz

} … im Jahre 1900 7% aller Haushalte eine Person hatten.
… ältere Deutsche 21% der Bevölkerung über 20 sind.

} steigt.
sinkt.

4 Versuchen Sie, Ihre Informationen zu *analysieren*. Erklären Sie, *warum* die Bilder oder Statistiken so aussehen. Was sind die möglichen Gründe dafür?

Der Grund dafür ist (vielleicht), daß …

5 Versuchen Sie, einen kurzen allgemeinen *Schluß* daraus zu ziehen!

Also, es ist Klar zu sehen, daß …

1 Sie fahren in den Urlaub. Was nehmen Sie mit? Bilden Sie Sätze mit dem Akkusativ.
z.B. ein Sonnenhut
Ich nehme **einen** Sonnenhut mit.
Achtung! Überprüfen Sie wenn nötig das Geschlecht (m., f., n.) der Wörter im Wörterbuch.

a der Hund	**d** mein Schnorchel
b meine Luftmatratze	**e** ein Handtuch
c mein Walkman	**f** die Sonnenmilch

2 Es ist der letzte Tag Ihres Urlaubs in Spanien, und Sie müssen Geschenke für Verwandte kaufen. Bilden Sie Sätze!
z.B. Vater – T-Shirt
Ich schenke meinem Vater ein T-Shirt.

a Mutter – Vase
b Schwester – Tüte Bonbons
c Bruder – Strohesel
d Oma – ein Paar Kastagnetten
e Opa – Strandhut
f Freunde – Kaugummi

✂

11 **Übung macht den Meister!**

1 Suchen Sie das Imperkeft folgender Verben:
a In einer Verbliste.

singen   beißen   essen   waschen   schließen

....

b In einem deutsch-englischen Wörterbuch.

fliegen   tragen   sprechen   halten   denken

....

2 Schreiben Sie das Präsens, das Imperfekt und das Perfekt folgender Verben in der 3. Person Singular aus. Dann überprüfen Sie Ihre Antworten in einer Verbliste.

z.B. sitzen (i, a, e) sitzt, saß, gesessen

a finden (i, a, u) ....

b vergessen (i, a, e) ....

c treffen (i, a, o) ....

d gehen (e, i, a) ....

e schlafen (ä, ie, a) ....

f befehlen (ie, a, o) ....

3 Reisefieber!
Birgit geht auf zwei Wochen in Urlaub. Sie muß ihren Zug in einer halben Stunde erreichen, aber sie hat noch viel zu tun. Was sagt sie ihrem Freund Tobias? Füllen Sie die Lücken aus.

Tobias: Beeil dich doch! Du wirst noch d............. Zug verpassen!

Birgit: Ja, ich weiß, aber ich muß doch d............. Klempner e.............. Zettel schreiben, er kommt nächste Woche vorbei. Oh nein! Ich habe m.............. blauen Rock noch nicht gebügelt! Und ich muß auch m.............. Mutter m.............. Ferienadresse geben, d.............. Nachbarn d.............. Kaninchen und d.............. Kaninchenfutter bringen, und m.............. Freundin Julia auf Wiedersehen sagen. Übrigens, hast du m.............. Walkman gesehen? Ach! Dies.............. Koffer ist doch viel zu klein! Hast du e.............. größeren?

Tobias: Um Gottes willen!

KOMMUNIKATION!

📼 **Selbstvertrauen beim Sprechen haben:**
Jetzt hören Sie sich die Kassette ‚Reisefieber' an. Was fällt Ihnen auf an Wörter wie ‚den', ‚einen', ‚dem', ‚einer', usw? Sind sie immer völlig klar und deutlich? Viele Deutsche verschlucken diese Wörter beim Sprechen – deshalb macht es nichts aus, wenn Sie solche Wörter manchmal falsch sagen. Selbstvertrauen und Kommunikation sind wichtiger!

---

3 Ersetzen Sie die Verben in Klammern mit den richtigen Formen im Imperfekt.

Wir (feiern) ein Sommerfest in unseren Wäldern – Verwandte und Freunde – und am Abend (fahren) wir in vielen Booten über den dunklen See. Die Boote (tragen) Papierlaternen; die Mädchen (singen) zweistimmig Lieder, und mein Onkel, den sie den „Grafen" (nennen), wegen seines Leichtsinns, (jagen) eine Rakete nach der anderen zu den Sternen hinauf. Die Boote (fahren) hintereinander, und so (kommen) sie auch an einem Fischer vorbei, der auf dem dunklen Wasser seine Netze (auslegen). Seine Hände (halten) das graue Garn und (lassen) es langsam über den Bootsrand gleiten.

Ernst Wiechert: ‚Der Dichter und die Jugend'

Jede(r) in der Gruppe hat circa 20 Minuten, um seine/ihre Rolle vorzubereiten. Während der Debatte hat jede(r) circa 2 Minuten, um sich vorzustellen und seine/ihre Meinungen vorzubringen. Alle anderen machen Notizen, wenn sie in etwas nicht übereinstimmen. Während der Ansprache darf man kurze Bemerkungen machen, z.B. „Ja, richtig!"; „Nein, das stimmt überhaupt nicht!" (Siehe Kommunikation! Seiten 7 und 9.) Nach jeder Ansprache darf man Fragen stellen. Nach allen Ansprachen versucht die Gruppe, Kompromisse zu schließen und irgendeine Lösung zu finden.

KOMMUNIKATION!

Überzeugungsausdrücke:
Sehen Sie nicht ein, daß ...?
Sie wollen doch bestimmt nicht, daß ...
Wissen Sie, ...
... oder?/nicht wahr?/finden Sie nicht?

Rhetorische Fragen:
z.B. Was für negative Auswirkungen hat das?

---

der Abfall (¨e)	rubbish, litter	der Nationalpark (-s)	national park
arbeitslos	unemployed	der Reisekonzern (-s)	travel agent/company
der Arbeitsplatz (¨e)	job	die Reklametafel (-n)	billboard
das Autoabgas (-e)	car exhaust fumes	die Renovierung (-en)	renovation
der Bauarbeiter (-)	builder, construction worker	schützen	to protect
die Forstverwaltung	forestry commission	die Subvention	grant
die Genehmigung (-en)	permission	teilen	to share
die Gesundheit	health	der (die) Umweltschutzer(in)	environmentalist
gründen	to set up, found	unnötig	unnecessary
in und um Schierke	in and around Schierke	der Wanderweg (-e)	path
die Langlaufloipe (-n)	cross-country skiing tracks	die Werbung	advertising

---

Sie sind Manager(in) eines kleinen Hotels in Schierke. Sie wollen:
– eine subvention für Renovierungen vom Fremdenverkehrsamt.
– mehr Touristen in Schierke.
– bessere Straßenverbindungen.
– besseres Publicitymaterial für Schierke als Ferienort.

Sie haben zwei kleine Kinder. Sie wollen:
– weniger Autoabgase; die Gesundheit Ihrer Kinder ist sehr wichtig: Ein Kind ist Asthmatiker.
– keine neuen Straßen – sie sind gefährlich und unnötig.
– ein ruhiges Schierke behalten und die alten Traditionen erhalten.

Sie sind Umweltschützer(in) und arbeiten auch für die Forstverwaltung in Schierke. Sie wollen:
– einen Nationalpark gründen, gerade wo der Reisekonzern Müller ein neues Hotel bauen will.
– die Bäume in und um Schierke schützen.
– die Landschaft gegen neue Straßen, Müll, Abfälle und Plakatständer schützen.

Sie arbeiten für den großen Reisekonzern Müller in Hannover als ‚grüne(r)' Touristenexperte/ Touristenexpertin. Sie wollen:
– Umweltschutz und Tourismus unter einen Hut bringen.
– eine grüne Initiative in Schierke einführen.
– die Genehmigung für ein sehr großes neues Hotel in Schierke; d.h. circa 25 neue Arbeitsplätze während der Konstruktion und 25 im neuen Hotel.

Sie arbeiten für das Fremdenverkehrsamt in Schierke. Ihr Sohn ist Bauarbeiter und seit der Öffnung der Grenze arbeitslos. Sie wollen:
– bessere Werbung und mehr Publicitymaterial für Schierke, z.B. große Plakatständer und Reklametafel in und um Schierke.
– neue Hotels. Es gibt fast kein Geld mehr für Renovierungssubventionen. Sie wollen auch soviel Bauarbeit wie möglich für Ihren Sohn.
– bessere Straßenverbindungen.
– die Schönheit von Schierke mit anderen teilen.

Sie arbeiten seit sechs Monaten in Goslar. Die Fahrt zur Arbeit dauert mindestens 1 1/2 Stunden. Sie wollen:
– ein schönes, ruhiges Schierke behalten – deshalb wohnen Sie da.
– neue Straßenverbindungen für die Fahrt zur Arbeit.
– mehr Wanderwege und Langlaufloipen, aber nicht zuviele Touristen.

Brennpunkt © Thomas Nelson & Sons Ltd 1994

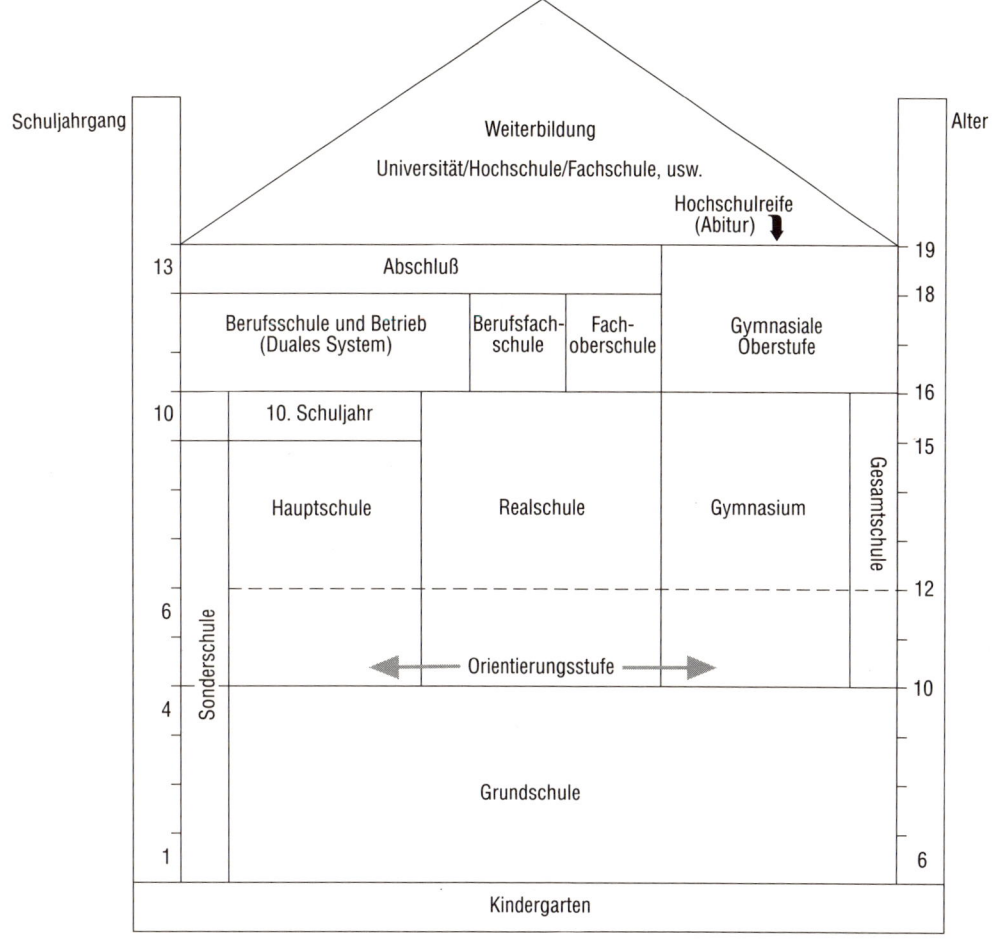

Das österreichische Bildungswesen

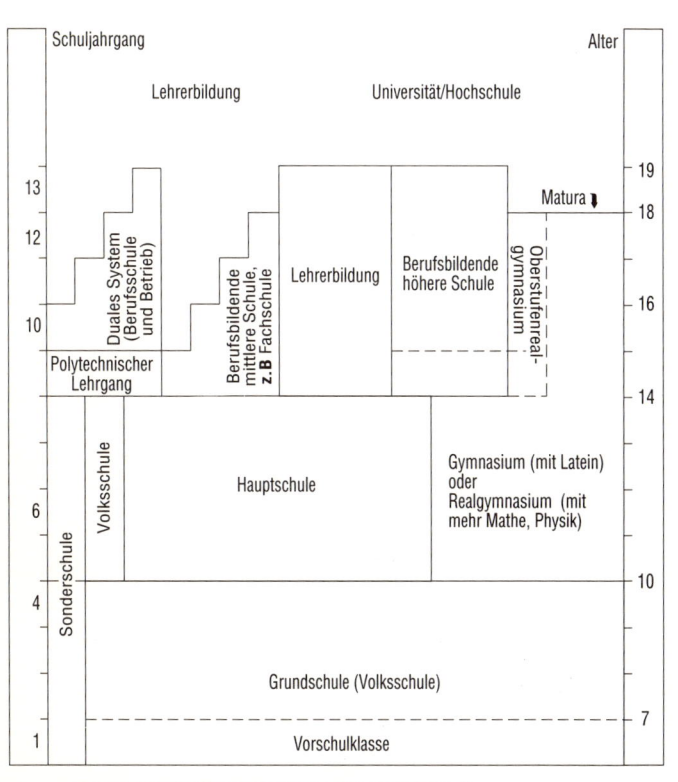

Das schweizerische Bildungswesen

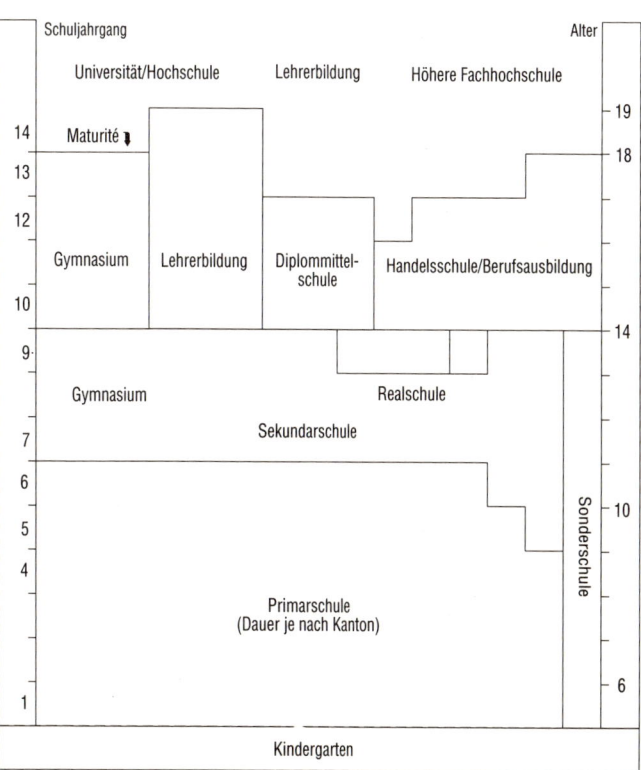

A a

Lebenslauf

Name:	.... Reichert
Anschrift:	Weidenstr. ....,
	.... Frankenthal
Telefonnummer:	....
Geburtsdatum:	...../...../1974
Geburtsort:	Brienz, ...
Staatsangehörigkeit:	deutsch
Familienstand:	....
Schulbildung:	August 1984 –
	....
	Friedrich-Schiller-Realschule, Frankenthal
	.... –
	Juni 1993
	................, ...
Ausbildung:	1-jährige Ausbildung bei der Firma
	.............., ...
Berufstätigkeit:	Kauf/frau/mann
Interessen:	.................., Radfahren, ... und Kino

b

...., 12.03.1994

....

....

Tel: ....

Herrn u. Frau R. König
Hotel Vergißmeinnicht
Am Markt 7
06108 Halle
Deutschland/Germany

Bewerbung um einen Ferienjob als ....

Sehr geehrter Herr König, sehr geehrte Frau König,

bezugnehmend auf Ihre Anzeige in ‚.................. ....
..................' bewerbe ich mich um einen Ferienjob als ....

Meine Sommerferien sind vom 27.07.94 bis zum 1.09.94, und ich kann .... arbeiten. Ich habe letztes Jahr in einem Hotel in der Schweiz gearbeitet, wo ich .... lang am .... war. Ich lerne Deutsch, Französisch und Englisch, und ich .... sehr gern ...., um meine Sprachen zu benutzen.

Ich freue mich auf die Gelegenheit, bei Ihnen zu arbeiten und lege .... sowie Kopien meiner letzten beiden Zeugnisse bei.

Mit freundlichen Grüßen

....

Anlagen: ....
          Zeugniskopien

B a

Lebenslauf

Name:	Chris ....
Anschrift:	.... 2a,
	67227 ....
Telefonnummer:	(06233) 62367
Geburtsdatum:	03/05/.....
Geburtsort:	.................., Schweiz
Staatsangehörigkeit:	....
Familienstand:	ledig
Schulbildung:	.... –
	Juni 1990
	................, ...
	August 1990 –
	....
	Albert-Einstein-Gymnasium, Ludwigshafen
Ausbildung:	.....-jährige Ausbildung bei der Firma BASF, Ludwigshafen
Berufstätigkeit:	....
Interessen:	Lesen, ..., Volleyball und ....

b

27 Oldbury Road   Bridgnorth, ...
Bridgnorth
England WV16 7JS
Tel: 0746 518674

....

....

....

....

....

Bewerbung um einen Ferienjob als Kellner(in)

Sehr geehrter ...., sehr geehrte ....
..................,

bezugnehmend auf Ihre Anzeige in ‚Summer Jobs Abroad' bewerbe ich mich um einen Ferienjob als Kellner(in).

Meine Sommerferien sind vom .... bis zum ...., und ich kann diese Daten inklusiv arbeiten. Ich habe letztes Jahr in .... gearbeitet, wo ich einen Monat lang am Empfang war. Ich lerne ....' ...., und ich fahre sehr gern ins Ausland, um .... zu ....

Ich freue mich auf die Gelegenheit, bei Ihnen zu arbeiten und lege meinen Lebenslauf sowie .... bei.

Mit freundlichen Grüßen

Jo Beech
Anlagen: Lebenslauf mit Foto
          ....

Bewahren Sie dieses Blatt für
künftige Aufgaben auf.

Teil 1

Nummer des Stücks:				

Die Absicht des Autors:

eine Stimmung vermitteln				
eine Idee vermitteln				
Gefühle anregen				
Gedanken anregen				

Der Ton:

nostalgisch				
poetisch				
stolz				
realistisch				
idealistisch				
bitter				
melancholisch				
intellektuell				
deklamatorisch				
begeistert				
ruhig				
übertrieben				
subjektiv				
distanziert				
positiv				
negativ				
ironisch				
philosophisch				
ernst				
humoristisch				
vertraulich				
einseitig				
ausgeglichen				
förmlich				

Die Stimmung:

träumerisch				
traurig				
glücklich				
zeitlos				
gemütlich				
gespannt				
romantisch				
bedrohlich				
gewaltig				
ruhig				
lebendig				

Teil 2

Nummer des Stücks:				

Die Sprache:

lange fließende Sätze				
kurze abrupte Sätze				
starke Kontraste				
Wiederholung zur Betonung				
rhetorische Frage(n)				
ungewöhnliche Verben				
ungewöhnliche Adjektive				
Klischees				
komplizierte Sprache				
einfache Sprache				
gehobene Sprache				
Umgangssprache				
Reim				
Verallgemeinerungen				
vage Beschreibung				
präzise Beschreibung				
sinnliche Beschreibung				
anschauliche Beschreibung				
konkrete Objekte als Symbole für abstrakte Ideen				
starker Rhythmus				
Klang der Wörter (Wortmalerei)				

Teil 3

Ich mag das Stück				
Ich mag es nicht				

Ich finde es:

interessant				
langweilig				
einfach				
herausfordernd				

15 Präpositionen mit Präzision!

1 Welche Satzteile gehören zusammen? Ordnen Sie zu!

a	Nächstes Jahr fahre ich	1	an die Wand.
b	Stellen Sie die Teller	2	über der Stadt.
c	Wir fliegen in einer Höhe von 20 000 Metern	3	auf das Bett.
d	Er hängt das Bild	4	in die Berge.
e	Dieses Jahr verbringe ich zwei Wochen	5	an der Wand.
f	Der Lehnstuhl paßt	6	auf dem Bett.
g	Die Tassen sind	7	zwischen den Fenstern.
h	Es gab viele Poster	8	in den Bergen.
i	Eine dunkle Dunstglocke hing	9	in den Schrank.
j	Der Lehnstuhl steht	10	im Schrank.
k	Er warf sein Sportzeug	11	über das Mittelmeer.
l	Sein Sportzeug lag	12	zwischen die Fenster.

2 🎧 Hören Sie sich das ‚Sommerlied‘ an und füllen Sie die Präpositionen in die Lücken ein. Welche stehen mit dem Akkusativ und welche mit dem Dativ? Warum?

> **Sommerlied**
>
> Die Sonne steht hoch .... der Stadt,
> .... dem kleinen blauen Fluß,
> die Schiffe ziehen ruhig .... die Strömung
> der silbernen glitzernden Wellen.
>
> Die Hitze ist schwer, die Luft ist dick,
> die Straße glüht .... den Füssen.
> Oh, ich glaub', ich geh .... einen einsamen See,
> laß mich nackt .... Wasser gleiten.
>
> Ich lege mich .... die kleinen Wellen
> und seh' die Wolken .... den Himmel segeln,
> hör' die Vögel singen und schrein
> .... den Weiden, die sich .... Wasser neigen.

16 Was wissen Sie? – Das große Quiz der Deutschsprachigen

1 Was ist die Hauptstadt von: (Mögliche Punkte)

 a Österreich .... (1)

 b Deutschland .... (1)

 c der Schweiz .... (1)

2 Nennen Sie vier Nachbarländer Österreichs. (4)

 ....

 ....

3 Zwischen welchen zwei Ländern liegt Liechtenstein? (2)

 ....

4 Richtig (R) oder falsch (F)? (8)

 a Liechtenstein benutzt den Postdienst und das Telefonnetz der Schweiz. __

 b Der höchste Berg Europas ist das Matterhorn in der Schweiz. __

 c Die Deutschen lesen pro Kopf die meisten Zeitungen. __

 d Die Quelle des Rheins ist in Deutschland. __

 e Die meisten Österreicher sind römisch-katholisch. __

5 Der 3. Oktober ist ein Nationalfeiertag in

 Deutschland. Warum?.....................................

 .... (2)

6 Die Schweiz ist ein viersprachiges Land.

 64% der Bevölkerung spricht .... (1)

 18,4% der Bevölkerung spricht .... (1)

 9,8% der Bevölkerung spricht .... (1)

 0,8% der Bevölkerung spricht .... (1)

 Was ist das ‚Welschland‘?...............................

 .... (2)

1 Hören Sie sich die Vaihinger Werbung an
(Nr 1). Ergänzen Sie dann die folgenden Sätze.

  a Vaihinger ist ein F.................... .

  b Er enthält ....% ....

  c Es gibt sechs Sorten: ...., ..., ..., ..., ..., und

  ....

  d Er schmeckt echt ....

2 **1** Schlagen Sie die folgenden Wörter im Wörterbuch nach: Kräuter, Knäcke, Vollkorn.
  2 Hören Sie sich nun die Werbung für Wasa Kräutergarten an (Nr 2). Ordnen Sie die Sätze in der
  richtigen Reihenfolge, indem Sie die Nummern 1–9 in die Kästchen schreiben.

  a Das schmeckt so gut   **e** was man drauftun soll

  b das neue Knäcke aus 100% Vollkorn   **f** man weiß gar nicht,

  c Wasa Kräutergarten …   **g** abgestimmt mit sieben feinen Kräutern
       Jetzt ganz frisch im Brotregal.

  d Wenn Sie die Kräuter auch schmecken   **h** gibt es für Sie jetzt Wasa Kräutergarten,
       wollen   **i** aus dem Garten der Natur

3 Hören Sie sich jetzt die Werbung für Vita Distelöl (Nr 3) und Rossbacher Urquelle (Nr 4) an. Sind die
folgenden Aussagen richtig (R) oder falsch (F)? Verbessern Sie wenn möglich die falschen Sätze.

	R	F

  a Vita Distelöl macht Pommes Frites schmackhaft.
  b Es ist ein Produkt der Firma Brenndle.
  c Man sollte das Öl nur in der Küche benutzen.
  d Rossbacher Urquelle ist rein im Geschmack.
  e Rossbacher Urquelle ist eine Biersorte.

4 Welche Ausdrücke haben die gleiche Bedeutung?

  a gesunde Ernährung   1 Leben ohne Sorgen
  b schmackhaft   2 Jahrtausende lang
  c wertvoll   3 Essen für die Gesundheit
  d unbeschwerte Lebensfreude   4 Vitamine, besondere Substanzen
  e eine Quelle   5 besonders nützlich
  f seit Urzeiten   6 es schmeckt echt natürlich
  g Wirkstoffe   7 wo Wasser aus dem Boden kommt
  h ursprünglich rein im Geschmack   8 lecker

5 Hören Sie sich zum Schluß die Milchwerbung an (Nr 5) und füllen Sie die Lücken aus!

Weiß wie Schnee – . Milch gibt dem ...., so ....,
und das weißt du auch, denn nur die Milch macht's. Von Milcheiweiß bis Kalzium, Mineralstoff
.... Du ...., da ist alles drin. .... sie froh, sie
...., es gibt ...., ..., denn nur die
Milch macht's!

18 Rollenspiel

A Sie sind Nichtraucher: Sie glauben, daß Rauchen in öffentlichen Gebäuden verboten sein sollte. Besprechen Sie Ihren Standpunkt mit einem (einer) Raucher(in). Versuchen Sie, Gegenargumente zu seinen/ihren Äußerungen zu finden und Ihre Meinung mit anderen Argumenten zu unterstützen.

Erwähnen Sie:

- Die Gefahren des Rauchens.
- Die Zahl der Todesfälle und ernsten Krankheiten unter Passivrauchern.
- Schwangere Frauen, Kinder und ältere Leute sind als Passivraucher besonders gefährdet.
- Das schlechte Beispiel, das Raucher jungen Kindern und Jugendlichen geben.
- Die Kosten für den Staat (Medikamente, verlorene Arbeitstage, Krankenhäuser, usw.).
- Man sollte ein totales Rauchverbot in Gaststätten, Restaurants, Geschäften und am Arbeitsplatz einführen – wie man in Kinos und öffentlichen Verkehrsmitteln gemacht hat.
- Wenn Raucher ihre eigene Gesundheit gefährden ist das ihre Sache – aber andere Leute sollten nicht aufgrund ihrer Selbstsüchtigkeit leiden.

B Sie sind Raucher: Sie glauben, daß Rauchen in öffentlichen Gebäuden erlaubt sein sollte. Besprechen Sie Ihren Standpunkt mit einem/einer Nichtraucher(in). Versuchen Sie, Gegenargumente für seinen/ihren Äußerungen zu finden und Ihre Meinung mit anderen Argumenten zu unterstützen.

Erwähnen Sie:

- Raucher haben auch Rechte – warum sollten Nichtraucher ihren Lebensstil diktieren?
- Es gibt viele Risiken im Leben – das Auto z.B. ist gefährlicher als die Zigarette – soll man also Autos verbieten?!
- Nichtraucher sind immer so missionar – ihre Argumente sind kontraproduktiv, sie übertreiben die Folgen des Rauchens.
- Raucher bringen dem Staat viele wirtschaftliche Vorteile – die Tabaksteuer bringt auch Nichtrauchern viel.
- Ein totales Rauchverbot in der Öffentlichkeit würde nur Nachteile für die Wirtschaft haben. Raucher würden Gaststätten, Restaurants, Geschäfte, usw. meiden. Auch ihre Arbeitsleistung würde sinken.
- Viele Leute rauchen ihr ganzes Leben lang ohne irgendwelche Folgen.
- Nichtraucher machen Raucher zum Sündenbock für die allgemeinen gesundheitlichen Probleme der Gesellschaft.

19 Streiks!

Im Frühling 1992 herrschte wirtschaftliche Unruhe in Deutschland. Hören Sie sich die zwei Berichte aus den Nachrichten vom 24. April mehrmals an und beantworten Sie die folgenden Fragen.
N.B. ÖTV = Die Gewerkschaft ‚Öffentliche Dienste Transport und Verkehr'.

1 Frankfurt am Main (1. Bericht)
Welche Satzhälften passen zusammen?
Verbinden Sie jedes Paar mit einer Linie.
a Die Zeichen im öffentlichen Dienst.
b 59,4% der Mitglieder der deutschen Postgewerkschaft
c Über 155.000 Mitglieder
d Über 148.000 Mitglieder
e Die anderen Gewerkschaften
f Vertreter der deutschen Angestelltengewerkschaft
g Vertreter der ÖTV
h Die Arbeiter im öffentlichen Dienst

1 waren nach Angaben der Postgewerkschaft an der Abstimmung beteiligt.
2 melden große Zustimmung für einen Streik.
3 sagen morgen, wie ihre Mitglieder entschieden haben.
4 stehen auf Streik.
5 streiken zum ersten Mal seit 18 Jahren.
6 haben sich in der Urabstimmung für einen Arbeitskampf ausgesprochen.
7 wollen das Ergebnis der Urabstimmung gegen 17 Uhr verkünden.
8 votierten für Streik.

2 Frankfurt am Main (2. Bericht)
a Für wann hat die I.G. Metall (Industriegewerkschaft Metall) massive Warnstreiks angekündigt?
b Wie hoch war das Angebot der Arbeitgeber?
c Als er es ablehnte, wie beschrieb der I.G. Metall-Chef Steinkühler das Angebot?
d Wieviel mehr Lohn und Gehalt verlangt die I.G. Metall?

Brennpunkt © Thomas Nelson & Sons Ltd 1994

📼 **Rentner als Berater**

1 Hören Sie sich die Kassette über ein ungewöhn-
liches Projekt in den neuen Bundes- ländern an.
Sind die folgenden Sätze richtig (R) oder falsch
(F)? Verbessern Sie die falschen Sätze.

a Das Projekt soll den Rentnern helfen, das
Berufsleben zu beenden und sich an das
Leben im Ruhestand zu gewöhnen.

b Es ist wichtiger, daß die Experten eher
wirtschaftliche Kenntnisse als technische
Fähigkeiten haben.

c Die Maschinenfabrik in Zwickau hat nur
13% ihrer Waren in den Westen exportiert.

d Veraltete Maschinen und keine Achtung auf
die Qualität der Produkte haben den
Niedergang der Firma verursacht.

e Hans Kletschke erkannte, daß die Firma
mehr Arbeiter und einen ostdeutschen
Unternehmer an der Spitze mit neuen Ideen
brauchte.

f Einige ostdeutsche Firmen haben die
westdeutschen ausgenutzt. Sie haben ihre
Preise manchmal um 30% erhöht.

g Es gibt leider immer noch Probleme wie
Arbeitslosigkeit, die Schließung von
Betrieben und soziale Schwierigkeiten.

2 Hören Sie sich die Kassette noch einmal an und
ergänzen Sie die folgenden Sätze ab Mitte des
Berichts (nach dem Satz: Aber vor einem Jahr
ging er ins sächsische Zwickau, um die
Schwachstellen in einer Maschinenfabrik
aufzuspüren.)

> Die Zwickauer .... hatte in
> ....-................ einen
> ....
> .... Ost-Mark. Lediglich 3% der
> Waren wurden ....
> .... Alles übrige
> ....
> .... und in die
> inzwischen ....
> .... des SES-Experten
> ist ....
> .... am Niedergang
> der Firma schuld, ...
> ....
> .... zur Qualität der Produkte.

3 Was sind Ihrer Meinung nach die Vorteile des
Projekts für die Senior-Experten, und was sind
die Nachteile für die ostdeutschen Betriebe?

Nicht jeder ist passiv!

1 Füllen Sie die Lücken aus. Benutzen Sie
jedesmal ein fettgedrucktes Wort unten.

> 1989 .... die Grenze zwischen der BRD und der
> DDR .... Die Politiker .... durch die
> Macht des Volkes ...., das alte Regime im Osten
> zu beenden. Am Anfang .... die Öffnung der
> Berliner Mauer ...., aber schon einige Monate
> später .... es klar ...., daß es auch
> große Probleme gebracht hatte.
> Heute .... die Situation langsam besser. Große
> Summen Geld .... immer noch in den neuen
> Bundesländern ...., aber der Aufschwung hat
> schon .... Die Infrastruktur ....
> ...., und bald .... viele neue
> Autobahnen zwischen Ost und West fertiggestellt
> .... Überall .... neue Wohnungen
> ...., und die Aussichten für die kommenden
> Jahre .... immer besser.

**ausgebaut, begonnen, geöffnet, gebaut, gefeiert, geworden,
gezwungen, investiert, sein, war, werden, werden, werden,
werden, wird, wird, wurde, wurde, wurden**

2 Beanworten Sie jede Frage mit einem passiven
Satz. Benutzen Sie dieselbe Zeit.
z.B. Hast du die Betten gemacht? → Ja, sie sind
gemacht worden!

a Schreiben Sie die Briefe?
b Hast du die Geschenke gekauft?
c Reparierte er den Fernseher?
d Spricht man hier deutsch?
e Machen Sie alles?

3 Übersetzen Sie die folgenden Sätze ins
Deutsche.
a *The money was saved for a car.*
b *The babysitter is employed from 19.00 to
23.00.*
c *The letter was written by his sister.*
d *Many problems are caused by money.*
e *More houses were built.*

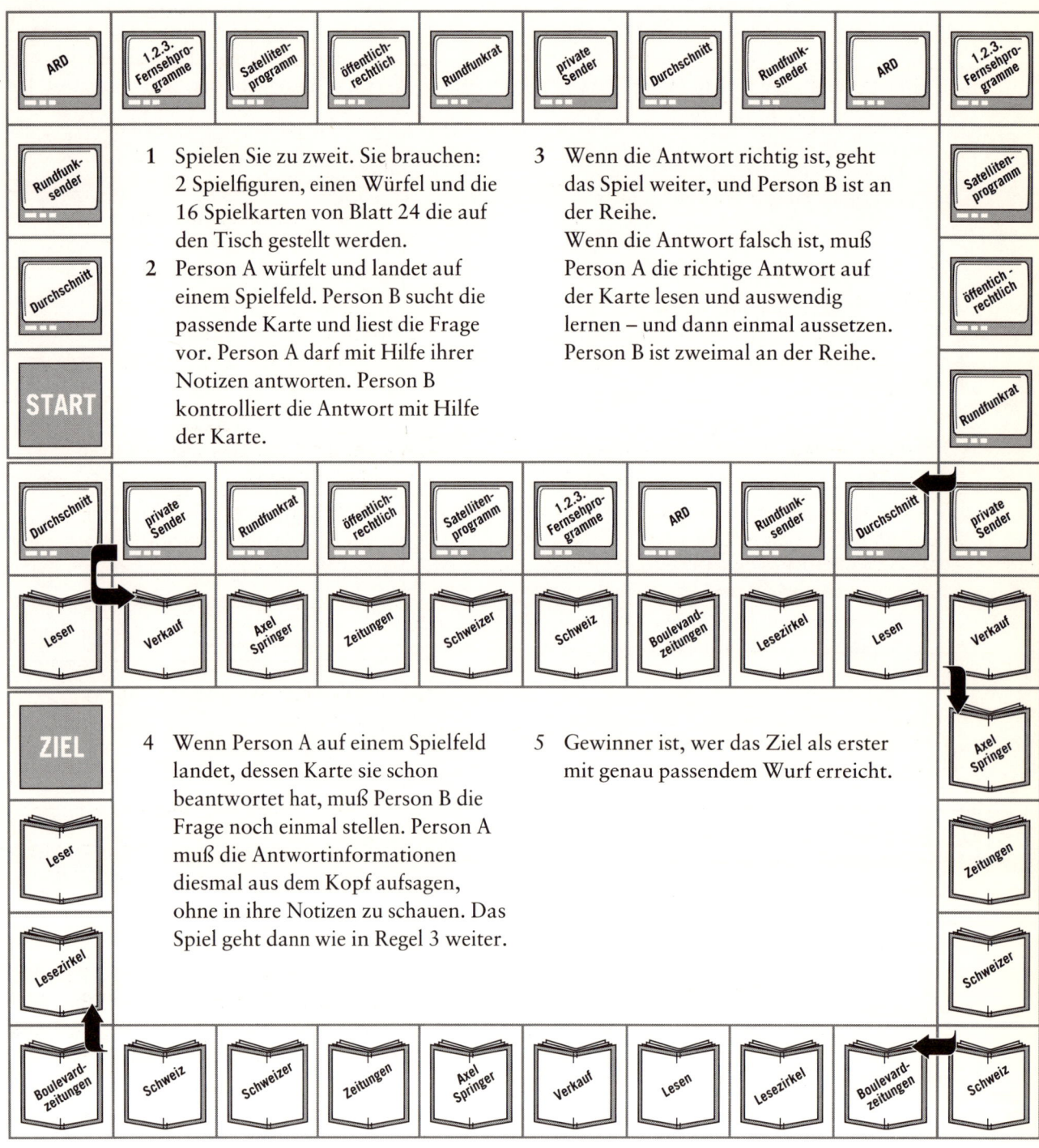

1 Spielen Sie zu zweit. Sie brauchen: 2 Spielfiguren, einen Würfel und die 16 Spielkarten von Blatt 24 die auf den Tisch gestellt werden.

2 Person A würfelt und landet auf einem Spielfeld. Person B sucht die passende Karte und liest die Frage vor. Person A darf mit Hilfe ihrer Notizen antworten. Person B kontrolliert die Antwort mit Hilfe der Karte.

3 Wenn die Antwort richtig ist, geht das Spiel weiter, und Person B ist an der Reihe.
Wenn die Antwort falsch ist, muß Person A die richtige Antwort auf der Karte lesen und auswendig lernen – und dann einmal aussetzen. Person B ist zweimal an der Reihe.

4 Wenn Person A auf einem Spielfeld landet, dessen Karte sie schon beantwortet hat, muß Person B die Frage noch einmal stellen. Person A muß die Antwortinformationen diesmal aus dem Kopf aufsagen, ohne in ihre Notizen zu schauen. Das Spiel geht dann wie in Regel 3 weiter.

5 Gewinner ist, wer das Ziel als erster mit genau passendem Wurf erreicht.

Du bist dran!	It's your go!
Du bist an der Reihe!	
Richtig/falsch	Correct/incorrect
Einmal aussetzen!	Miss a go!
Würfle noch mal!	Shake again!
Ich habe gewonnen!	I've won!

Brennpunkt © Thomas Nelson & Sons Ltd 1994

1. 2. 3. Fernsehprogramm

(?) Wer produziert das erste, zweite und dritte Programm im deutschen Fernsehen?

- -

(A) Die neun regionalen Sender produzieren gemeinsam das erste Programm und auch regionale Sendungen für das dritte Programm. Das ZDF oder Zweite Deutsche Fernsehen produziert das zweite Programm.

private Sender

(?) Wie heißen die wichtigsten Privatsender in Deutschland und wie werden sie finanziert?

- -

(A) Die wichtigsten Privatsender in Deutschland heißen RTL und Sat 1. Sie werden durch Werbung finanziert.

Zeitungen

(?) Nennen Sie zwei überregionale und eine regionale Zeitung aus dem Axel Springer-Verlag.

- -

(A) Die ,Frankfurter Allgemeine Zeitung' und ,Bild' sind überregionale Zeitungen, und das ,Hamburger Abendblatt' ist eine regionale Zeitung aus dem Axel Springer-Verlag.

Lesezirkel

(?) Fast 1 Million Österreicher lesen Zeitschriften durch einen Lesezirkel. Was ist das?

- -

(A) Bei einem Lesezirkel leiht man jede Woche eine Mappe mit verschiedenen Zeitschriften aus und erspart sich so den Kauf.

ARD

(?) Wer bildet zusammen die ARD und was bedeutet ,ARD'?

- -

(A) Die 9 regionalen Sender bilden zusammen die ,ARD'. ,ARD' bedeutet ,Arbeitsgemeinschaft der Rundfunkanstalten Deutschlands'.

Rundfunkrat

(?) Wer ist im Rundfunkrat vertreten?

- -

(A) Alle wichtigen politischen und gesellschaft-lichen Gruppen sind im Rundfunkrat vertreten.

Axel Springer

(?) Wie viele Zeitungen kommen aus dem Axel Springer-Verlag in Hamburg?

- -

(A) Fast ein Drittel aller Tageszeitungen kommen aus dem Axel Springer-Verlag in Hamburg.

Boulevardzeitungen

(?) Nennen Sie die wichtigste Boulevardzeitung in Deutschland, Österreich und der Schweiz.

- -

(A) Die wichtigste Boulevardzeitung ist in Deutschland die ,Bild', in Österreich die ,Neue Kronen-Zeitung' und in der Schweiz ,Blick'.

Rundfunksender

(?) Wie viele regionale Rundfunksender gibt es in den alten Ländern und wie viele Hörfunk-programme bietet jeder an?

- -

(A) Es gibt 9 regionale Rundfunksender in den alten Ländern. Jeder bietet 3 oder 4 Hörfunkprogramman.

öffentlich-rechtlich

(?) Was sind ,öffentlich-rechtliche Anstalten' und wie werden die ARD und das ZDF finanziert?

- -

(A) ,Öffentlich-rechtliche Anstalten' sind vom Staat politisch und wirtschaftlich unabhängig. Die ARD und das ZDF werden durch Gebühren und Werbung finanziert.

Verkauf

(?) Wie werden 7 von 10 Tageszeitungen in Deutschland verkauft?

- -

(A) 7 von 10 Tageszeitungen in Deutschland werden im Abonnement verkauft.

Schweiz

(?) Warum gibt es keine wirklich überregionale Presse in der Schweiz?

- -

(A) Wegen der Mehrsprachigkeit und der großen regionalen Unterschiede gibt es keine wirklich überregionale Presse in der Schweiz.

Durchschnitt

(?) Wie lange sehen die Deutschen jeden Tag im Durchschnitt fern und wie lange hören sie Radio?

- -

(A) Die Deutschen sehen im Durchschnitt täglich 2½ Stunden fern und hören 2½ Stunden Radio.

Satellitenprogramm

(?) Wer produziert das Satellitenprogramm ,3-Sat'?

- -

(A) Das ZDF zusammen mit dem ÖRF (dem Österreichischen Rundfunk) und der SRG (der Schweizerischen Radio- und Fernsehgesellschaft) produzieren das Satellitenprogramm ,3-Sat'.

Lesen

(?) Wie viele Bundesbürger lesen regelmäßig eine Tageszeitung?

- -

(A) 3 von 4 Bundesbürgern lesen regelmäßig eine Tageszeitung.

Schweizer

(?) Lesen die Schweizer gern Zeitungen?

- -

(A) Ja, denn die Schweizer lesen pro Kopf mehr Zeitungen als jede andere Nationalität.

	Trieb/Sehnsucht/Angst	Produkt	Slogan/kurze Beschreibung
a	Herdentrieb (alle machen dasselbe)		
b	Machttrieb		
c	Sexualtrieb		
d	Jugendlichkeit (Energie, Fröhlichkeit, Frische)		
e	Schönheit, Fitneß		
f	Tradition, Nostalgie		
g	Individualismus, Freiheit, Aufregung		
h	Liebe, Freundschaft, Zuneigung	Rémy Martin S.102	
i	Wohlstand, Erfolg, Prestige	Rémy Martin S.102	einem Rémy Martin ist es ganz gleich …
j	Sicherheit (für sich selbst und seine Lieben)		

Wie man Werbung analysiert
Sie brauchen: viele verschiedene deutsche Werbebilder und Werbespots. Die finden Sie:
1 in ‚Brennpunkt‘, z.B. auf Seiten 11, 18, 22, 41, 55, 94 102, 194–5;
2 auf den Kassetten, z.B. ‚Werbespots‘ (Seite 6); ‚Einfach fabelhaft!‘(Seite 21); ‚Essen Sie sich fit!‘ (Seite 54); ‚Werbetricks‘ (Seite 103);
3 in deutschsprachigen Zeitschriften;
4 im deutschen Radio;
5 wenn möglich im Satellitenfernsehen.

1 Die Werbung macht viele Versprechungen. Innere Triebe, Sehnsüchte und Ängste werden angesprochen. Suchen Sie für **a–j** rechts mindestens je eine Anzeige/einen Werbespot, die/der als Beispiel dienen kann.

2 ▭Wählen Sie jetzt eine Anzeige, die Sie vor der Gruppe beschreiben und analysieren möchten. Hören Sie sich die Kassette ‚Werbeanalyse‘ als Beispiel an. Benutzen Sie auch die Vokabeln oben, die Vokabeln auf Blatt 14 und die folgenden Checklisten.

Zielgruppe:
Männer ❏ Frauen ❏ Kinder ❏ Senioren ❏ andere ....
Aktuelle Themen, die angesprochen werden:
Umweltschutz ❏ Gesundheitswelle ❏ Hi-tech Europa ❏ neue Männer ❏ andere ....
Zum Einprägen und Unterhalten:
schockierende(s)/ungewöhnliche(s) Bild/Idee ❏ Humor ❏ Denksportaufgabe ❏
eingängige Melodie ❏ berühmte Person ❏ Fachmann/-frau ❏ süßes Kind/Tier ❏
vertrauenerweckende Stimme ❏ Farben ❏ andere ....
Sprachliche Stilmittel:
Wiederholung ❏ Übertreibung ❏ Alliteration/Reim ❏ starker Rhythmus ❏ Imperativ ❏
Superlativ ❏ Wortspiel ❏ Umgangssprache ❏ Fachsprache ❏ andere ....

3 Gestalten Sie jetzt Ihre eigene Werbung zu zweit oder in einer Gruppe. Wählen Sie zuerst das Medium: Illustrierte (besonders wichtig: Bildinformation, Zielgruppe, Triebe und Sehnsüchte ansprechen); Radio (besonders wichtig: Text, Melodie, Hintergrundgeräusche); Fernsehen (besonders wichtig: Text, Ton und Bild aufeinander abstimmen). Wählen Sie dann das Produkt und die Werbetricks, die Sie benützen wollen, aus den Checklisten oben.
Sie könnten auch:
a eine Parodie auf die Werbung machen oder   b eine komplette Werbekampagne

A Sie sind Kernkraftbefürworter

Sie glauben, daß die Kernkraft die wichtigste Energieform der Zukunft sein sollte. Besprechen Sie Ihren Standpunkt mit einem Kernkraftgegner. Versuchen Sie, Gegenargumente zu seinen/ihren Äußerungen zu finden und Ihre Meinung mit anderen Argumenten zu stützen.
Erwähnen Sie:

- Sicherheit ist die höchste Priorität. Argumente über Atomwaffen und Terroristen bloß Panikmacherei.

- Die Vorteile der Kernkraft für die Umwelt und das Klima (kein CO_2, saurer Regen und Waldsterben).

- Die Vorteile des Kernbrennstoffes. Eine Handvoll Uran erzeugt so viel Strom wie ein Güterwagen voll Kohle. (Fossile Brennstoffe zudem begrenzt; neue alternative Energieformen teuer und unschön.)

- Die Technologie der Kernkraft wird immer besser. Kernkraftgegner sind altmodisch und erkennen keine Entwicklungen auf dem Gebiet der Sicherheit und Abfallbeseitigung.

- Kernkraft ist effizient und preiswert. Nach der Anfangsinvestition ist sie eine billige Energieform.

- Die Gefahren/Risiken sind übertrieben. (Heute über 400 Kernkraftwerke weltweit, aber nur drei große Unfälle passiert, und nur Tschernobyl war ernst.)

- - - ✂ -

B Sie sind Kernkraftgegner

Sie glauben, daß man unter keinen Umständen Kernkraft als Energieform einsetzen sollte. Besprechen Sie Ihren Standpunkt mit einem Kernkraftbefürworter. Versuchen Sie, Gegenargumente zu seinen/ihren Äußerungen zu finden und Ihre Meinung mit anderen Argumenten zu stützen.
Erwähnen Sie:

- Die Gefahren der Kernkraft (Unfallrisiko, radioaktive Strahlung, Krebs, radioaktiver Müll, usw.).

- Die Kosten der Kernkraft (teurer Bau, Subventionierung der Preise, Nebenkosten wie Müllbeseitigung und Sicherheit).

- Fossile Brennstoffe zwar begrenzt, aber Kernkraft nur eine Möglichkeit. Forschung und Investition in erneuerbare Energieformen wie Sonnen-, Wind- und Wasserkraft nötig. Energie kann auch gespart werden.

- Österreich hat keine KKWs, aber Energie ist kein Problem! Warum braucht die Schweiz 5 und Deutschland 22 KKWs? Viele zusätzliche wären nötig, um den ganzen Strombedarf durch Atomstrom zu decken. (Kosten? Folgen?)

- Radioaktivität ist umweltfeindlich und überdauert Jahrtausende (Probleme für die Zukunft: Radioaktiver Müll und die Demontage alter Kernkraftwerke).

- Terrorismus und Raub des Kernbrennstoffes für Atombomben und Waffen sind weitere Risiken.

East struggles with the problems of power and pollution

Many Central European governments are forced to accept risks by using nuclear energy generated by ancient, flawed machinery, Roger Boyes writes

ANYONE who has spluttered and coughed their way around the grimy towns of northern Bohemia will understand the policy dilemma confronting Central Europe: in reducing air pollution, many governments are being forced to accept the risks of nuclear power generated by ancient, over-stretched power stations as flawed as Chernobyl's.

Western governments, notably those of Austria, Germany and Sweden, the three countries most geographically vulnerable to fallout from the East, are nervous, but have yet to untangle one of the most complex development issues of the day. Austria, for example, has decided to be nuclear-free. But it will draw power from Ukraine, some of it almost certainly from nuclear generators. For even prosperous countries to shrug themselves free of some measure of dependency on nuclear energy produced in outdated and potentially dangerous stations is difficult.

Klaus Töpfer, the German environment minister, shut down East Germany's Greifswald station soon after unification. Now he proposes similar action for Kozloduy in Bulgaria, perhaps Europe's most accident-prone atomic power station. But completely to shut it down would lead to a drastic energy shortfall.

The fact is that the risks of nuclear power are played down by the less prosperous states of the East, and played up by the wealthier societies of the West. Some form of joint European nuclear strategy needs to be devised. There has to be consensus on what kind of power station can be phased out and how quickly, and which can be modernised with Western help. The technology to convert atomic reactors to a combined-cycle station powered by natural gas and coal exists, but it has not been tried successfully in the East and the costs are very high.

Source: The Times 25.3.92

---

1 Lesen Sie den ganzen Artikel langsam durch, um den allgemeinen Sinn zu verstehen.

2 Erklären Sie das allgemeine Thema des Artikels. (Sehen Sie sich auch die Texteinführung an.)

Titel …
Dieser Artikel behandelt …
Das Thema dieses Berichts ist …

3 Beschreiben Sie die *wichtigsten* Punkte jedes Absatzes.
Achtung! Sie sollten jeden Absatz Satz für Satz lesen. Versuchen Sie aber nur die *Hauptideen* zu erklären, ohne jedes Wort zu übersetzen.
z.B.
- Besucher erleben
- verschmutzte Städte in Nordböhmen
- verstehen das politische Problem in Mitteleuropa
- Wie vermindert man Luftverschmutzung?
- Viele Regierungen müssen die Risiken alter Kernkraftwerke wie Tschernobyl übernehmen.

4 Schlagen Sie nur die **wichtigsten** Vokabel in einem Wörterbuch nach. Verändern Sie die Struktur der Sätze und vereinfachen Sie die Ideen, um andere Vokabelprobleme zu vermeiden.
*z.B. Anyone who has spluttered and coughed their way around the **grimy towns** of Northern Bohemia will **understand** the **policy dilemma** facing **Central Europe**.*
→**Besucher**, die die **verschmutzten Städte von Nordböhmen** erlebt haben, **verstehen** das **politische Problem** in **Mitteleuropa**.
Oft ist es einfacher, wenn man kürzere Sätze macht (z.B. für Absatz Nr. 2).

> Warum? Also, das bedeutet, daß …
> Das ist weil …

5 Seien Sie bereit, weitere Fragen des/der deutschsprachigen Zuhörers/Zuhörerin zu beantworten, damit er/sie den Sinn des Artikels besser versteht. **Denken Sie daran! Benutzen Sie die Vokabeln, die Sie schon kennen! Suchen Sie Synonyme. Übersetzen Sie nicht Wort für Wort!**

1

> **Checkliste, um das Thema anzugehen**
> Ich habe:
> a Artikel in deutschsprachigen Zeitschriften/Zeitungen gesucht. ❏
> b in einer großen Bibliothek nach Artikeln und nützlichen
>   Adressen gesucht. ❏
> c Deutschsprachige in der Schule/Gegend um Hilfe gebeten. ❏
> d an meine(n) Brieffreund(in)/meine Partnerschule geschrieben. ❏
> e womöglich nützliche Sendungen im Satellitenfernsehen/
>   deutschsprachigen Radio aufgenommen. ❏
> f meine(n) Lehrer(in) um weitere Hilfe und Kontaktadressen gebeten. ❏

2 Schreiben Sie jetzt so viele Briefe wie möglich an Ihre Kontaktadressen und offizielle Organisationen.

Hier finden Sie einige Vorschläge:

> Adresse der Organisation   Ihre Adresse
>   Datum
>
> Sehr geehrte Damen und Herren!
>
> Ich bin Schüler(in) an … Ich interessiere mich
> sehr für … und arbeite im Moment an einem
> deutschen Projekt zu diesem Thema. Deshalb
> suche ich …, und ich wäre sehr dankbar, wenn Sie
> mir relevante Informationen bzw. Materialien
> schicken könnten.
> Vielen Dank im voraus für Ihre Mühe.
>
> Mit freundlichen Grüßen,
>
> Ihr(e) … (Name)

3

> **Organisationscheckliste**
> Ich habe:
> a meine Materialien und Informationen nach Themen geordnet. ❏
> b meine Informationen gelesen und mir die besten ausgewählt. ❏
> c sowohl visuelle als auch schriftliche Materialien gefunden,
>   z.B. Fotos, Diagramme, Statistiken. ❏
> d eventuell Informationen/Interviews aus meiner eigenen
>   Erfahrung hinzugefügt. ❏

4 Planen Sie die Struktur Ihres Aufsatzes auf einer A4-Seite

> Titel   :
> Einführung   :
> Thema 1   :
> Thema 2   :
> Thema 3   :
> usw.
> Schluß   :

5 Fassen Sie Ihre Informationen zusammen. Sie können Zitate verwenden, aber ansonsten sollten Sie Ihre eigenen Worte benutzen.

6 Schreiben Sie Ihren Aufsatz. Denken Sie an die Bibliographie und fügen Sie sie am Ende hinzu!

28 Sich eine gute Kondition antrainieren!

1 Lesen Sie diese Rede über die möglichen Folgen eines Temperaturanstiegs. Setzen Sie die Verben in den Konditional!

Wenn sich die Durchschnittstemperatur auf der Erde gering (erhöhen), (haben) das dramatische Konsequenzen: Die Trockenzonen der Erde (verschieben) sich um einige hundert Kilometer nach Norden. Beispielsweise (verwandeln) sich die dicht besiedelten Winterregenzonen um das Mittelmeer in Dürregebiete. In Mitteleuropa (sein) extreme Wetterlagen möglich. Wenn der Meeresspiegel durch abschmelzende Eismassen an den Polen (ansteigen), (können) weite Küstenregionen auf der Welt unter Wasser gesetzt werden.

2 Übersetzen Sie die Verben und füllen Sie das Rätsel aus.
- *If he **had** the chance* • *If I **went** to the library*
- *If they **solved** the problem* • *If **we did not** fell trees* • *If the politician **came** to this area*

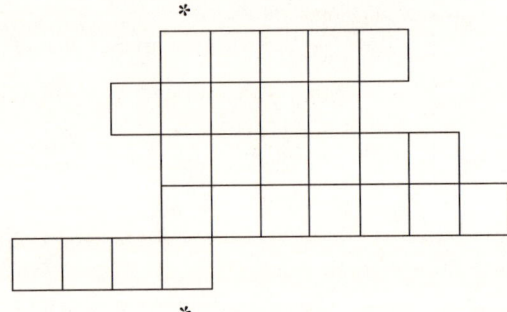

* Was braucht die Umwelt?

3 Ergänzen Sie die folgenden Umwelt-Tips! Denken Sie an die Wortstellung!
   a Wenn mehr Leute Energie sparten, ...
   b Wenn alle Autos Katalysatoren hätten, ...
   c Wenn der öffentliche Verkehr billiger wäre, ...
   d Wenn jeder Bürger seinen Abfall recycelte, ...
   e Wenn die Regierung mehr Geld ausgäbe, ...

4 Wie könnte es anders sein? Verbinden Sie die Sätze in jedem Beispiel, indem Sie einen Konditionalsatz benutzen!
   z.B. Ich bin nicht reich. Ich habe kein Auto. →Wenn ich reich wäre, würde ich mir ein Auto kaufen.
   a Ich mache das Licht nicht aus. Ich spare keine Energie.
   b Wir wohnen nicht in der Stadt. Wir fahren nie mit dem Bus.
   c Ich habe keine Zeit. Ich kann nicht zu Fuß gehen.
   d Dieser Politiker tut nichts für die Umwelt. Ich gebe ihm meine Stimme nicht.
   e Sie schreibt keine Briefe. Sie hilft der Umweltorganisation nicht.

29 Fürs Leben (See p. 120 for [29] B)

A Person B versteht kein Englisch. Benutzen sie nochmal Blatt 26, um diesen Zeitungsartikel für sie/ihn auf deutsch zusammenzufassen.

Jetzt verstehen *Sie* kein Englisch. Hören Sie sich Person B an. Er/sie faßt einen englischen Artikel auf deutsch für Sie zusammen. Machen Sie Notizen auf deutsch. Sie dürfen Fragen stellen, wenn Sie etwas nicht verstehen. Vergleichen Sie dann Ihre Notizen mit dem Artikel von Person B.

Fears of continental drift

Germany is not the only country to experience an upsurge in right-wing movements, which are found throughout Europe

The rise of the far right in Europe has occurred as the continent faces its most desperate refugee crisis since 1945.

The breakdown of communism in former eastern-bloc countries and the war in ex-Yugoslavia have sent tens of thousands of asylum-seekers to the richer countries of western Europe. By August 1992, 200,000 refugees from Yugoslavia were seeking asylum in Germany. (There were 1,100 in Britain.)

But the increase in asylum-seekers is not the only factor behind the rise of the right. Some European countries – such as France, Italy, the Netherlands and Switzerland – have reported a decrease in the number of asylum applications, at the same time as an increase in racially motivated attacks.

Some historians believe that one reason for the increase in violence could be that most witnesses to the horrors and sufferings of the Holocaust in the 1940s are either dead or ageing fast and that these events are being forgotten.

Another suggested factor is the economic recession in Europe. Right-wing parties have gained strong support in areas of rapidly rising unemployment and poverty.
Education Guardian 13/10/92

Inhalt

1 Hat Ihr Aufsatz: ✗
   - eine Einleitung? (siehe Aufsatzausdrücke
     Seiten 46, 108)   ❏
   - eine Argumentation?:

Pro	oder	Pro
		Contra
		Pro
		Contra
Pro		Pro
		Contra

   (siehe Aufsatzausdrücke Seiten 29, 46, 108;
   Kommunikation Seiten 35, 92, 106)   ❏
   - einen Schluß (siehe Aufsatzausdrücke
     Seiten 46, 108)   ❏

2 Haben Sie einige der folgenden Elemente
   benutzt?
   - ein kurzer Grundriß des Aufsatzes:
     ‚In diesem Aufsatz werde ich
     erstens/zweitens/drittens ...‘   ❏
   - einen historischer Standpunkt:
     ‚Historisch gesehen ist dieses Problem
     nichts Neues. Schon im Jahre ...‘   ❏
   - konkrete Beispiele:
     ‚Um ein weiteres Beispiel anzuführen ...‘
     Siehe auch **Kommunikation** Seite 129   ❏
   - Statistiken
     Siehe Blatt 8   ❏
   - eine rhetorische Frage:
     ‚Wie könnte diese Lage verbessert
     werden?‘ (+ Blatt 10)   ❏
   - einen Ausruf:
     ‚Werden Männer diese neue Rolle
     annehmen? Das bleibt abzuwarten!‘   ❏
   - eine Voraussage für die Zukunft:
     ‚Es deutet alles darauf hin, daß ...‘
     ‚Es ist durchaus möglich, daß in der
     Zukunft ...‘
     Siehe auch **Kommunikation** Seite 129   ❏
   - eine persönliche Meinung:
     Siehe **Kommunikation** Seiten 9, 106, 131   ❏
   - Zitate:
     ‚In den Worten von ...: ‚.....‘
     ‚Laut ...: ‚......‘   ❏

   - Vorschläge für mögliche Lösungen: ✗
     ‚Einfache Lösungen zu diesem Problem
     gibt es nicht. Man könnte aber ...‘   ❏

3 Hat Ihr Aufsatz:
   - klare Absätze   ❏
   - eine logische Progression zwischen den
     Ideen   ❏
   - Relevanz für den Titel des Aufsatzes   ❏
   - die richtige Länge (z.B. 450 Wörter)   ❏

   Haben Sie:
   - alle Aspekte des Titels beantwortet?   ❏
   - Probleme und Ideen nicht nur angegeben,
     sondern auch ausführlich analysiert und
     anhand guter Beispiele entwickelt?   ❏
   - versucht, etwas Ungewöhnliches oder
     Originelles zu sagen?   ❏

Sprache

1 Vokabeln: Haben Sie:
   - Synonyme benutzt (statt immer dasselbe
     Wort)   ❏
     z.B. für Nomen z.B. Asylbewerber –
     Flüchtlinge
     für Verben z.B. haben – über etwas
     verfügen
     für Adjektive z.B. groß – erheblich –
     beträchtlich
   - förmliche Sprache statt Umgangssprache
     benutzt   ❏
     z.B. ‚Meiner Meinung nach hat das viele
     Vorteile.‘ statt
     ‚Das finde ich toll.‘

2 Strukturen: Haben Sie in Ihrem Aufsatz
   gezeigt, daß Sie folgende Strukturen (unter
   anderem) benutzen können?   ❏
   – Konjunktionen – siehe Seite 19
   – Relativpronomen – siehe Seite 60
   – das Passiv – siehe Seite 96
   – den Konditional – siehe Seite 119
   – das attributive Partizip – siehe Seite 102

3 Vergessen Sie nicht!
   Übersetzen Sie nie aus dem Englischen.
   Benutzen Sie nur Vokabeln und Strukturen,
   die Sie mit Selbstvertrauen benutzen können.

Sprache (Fortsetzung) ✗   ✗

4 Genauigkeit: Lesen Sie Ihren Aufsatz
mehrmals durch. Kontrollieren Sie jedesmal
eine oder zwei der folgenden Fehlerquellen
(nicht alle zur gleichen Zeit!):
- die Verben ❏
  - regelmäßig/unregelmäßig?
  - trennbar?
  - richtige Endung? (Steht das Subjekt im
    Singular oder im Plural?)
  - Präsens/Perfekt/Imperfekt/
    Plusquamperfekt/Futur?
  - Perfekt mit sein oder haben?
  - im Konjunktiv?
  - im Passiv?

- Kasus ❏
  - Nominativ/Akkusativ/Genitiv/Dativ?
  - Adjektivendungen?
  - Personalpronomen?
- Wortstellung ❏
  - Verb am zweiten Platz in einem
    Hauptsatz

- Wann-wie-wo; z.B. Tausende von
  Urlaubern fahren jedes Jahr mit dem Auto
  nach Süden.
- Verb am Ende des Satzes nach daß/weil/
  obwohl/als/ob usw.
- Verb am Ende des Satzes nach Relativpronomen
- mit Modalverben
- mit dem Konditional

- Anderes ❏
  - alle Nomen mit Großbuchstaben
  - Umlaut
  - daß/das
  - als/wenn/wann
  - ‚s' im Genitiv
  - man/Mann
  - um ... zu/zu

✁

Aufgabe

Die folgenden Wörter werden
sehr oft in Aufsätzen benutzt.
Benutzen Sie ein einsprachiges
und ein zweisprachiges
Wörterbuch, um mindestens
zwei Synonyme für jedes Wort
zu finden. Kontrollieren Sie
sehr genau die exakte
Bedeutung der Synonyme,
indem Sie sie im deutsch-
englischen Teil des
zweisprachigen Wörterbuchs
nachschlagen. Benutzen Sie
dann wenn möglich die
Synonyme in Ihrem nächsten
Aufsatz!

a das Problem

....

b Leute

....

c sagen

....

d bekommen

....

e finden

....

f diskutieren

....

g wichtig

....

h der Grund

i gut

....

j schlecht

....

k schwierig

....

l denken

....

m aber

....

n auch

....

o Es gibt ...

....

p viel(e)

....

Angela Merkel, Bundesministerin für Frauen und Jugend, spricht in der Bonner Vertretung der EG Kommission.

1 Füllen Sie die Lücken im Text unten aus, indem Sie sich die Kassette anhören. Die fehlenden Wörter finden Sie als Wortteile im Kasten unten:

Die ...., so wie sie in Verfassungen und Programmen gefordert wird, ist im konkreten Alltagsleben nicht ....
Noch immer sind die Chancen zwischen Männern und Frauen ungleich ...., noch immer gibt es ...., ..., ..., ..., ungleiche Löhne, ... Obwohl die Gleichberechtigung ein .... ist, tut sich hier eine der größten Lücken zwischen dem .... des .... und der sozialen Wirklichkeit auf.

Vor	**Doppel**	**spruch**	**Gleich**	**Dis**	
klischees	**ver**	**gesetzes**	**wirklicht**		
Benach	**teilt**	**recht**	**ver**	**urteile**	
teilungen	**belastungen**	**Grund**	**Rollen**		
Grund	**kriminierung**	**berechtigung**	**An**		

2 Mit Hilfe eines Wörterbuches übersetzen Sie den Text oben ins Englische.

3 Gleiche Chancen, was bedeutet das, Frau Merkels Meinung nach? Beenden Sie folgende Sätze, indem Sie die Wörter in die richtige Reihenfolge bringen:

4 Hören Sie sich den Ausschnitt von ‚Dabei reicht es nicht ...‘ bis zu ‚Konfrontation‘ an. Wie kann man Chancengleichheit erreichen? Sind die folgenden Sätze richtig oder falsch? Verbessern Sie die falschen Sätze:

a Frauen brauchen sich nur gegenseitig Mut zu machen. ...
b Die Frauenpolitik kann nur überzeugen und etwas bewirken, wenn sie mit anderen Gruppen zusammenarbeitet. ...
c Frauenpolitik ohne Männer ist nicht möglich. ...
d Es geht um eine Konfrontation zwischen Ehepartnern. ...

5 Ohne eine Änderung des Bewußtseins und Verhaltens von Männern und Frauen ist Gleichberechtigung im Lebensalltag nicht zu erreichen. Laut Frau Merkel, was müssen Männer überall in Europa machen, um die Situation zu verbessern?

....
....
....

Und was müssen Frauen in ganz Europa machen?

....
....
....

Das bedeutet,	die verbessern Beispiel zum zu Kinderbetreuung
Das bedeutet,	geht den Frau daß Lasten zu Familienalltag zu der nicht so er einseitig gestalten
Es bedeutet,	für auch erlauben Frauen Entwicklung ihre Freiräume eigene zu
Das bedeutet auch,	von verbessern Ausbildungssituation die zu Frauen

29 Fürs Leben

B Sie verstehen kein Englisch. Hören Sie sich Person A an. Er/sie faßt einen englischen Artikel auf deutsch für Sie zusammen. Machen Sie Notizen auf deutsch.

Sie dürfen Fragen stellen, wenn Sie etwas nicht verstehen. Vergleichen Sie dann Ihre Notizen mit dem Artikel von Person A. Jetzt versteht Person A kein Englisch. Benutzen Sie nochmal Blatt 26, um diesen Zeitungsartikel für sie/ihn auf deutsch zusammenzufassen.

Germany acts to curb refugees

Under Germany's asylum laws, enshrined in the constitution adopted by West Germany in 1949, the country agreed to give refuge to anybody claiming persecution on political, religious or ethnic grounds. Unsuccessful applicants for asylum were given the right to appeal against the decision and to stay on in Germany, receiving financial support, in many cases for several years, pending the outcome.

The law, designed largely in recognition of the fact that many Germans persecuted under the Nazis were given refuge in other countries, and as proof that Germany had turned over a new leaf, has been widely abused, particularly in recent years. Of the 500,000 expected to apply for asylum this year – a dramatic increase on the 256,000 last year – well over 90 per cent will be rejected on the grounds that they are economic rather than political or religious refugees.

The number of people coming has placed an almost intolerable burden on local authorities, whose responsibility it is to house, feed, and more recently, to protect them pending the outcome of their applications. While the main parties in Bonn have squabbled for the best part of two years over whether to change the asylum law, neo-Nazi extremists have taken the law into their own hands and, often with the tacit support of local people, have subjected hostels for foreigners to almost nightly firebombings.

Under the new constitutional clause which is likely to be approved, Germany will be able to turn back asylum-seekers entering from other European countries and all those coming from countries in which it is deemed there is no political persecution.

The Independent 7/12/92

✂

32 Konditionstraining!

1 Was hätte Michelle vielleicht noch gesagt, um ihre Entscheidung für eine Abtreibung zu rechtfertigen? Bilden Sie Sätze mit dem Konjunktiv:

z.B. Wenn ... (das Baby austragen), ... (Karrierechancen verderben)
Wenn ich das Baby ausgetragen hätte, hätte ich meine Karrierechancen verdorben.

a Wenn ... (die Abtreibung nicht haben), ... (gegen meine Eltern handeln)
b Wenn meine Eltern (mich rauswerfen), ... (obdachlos sein)
c Wenn ... (meine Ausbildung abbrechen), ... (mich sehr frustriert fühlen)
d Wenn ... (mich gegen eine Abtreibung entscheiden), ... (alle meine Zukunftspläne aufgeben müssen)
e Wenn ... (ein Kind bekommen), ... (mit dem Kindergeld nicht auskommen können)
f Wenn ... (das Baby weggeben), ... (mir ständig Gedanken darüber machen)

Was bedeuten die Sätze oben auf englisch?

2 **Vorwürfe!**
Bilden Sie die 8 Vorwürfe mit Wörtern aus dem Kasten unten (einige Wörter werden mehrmals benutzt):

z.B. *You could have done the washing up!*
= Du hättest abspülen können!

a *He could have waited!*
b *You should have been there!*
c *She could have phoned!*
d *They shouldn't have said that!*
e *It should have been ready!*
f *You could have helped me!*
g *He could at least have tried!*
h *She shouldn't have laughed!*

du er sie es hätten hätte hättest das nicht
wenigstens fertig da mir anrufen sein
helfen lachen sagen warten versuchen
sollen können

3 **Ausreden!**
Bilden Sie die 5 Ausreden mit Wörtern aus dem Kasten unten:
z.B. *I would have had to travel a long way.*
= Ich hätte eine lange Strecke reisen müssen.
a *I would have had to give up my job.*
b *We wouldn't have wanted to disturb you.*
c *I wouldn't have been able to come anyway.*
d *They would have had to miss the train.*
e *We wouldn't have been able to buy a ticket.*

wir ich sie hätte hätten sowieso den
Zug keine Karte dich meine Stelle
nicht verpassen stören aufgeben kaufen
kommen wollen können müssen

1 Hier sind noch einige Adjektivnomen. Was bedeuten sie auf englisch?

der Jugendliche; der Fremde; eine Alte; die Angestellte; ein Bekannter; der Reisende; seine Verwandte; das Gute, das Schlechte und das Häßliche; die anderen.

N.B. Was bemerken Sie an dem letzten Beispiel?

2 Benutzen Sie die Tabellen auf S. 236, um den Adjektivnomen unten die richtigen Endungen zu geben:

a Sie hat einen Deutsch .... geheiratet.

b Alle ander .... sind schon da.

c Viele Deutsch .... haben immer noch Schuldgefühle.

d Dieser Jugendlich .... ist ein Bekannt... von mir.

e Die Angestellt .... in dieser Firma arbeiten sehr angestrengt.

f Sie fühlte sich als Fremd .... in ihrer eigenen Stadt.

g Eine Reisend .... sprach mit dem Alt ....

h Sie haben bei ihren Verwandt .... gewohnt.

3 Füllen Sie die Lücken mit Wörtern aus dem Kasten unten aus:

Jens: Hast du je mit deinen Großeltern über ihre Jugend gesprochen?

Martin: Eigentlich ja. Letzte Woche habe ich .... zum ersten Mal .... gesprochen.

Jens: Können sie sich an den Krieg erinnern?

Martin: Ja. Sie erinnern sich gut .... Meine Großmutter war 14, als der Krieg ausbrach. Ich habe ein Foto ....

Jens: Hat sie dir über den BDM erzählt?

Martin: Ja, sie hat mir viel .... erzählt. Interessierst du dich .... ?

Jens: Ja. Ich muß nämlich diese Woche einen Aufsatz .... schreiben.

Martin: Für Herrn Meier?

Jens: Ja, genau. .... Ich habe viel zu tun im Moment.

Martin: Aber in 2 Wochen sind Ferien. Wir können uns .... freuen.

dafür mit von darüber darüber daran
ihnen für ihr ihn darüber darüber

4 Bilden Sie eine Frage für jede Antwort:

a .... ?

Ich denke an den Film, den ich gestern abend gesehen habe.

b .... ?

Ich arbeite für mein Abitur.

c .... ?

Ich arbeite für meinen Vater.

d .... ?

Ich wohne bei meiner Großmutter.

e .... ?

Ich interessiere mich sehr für moderne Kunst.

f .... ?

Ich träume von einem neuen Leben.

5 Benutzen Sie ein Wörterbuch, um folgende Sätze mit einem der Wörter unten zu ergänzen. Was bedeuten die Sätze auf englisch?

a Am Tag .... hat es geregnet.

b .... ergibt sich, daß die Ozonschicht verschwindet.

c Was meinst du .... ?

d Es hängt .... ab, ob ich Zeit .... habe.

e Ich bestehe ...., daß du kommst.

f Wir müssen Rücksicht .... nehmen, daß das ein sehr heikles Thema ist.

g Ich habe keine Lust .... , schwimmen zu gehen.

h Ich möchte .... hinweisen, daß Drogenmißbrauch weit verbreitet ist.

dazu davon darauf daraus

1 Vorbereitung: Was ist das Partizip Perfekt folgender Verben? Werden sie mit ‚sein' oder ‚haben' konjugiert? Welche sind trennbar? Was bedeuten die Verben?

auslösen	zum Stehen kommen	erobern
erklären	beginnen	überschreiten
besetzen	erreichen	zusammentreffen
anfangen	kapitulieren	begehen
einmarschieren		landen

2 Eine(r) von Ihnen ist person A.
Sie besuchen die Schule Ihres/Ihrer deutsch-sprachigen Austauschpartners/partnerin (Person B) und haben eben an einer Geschichtsstunde teilgenommen. Der Lehrer hat die Ereignisse des 2. Weltkriegs beschrieben. Sie haben versucht, Notizen in Form einer Zeittafel zu machen, aber einiges haben Sie nicht mitbekommen. Bitten Sie Ihre(n) Partner(in), der/die auch in der Geschichtsstunde war, um die fehlenden Informationen und ergänzen Sie Ihre Zeittafel. Geben Sie ihm/ihr die Informationen, die er/sie nicht mitbekommen hat. Benutzen Sie das Perfekt und ‚dann/danach':

z.B. **B:** Was ist 1939/im Jahre 1939 passiert?
  A: Am ersten September hat der deutsche Überfall auf Polen den 2. Weltkrieg ausgelöst. Dann haben Großbritannien und Frankreich am 3. September Deutschland den Krieg erklärt.

✂

A Der zweite Weltkrieg in Europa

1939: 1.9. Der deutsche Überfall auf Polen löst den 2. Weltkrieg aus.
3.9. Großbritannien und Frankreich erklären Deutschland den Krieg.

1940: Deutsche Truppen besetzen Dänemark, Norwegen, Frankreich, Belgien, Luxemburg und die Niederlande. Der Luftkrieg über England fängt an.

1941:

1942:

1943: Die 6. deutsche Armee kapituliert in der Schlacht bei Stalingrad. Sowjetische Truppen beginnen mit Großoffensiven. Amerikanische und britische Truppen landen in Italien.

1944: 6.6. Amerikanische und britische Truppen landen in Frankreich.
Oktober: Sowjetische Truppen erreichen in Ostpreußen zum erstenmal das deutsche Reichsgebiet. Amerikanische Truppen erobern Aachen.

1945:

✂

B Der zweite Weltkrieg in Europa

1939:

1940:

1941: Deutsche Truppen besetzen Jugoslawien und Griechenland.
22.6. Die Deutschen marschieren in die Sowjetunion ein. Sie kommen erstmals vor Moskau zum Stehen.
11.12. Deutschland erklärt den USA den Krieg.

1942: Allierte Luftflotten beginnen mit Großangriffen auf deutsche Städte. Deutsche Truppen erreichen die Wolga bei Stalingrad.

1943:

1944:

1945: Februar: Sowjetische Truppen erreichen die Oder – 50 Kilometer von Berlin.
März: Amerikanische Truppen überschreiten den Rhein bei Remagen.
25.4. Amerikanische und sowjetische Truppen treffen bei Torgau an der Elbe zusammen.
30.4. Hitler begeht Selbstmord in Berlin.
7./8.5. Die deutsche Wehrmacht kapituliert.

Brennpunkt © Thomas Nelson & Sons Ltd 1994

Lesen Sie die Situationsbeschreibungen der 6 Personen unten und schauen Sie sich auch die Bilder auf Seite 140 an.
Jede(r) in der Gruppe wählt eine Rolle und bereitet sie folgendermaßen vor.

- **Personen A–E:** Wie fühlen Sie sich? Wie sehen Sie Ihre gegenwärtige Situation? Was ist Ihre Lebensgeschichte? Was ist Ihnen im Krieg passiert? Was erhoffen Sie sich für die Zukunft? Mit Hilfe des relevanten Textes auf Seite 140 und eines Wörterbuchs suchen Sie Adjektive, um sich zu beschreiben und Sätze, die Ihre gegenwärtigen Gefühle und Gedanken zusammenfassen.

- **Person F:** Denken Sie sich mehrere Fragen aus, die Sie jeder der anderen 5 Personen bei einem Interview stellen möchten. Sie wollen von jeder herausfinden, wie ihre Lebensgeschichte bis jetzt gelaufen ist, wie sie das Leben im Moment finden und was sie sich für die Zukunft erhoffen.

- Person F interviewt dann Personen A–E nacheinander. Jede Person darf allen Interviews zuhören und:

    a ihr Beileid aussprechen bzw. ihr Mißtrauen, ihren Neid usw. äußern
    b Ratschläge geben.

Die Frau in Bild A: Bettina Hoffman

Sie suchen auf dem Bahnhof unter den heimkehrenden Soldaten nach Ihrem Mann. Sie wissen nicht, ob er noch lebt. Sie haben ein Plakat mit seinem Bild in der Hand. Das bedeutet: Wer hat Nachrichten von diesem Mann?

Die Frau links in Bild B: Anna Bernhardt

Sie sind eine der ‚Trümmerfrauen‘, die dabei helfen müssen, den Trümmerschutt des Krieges wegzuräumen. Ihr Mann hat den Krieg überlebt, aber Sie finden das Leben sehr hart im Moment. Sie haben 3 kleine Kinder.

Die Frau links in Bild C: Maria Kreisler

Sie sind mit Ihrer Familie aus Ihrer Heimat in Polen ausgewiesen worden und sind nach Westen gezogen. Sie haben einige Habseligkeiten mitgebracht, haben aber immer noch Angst davor, ausgeplündert zu werden. Sie wissen nicht, was Sie in Deutschland zu erwarten haben.

Der Junge auf dem unteren Etagenbett in Bild D: Hans-Peter Körver

Sie müssen mit 12 anderen in einer kleinen Wohnung wohnen. Die Wohnung ist sehr kalt und es gibt nicht viel zu essen. Sie sind räumlich sehr eingeschränkt, und das führt zu ständigen Reibereien. Ihre Mutter haben Sie bei einem Bombenangriff verloren. Viel Hoffnung auf die Zukunft haben Sie nicht.

E Ein heimkehrender Soldat: Franz Beck

Sie kehren zum ersten Mal nach dem Krieg in Ihre Heimat zurück. Sie wissen nicht, ob Ihr Haus noch steht oder ob Ihre Familie und Freunde noch leben. Ihre Erlebnisse im Krieg haben Sie sehr tief getroffen.

F: Der/Die Journalist(in)

Sie arbeiten für die *Hamburger Allgemeine Zeitung*. Sie wollen ein Zeitporträt des Deutschlands der Nachkriegszeit für Ihre Zeitung vorbereiten, indem Sie die 4 Personen oben interviewen.

36 Klarer Fall!

1 Ergänzen Sie jetzt die folgenden Aussagen über Politiker. Benutzen Sie jedesmal die Präsens-Form eines der acht Verben (unten rechts) und den Dativ. (Achtung bei starken Verben!)

a Er .... d.... Partei gut, aber trotzdem .... ich ih... nicht.

b Es .... m..... nicht, daß sie m..... nie ...., wenn ich eine Frage stelle.

c Er .... sein.... Prinzipien, und es .... ih....., ihnen treu zu bleiben.

d Ich .... d..... Politiker....: wenn sie respektiert werden wollen, müssen sie die Wahrheit sagen. Sonst .... sie ihr.... Glaubwürdigkeit.

2 Die folgenden Verben benutzen den Dativ als indirektes Objekt. Ergänzen Sie die Beispiele mit Akkusativ und Dativ:

a Ich schicke d.... Politikerin ein.... Brief.

b Der Politiker erklärte d.... Bürger.... sein.... seine Fehler.

c Wir brachten d..... Minister ein... Liste mit Unterschriften.

d Er gab d.... Wähler ein.... Manifest.

e Er reichte d.... Ministerin d.... Papiere.

3 Schreiben Sie jetzt die Sätze in Aufgabe 2 um, indem Sie jedes Beispiel ins Passiv setzen.

> **gefallen gelingen dienen schaden**
> **vertrauen antworten raten folgen**

---

37 📼 Die Stimme der Vernunft?

1 Machen Sie Aufgabe 1, bevor Sie die Kassette anhören! Hier finden Sie Vokabeln von der Kassette mit englischen Übersetzungen. Welche Übersetzung paßt zu welchem Wort? Verbinden Sie jedes Paar mit einer Linie.

a sich über etw. ärgern
b einsehen
c der Wähler
d die Stimme
e der Wahlkreis
f einen Sitz im Bundestag bekommen
g der Anteil
h das Persönlichkeitswahlrecht
i das Proportionalwahlrecht
j die Fünfprozentklausel

1 *the share*
2 *the system of electing a candidate*
3 *to obtain a seat in the German Parliament*
4 *the five per cent clause*
5 *to get annoyed about sth.*
6 *the system of proportional representation*
7 *the vote*
8 *the voter*
9 *to understand, grasp*
10 *the constituency*

2 Hören Sie sich jetzt die Kassette an, in der ein britischer Schüler mit der Mutter seines Austauschpartners über das deutsche Wahlsystem spricht. Versuchen Sie, den allgemeinen Sinn zu verstehen.

3 Hören Sie sich die Kassette noch ein paarmal an und ergänzen Sie die folgenden Informationen:

a Es gibt ...... Wahlkreise in der BRD.

b Die Erststimme jedes Wählers ist für den besten ...., und die .... ist für die beste ....

c Die Sitze für die Parteien werden .... verteilt.

d Eine Partei muß 5% aller Stimmen in Deutschland bekommen, um ....

e Die Fünfprozentklausel soll ...., ...

4 Erklären Sie jetzt mit eigenen Worten das Zitat am Anfang der Kassette: ‚Was mich wirklich über die Nichtwähler ärgert, ist, daß sie nicht einsehen, wie wichtig ihre Stimmen sind!'

38 Definitive Infinitive!

1 Benutzen Sie die Verben in Klammern, um die Sätze in Infinitivsätze umzuschreiben.

z.B. Ich besuchte meine Großmutter. (hoffen)
→ Ich hoffte, meine Großmutter zu besuchen.

a Ich verstand das Problem. (versuchen)

b Er wäscht nach dem Essen ab. (helfen)

c Wir kommen früh nach Hause. (vorhaben)

d Ich erklärte die Situation. (beginnen)

e Es regnete. (aufhören)

f Sie sind in die Disco gegangen. (beschließen)

2 Verbinden Sie das Satzpaar in jedem Beispiel durch einen Infinitivsatz.

z.B. Er ging nach Hause.
Er vermied einen Streit. (um ... zu ...)
→ Er ging nach Hause, um einen Streit zu vermeiden.

a Sie tragen modische Kleider.
Sie sehen ‚cool' aus. (um ... zu ...)

b Ich verließ die Party.
Ich sagte kein Wort. (ohne ... zu ...)

c Er blieb zu Hause.
Er ging nicht in die Schule. (anstatt ... zu ...)

d Sie benutzte eine Ausrede.
Sie sah ihn dabei nicht an. (ohne ... zu ...)

e Wir fahren in die Stadt.
Wir gehen ins Kino. (um ... zu ...)

f Sie sahen einen Film.
Sie kauften nicht ein. (anstatt ... zu ...)

3 Vermeiden Sie die folgenden Passivsätze, indem Sie die Sätze mit dem Verb ‚sich lassen' umschreiben.

z.B. Er kann überredet werden.
→ Er läßt sich überreden.

a Das Problem kann gelöst werden.

b Eine Alternative wurde gefunden.

c Das kann morgen getan werden.

d Solche Situationen können vermieden werden.

e Viele Ausreden wurden verwendet.

f Diese Sätze können umgeschrieben werden.

---

39 🖭 Schädlicher Einfluß?

Hören Sie sich die Kassette an. Ein Reporter interviewt sechs 11 bis 13 Jahre alte Schüler eines Münchener Gymnasiums.

1 Welche Satzhälften passen zusammen? Verbinden Sie jedes Paar mit einer Linie.

a Der erste Junge sah einen Film mit

b Ein Mädchen erschrak sich vor

c Ein anderes Mädchen findet Tote

d Manchmal aber ist die Wirklichkeit

e Einige Kinder denken, wenn ‚die' das im Fernsehen machen,

f Aggressivität bei Jugendlichen liegt aber nicht nur

g Es liegt oft auch

h Ein Mädchen sagt: Wenn man viel guckt,

1 am Fernsehen.

2 in den Nachrichten schlimmer als die Situation im Film.

3 dann hat man gar keine eigenen Gedanken mehr.

4 zerfleischten Kindern.

5 an der Erziehung.

6 einem Mann auf dem elektrischen Stuhl.

7 dann wird es schon gut sein.

8 im Film grusliger als in den Nachrichten.

2 Hören Sie sich die Kassette noch einmal an und schreiben Sie einige Informationen um, um die folgenden Sätze zu ergänzen.

a Ein Mädchen hatte so viel Angst nach dem Film ‚Poltergeist', daß sie ...

b Ein Junge findet es gut, daß Horrorakte in den Nachrichten gezeigt werden, damit ...

c Es kommt oft vor, daß Kinder von anderen ...

d Kinder lernen auch Aggressivität von den Großen, weil ...

3 Glauben *Sie*, daß zuviel Gewalttätigkeit im Fernsehen gezeigt wird? Besprechen Sie das zu dritt und nennen Sie Beispiele, um Ihre Ansicht zu unterstützen.

16.

1.

2.

3.

4.

5.

6.

7.

8.

9.

10.

11.

12.

13.

14.

15.

Achtung!

2/9 = im 2. Text, 9 Buchstaben usw.

Lesen Sie die beiden Texte über Zigaretten auf Seite 164 und ergänzen Sie das Rätsel. Alle fehlenden Wörter sind in den Texten.

1 Chemischer Stoff, auf englisch *Prussic acid*. (2/9)

2 Ein anderes Wort für gerechtfertigt. (1/9)

3 Elemente; die Teile, die etwas formen. (2/12)

4 Eine Substanz, die Krebs hervorruft, ist .... (2/13)

5 Die Folge ist genau das Gegenteil, d.h. etwas hat eine .... Wirkung. (2/16)

6 Durchschnittlich oder .... (1/2, 7)

7 Eine schwarze ölige Substanz. (2/4)

8 Das Funktionieren des Gehirns, die Denktätigkeit. (2/13)

9 Wenn man etwas beweisen kann, ist es .... (2/12)

10 Giftiger Stoff, auf englisch *arsenic*. (2/5)

11 Ein Synonym für ‚erreicht die Summe von‘. (1/7)

12 Das Kategorisieren. (1/10)

13 Mit großem Vergnügen. (1/8)

14 Ein Zustand, wenn man sich von Streß erholt. (1/11)

15 Ein umgangssprachliches Wort für Zigarette. (1/12)

16 Der Zeitraum, den ein Mensch wahrscheinlich durchleben wird. (1/15)

Rollenspiel: Radiodiskussion zum Thema Drogen

„Warum greifen immer mehr Jugendliche zu Drogen?" Diese Frage ist das Thema einer Radiodiskussion.

Jeder in der Gruppe wählt eine Rolle und hat ca. 20 Minuten, um sie ausführlich vorzubereiten und mit eigenen Ideen zu entwickeln.

Während der Diskussion sollte jeder sich vorstellen und seinen Standpunkt ausdrücken. Die anderen in der Gruppe sollten sich die Meinungen anhören und die Diskussion weiterführen. Wichtig ist aber, daß jeder den anderen ermuntert, die Probleme aus *seiner* Perspektive zu sehen. Die Mutter/der Vater beginnt ...

KOMMUNIKATION!

Jemanden dazu bewegen, etwas aus einer anderen Perspektive zu sehen.

Sie $\left.\begin{array}{c}\text{müssen}\\\text{sollten}\end{array}\right\}$ (aber) verstehen, daß ...

Es ist (aber) wichtig zu begreifen, daß ...

Stellen Sie sich vor, daß ...

Man $\left.\begin{array}{c}\text{darf}\\\text{sollte}\end{array}\right\}$ (aber) nicht vergessen, daß ...

Nehmen Sie mal an, daß ...

Sie sind Mutter/Vater eines/einer 18-jährigen Drogensüchtigen.

Ihre Meinung:
- Die Regierung muß mehr Freizeitmöglichkeiten für Jugendliche subventionieren.
- Die Polizei sollte weniger Zeit mit unwichtigen Gesetzesverstößen verbringen und stattdessen Rauschgifthändler verfolgen.
- Es sollte mehr Drogenunterricht geben.

Ihre Perspektive:
- 18-jährige sind keine Kinder. Wie können Eltern verhindern, daß sie in schlechte Gesellschaft geraten?
- Sie haben *alles* für Ihr Kind getan. Sein Verhalten ist nicht zu verstehen.

Sie sind 18jährige(r) Schüler(in) und total gegen Drogen.

Ihre Meinung:
- Die Schulen sind zu groß und unpersönlich. Unsere Städte werden zu Betondschungeln ohne ausreichende Freizeitmöglichkeiten.
- Immer mehr Eltern lassen sich scheiden.
- Die Polizei ist fremd und unfreundlich.

Ihre Perspektive:
- Nur eine Minderheit der Jugendlichen sind Drogensüchtige und Rowdys. Die meisten Jugendlichen sind sehr verantwortungs- bewußt!
- Es gibt viel Druck für Jugendliche heutzutage, aber Lehrer und Eltern machen alles Mögliche.

Sie sind Sozialarbeiter(in) mit besonderer Verantwortung für Jugendliche.

Ihre Meinung:
- Jugendliche sind Opfer der Rauschgift-händler, und die Regierung sollte mehr dagegen tun.
- Für immer mehr Jugendliche sind Drogen eine Flucht vor ihren Problemen.
- Es sollte mehr Kommunikation zwischen Schulen, den Eltern und der Polizei geben.

Ihre Perspektive:
- Die Probleme der modernen Familie und der heutigen Gesellschaft wachsen den Jugendlichen über den Kopf.
- Es gibt immer mehr Gesellschaftsprobleme. Sozialarbeiter und die Polizei sind überfordert. Sie haben weder die Mittel noch die Macht.

Sie sind Abgeordnete(r) für diese Gegend.

Ihre Meinung:
- Eltern verbringen zu wenig Zeit mit ihren Kindern. Es wird Jugendlichen zuviel Freiheit gelassen, sowohl zu Hause als auch in der Schule.
- Die Gesellschaft hat keine Moralvorstellungen mehr.
- Jeder wirft dem anderen etwas vor – niemand erkennt, daß er einen Teil der Schuld trägt.

Ihre Perspektive:
- Die Regierung investiert mehr in Drogen- beratung, Schulen, die Polizei und Freizeit als je zuvor.
- Abgeordnete können nicht alle Probleme der Gesellschaft lösen – die Gesellschaft selbst trägt auch Verantwortung dafür.

Nehmen Sie sich 5 – 10 Minuten Zeit, um Ihre Rolle vorzubereiten. Machen Sie dann die Rollenspiele, indem Sie so wenig wie möglich in Ihre Notizen schauen.

A Sie sind Deutsche(r) auf Urlaub in Großbritannien und sprechen fast kein Englisch. Sie sind ins Verkehrsamt gekommen, um sich zu beschwerden. Sie sind sehr verärgert. Erklären Sie dem/der deutschsprechenden Angestellten im Verkehrsamt folgendes:

1 Vor zwei Tagen haben Sie zwei Theaterplätze in diesem Verkehrsamt reserviert. Der Angestellte hat Ihnen ganz deutlich zwei Plätze ganz vorne auf dem Theaterplan gezeigt.

2 Als Sie aber mit Ihrem Mann/Ihrer Frau ziemlich spät am Theater angekommen sind, waren die Plätze vorne alle schon besetzt. Sie haben versucht, auf zwei Plätze Anspruch zu erheben, aber Sie konnten sich nicht auf englisch verständigen. Sie mußten mit sehr schlechten Plätzen vorliebnehmen.

3 Sie wollen Ihr ganzes Geld zurück. Sie haben fast nichts vom Theaterstück mitbekommen: die zwei Plätze waren

   a so weit weg von der Bühne und

   b hinter einer Säule

4 Sie wollen das Geld so bald wie möglich, weil Sie am 23. Juni (in zwei Tagen) nach Deutschland zurückfahren.
Der/Die Angestellte, bei dem/der Sie sich beschwerden, scheint in Eile zu sein. Sie wollen aber diese Angelegenheit in Ordnung bringen, so lange es auch dauern mag.

B Sie arbeiten in einem Verkehrsamt in Großbritannien. Es ist 16 Uhr 58 und Sie wollen gerade schließen. Ein(e) deutsche(r) Tourist(in) spricht Sie an. Er/sie beschwert sich wütend darüber, daß die zwei Theaterplätze, die er/sie vor zwei Tagen in diesem Verkehrsamt reserviert hat, schon besetzt waren. Er/sie und seine Frau/ihr Mann mußten mit sehr schlechten Plätzen vorliebnehmen. Versuchen Sie, den Touristen/die Touristin zu beruhigen, indem Sie sich bei ihm/ihr entschuldigen und folgendes erklären (nachdem Sie sich die beiden Karten angeschaut haben):

1 Es ist nicht möglich, das Geld zurückzugeben. Er/sie hat mit seiner/ihrer Reservierung eigentlich nur Plätze irgendwo im Parkett reserviert (nicht besondere Plätze). Das hat er/sie vor zwei Tagen nicht richtig verstanden.

2 Das einzige, was Sie ihm/ihr anbieten könnten, wären zwei Freikarten für dasselbe Theaterstück am 24. Juni.

Kommen Sie so schnell wie möglich zu einem Kompromiß mit dem Touristen/der Touristin. Sie haben einen sehr harten Tag gehabt und wollen schnell nach Hause. Vergessen Sie aber nicht, höflich zu bleiben: Der Kunde hat immer Recht!

KOMMUNIKATION!

Zorn ausdrücken:
- Das/Es ist ja unverschämt/unerhört!
- Es ist wirklich eine Schande/Unverschämtheit!
- Ich bin darüber völlig entsetzt!
- So was ist wirklich nicht zu entschuldigen!
- Dafür gibt es keine Entschuldigung!
- Das meinen Sie doch nicht ernst?!
- Das kann ich einfach nicht glauben!

Anspruch auf etwas erheben:
- Das möchte ich bitte sofort/unverzüglich!
- Das kann nicht warten.
- Ich bestehe darauf!

KOMMUNIKATION!

sich bei jemandem entschuldigen:
- Es tut mir sehr/wirklich leid …
- Das hätte nicht passieren sollen/dürfen.
- Es ist unsere Schuld.
- Wir übernehmen die völlige Verantwortung dafür.

jemanden beruhigen und höflich überreden:
- Sie haben ganz Recht, aber …
- Ich verstehe das schon, aber …
- Wir können leider nichts dafür, aber wie wäre es, wenn …
- Das ist leider nicht möglich, aber …
- Was würden Sie dazu sagen, wenn …

1 Bilden Sie einen Satz für jede der Gruppen von Sätzen unten, indem Sie einen Hauptsatz und zwei Nebensätze benutzen, **z.B.**
Der Hund hat Schwierigkeiten beim Gehen. (Hauptsatz)
→ Der Hund ist ziemlich alt. (Relativsatz)
Der Hund hat Gelenkrheumatismus. (weil-Satz)

Der Hund, der ziemlich alt ist, hat Schwierigkeiten beim Gehen, weil er Gelenkrheumatismus hat.

a Meine Tante kommt nach Deutschland. (Hauptsatz)
Wir haben sie seit 10 Jahren nicht gesehen. (Relativsatz)
Sie besucht uns. (um ... zu-Satz)

b Mein Bruder hat das Endspiel vieler Turniere erreicht. (Hauptsatz)
Er spielt sehr gut Tennis. (Relativsatz)
Er hat nie ein Endspiel gewonnen. (obwohl-Satz)

c Manche ältere Leute sehen fern. (Hauptsatz)
Sie wohnen allein. (Relativsatz)
Sie vertreiben sich dadurch die Zeit. (um ... zu-Satz)

d Einige junge Leute nehmen Drogen. (Hauptsatz)
Sie sind nicht sehr selbstsicher. (Relativsatz)
Ihre Freunde überreden Sie dazu. (weil-Satz)

2 Übersetzen Sie folgende Sätze ins deutsche:

a *People who go on a diet to lose weight often find that they immediately put it on again when the diet is over.* (N.B. eine Schlankheitskur machen; abnehmen; zunehmen; zu Ende sein)

b *I know that my brother, who emigrated to Sweden last year, is earning lots of money, although his standard of living is not particularly high, because everything in the shops over there is so expensive.* (N.B. auswandern (aux: sein); der Lebensstandard)

c *I am of the opinion that Mozart, who composed altogether over 600 works, was one of the greatest geniuses of all time.*

d *Emil Nolde's 'Ungemalte Bilder', which he painted on old scraps of paper, were all watercolours, because the smell of oil paint would have betrayed him.*

e *Many companies who are under the suspicion of amassing riches promote artists and cultural events in order to improve their image.*

f *People who visit art galleries in order to appear cultured don't fool me.* (N.B. erscheinen; jdn. täuschen)

g *The man who is standing over there is my uncle.*

h *People who give up smoking in order to improve their health often suffer from withdrawal symptoms.*

i *I know that my brother, who normally hates that sort of music, likes their latest album very much.*

j *Mozart moved from Salzburg to Vienna because the archbishop of Salzburg, who paid him very badly, had insulted him.*

3 Füllen Sie die Lücken in den folgenden Sätzen in eigenen Worten aus, damit sie sinnvoll werden:

a Die Tropenwälder, deren Bäume wir seit Jahren .... haben, werden bald

................................, wenn wir sie nicht ....

b Meiner Meinung nach sind Leute, die ...., einfach rücksichtslos, weil sie

....

c Ich hoffe, daß mein Freund, der ...., um .... zu

................, ...

1 Organisieren Sie Ihre Zeit!

- Entwerfen Sie einen Zeitplan für die letzten Wochen vor den Prüfungen: Rechnen Sie aus, wie viele Stunden Sie für jedes Thema einplanen können. Sehen Sie auch Zeit für allgemeine Wiederholung, **z.B.** Vokabellernen, vor. Achten Sie darauf, daß der Zeitplan abwechslungsreich ist.
- Setzen Sie sich nur realistische Ziele. Planen Sie Pausen und Freizeitblocks sorgfältig ein und bleiben Sie dabei.
- Wiederholen Sie am Anfang Lernstoffe, die Sie schwierig finden. Bitten Sie jemanden wenn nötig um Hilfe dabei.
- Haken Sie die Themen auf Ihrem Zeitplan ab, wenn Sie sie wiederholt haben.

2 Organisieren Sie Ihren Stoff!

a Texte und Aufsätze:

- noch einmal lesen/hören und verstehen
- zusammenfassen/Notizen machen, einschließlich nützlicher Zitate, Statistiken, Vokabeln, Pro- und Kontra-Argumente.
- Notizen organisieren und ablegen, **z.B.** auf Karteikarten, in einem Aktenordner oder in einer Datenbank.
- Notizen wiederholen und lernen; sich selber oder in Paaren testen.

b Vokabeln:

- früh mit dem Vokabellernen anfangen; man kann das nicht in letzter Minute machen!
- wenige Vokabeln (vielleicht in bestimmte Themen aufgeteilt) auf einen Schlag lernen, aber dafür oft und regelmäßig.
- Bauen Sie sich Eselsbrücken *(memory aids)*, um schwierige Wörter zu lernen.
- Testen Sie sich in Paaren; die Konkurrenz mit anderen unterstützt das Lernen!
- Testen Sie sich selber zu jeder Zeit, **z.B.** wenn Sie im Bus sitzen: Wie heißt *‚public transport‘* auf deutsch? Tragen Sie zu diesem Zweck ein Taschenwörterbuch mit sich herum!

c Grammatik:

- Lesen Sie die Grammatik-Seiten in den ‚Brennpunkt‘-Kapiteln 'noch einmal durch und wiederholen Sie die Übungen.
- Lesen Sie Ihre korrigierten Aufsätze. Welche Fehler machen Sie am meisten?
- Lernen Sie die Tabellen für Adjektiv-endungen. Lernen Sie, welche Präpositionen mit Akkusativ, Dativ und Genitiv stehen. (siehe Seite 49).
- Üben Sie drei oder vier ‚schwierige‘

grammatische Konstruktionen, mit denen Sie die Prüfer(innen) beeindrucken können! Erfinden Sie zu bestimmten Aufsatzthemen nützliche Sätze mit den Konstruktionen.

d Kommunikation:

- Wiederholen Sie die Kommunikation-Punkte in den ‚Brennpunkt‘-Kapiteln.
- Stellen Sie sich eine bestimmte Situation vor: Welche Ausdrücke würden Sie in dieser Situation benutzen?

3 Üben Sie alle vier Sprachfähigkeiten!

a Sprechen:

- Reden Sie mit sich selber und mit anderen in der Klasse so oft wie möglich auf deutsch!
- Nehmen Sie sich auf Kassette auf, indem Sie eine der ‚Brennpunkt‘-Kassettentran-skriptionen vorlesen. Korrigieren Sie dann selber Ihre Aussprache und Intonation, indem Sie Ihre Aufnahme mit der ‚Brennpunkt‘-Aufnahme vergleichen.
- Wiederholen Sie die ‚Unsere Sprache‘-Übungen in den ‚Brennpunkt‘-Kapiteln.
- Wählen Sie ein Thema. Versuchen Sie, drei Minuten ohne Notizen (oder mit wenigen Notizen) darüber zu reden.

b Hören:

- Hören Sie sich regelmäßig einen deutschen Radiosender an. Wenn Sie nicht alles verstehen, konzentrieren Sie sich zuerst nur darauf, die verschiedenen Wörter zu unterscheiden, ohne zuviel auf die Bedeutung zu achten.
- Benutzen Sie die ‚Brennpunkt‘-Kassetten, um genaueres Hörverständnis zu üben.

c Lesen:

- Lesen Sie Artikel in deutschsprachigen Zeitschriften. Versuchen Sie, so schnell wie möglich zu lesen, ohne jedes Wort in einem Wörterbuch nachzuschauen.
- Lesen Sie einige kurze Artikel sehr genau. Benutzen Sie ein einsprachiges Wörterbuch und analysieren Sie die Satzbildung (siehe Lerntip, Seite 179).

d Schreiben:

- Lernen Sie acht bis zehn Aufsatzausdrücke, die Sie mit Selbstvertrauen benutzen können, und die Aufsatz-Checkliste (siehe Blatt 30).
- Lernen Sie erfolgreiche Sätze aus Ihren alten korrigierten Aufsätzen.
- Schreiben Sie einen Teil eines Aufsatzes (z.B. den Schluß) als Prüfungsprobe.

45 Von Anfang bis Ende!

1 Übersetzen Sie die folgenden Sätze ins Deutsche, indem Sie mit dem unterstrichenen Wort oder Ausdruck anfangen.

  a There are <u>still</u> many scientists who support animal experimentation.

  b It is certainly not easy to find <u>acceptable alternatives</u>.

  c A vet must always be present to <u>oversee the experiments</u>.

  d Nowadays, however, computers are used <u>in many experiments</u>.

  e More animals could be saved <u>if</u> more money were invested in alternatives.

2 Benutzen Sie Ihre Phantasie und füllen Sie die Lücken aus, um vollständige Sätze zu bilden.

  a .... , muß man immer noch mit Tieren experimentieren.

  b .... hat der Wissenschaftler Chemikalien in die Augen geträufelt.

  c .... wird man vielleicht nur mit Alternativmethoden arbeiten.

  d .... , könnte man schnellere Fortschritte machen.

  e .... sterben immer noch über zwei Millionen Tiere.

46 Fürs Leben

Genetics bring back flavour to tomatoes

Biotechnology

By inserting genes that slow softening in tomatoes, an American company hopes to create a tastier product.

By Anne Moffat

Tomatoes sold in supermarkets look good but usually have no taste. Shoppers judge by appearance, so it is of paramount importance. But now an American biotechnology company has engineered tomatoes that not only look great but taste delicious.

They could go on sale later this year in America, clearly marked as products of genetic engineering. For Calgene of Davis, California, the harvest of these "Flavr-Savr" tomatoes will be the climax of a 10-year, $20m effort to use gene-splicing to control the way tomatoes ripen and develop their flavour.

Large companies such as ICI, Dupont and Monsanto are monitoring the Flavr-Savrs carefully. If successful, they could herald a new era in food development. Scientists could use genetic tools to tinker with taste, texture and colour to create farm-fresh produce that is available all year.

At the moment, tomato growers face a dilemma. On the one hand, they can grow fruit that remains on the plant until the peak moment of ripeness and taste, but whose softness makes them susceptible to bruising and rot. On the other, they can pick the fruit earlier, while green and hard, and then later force it to a red colour with a blast of ethylene gas. Artificial ripening stops tomatoes developing their full flavour, but still 80% of tomatoes are picked green because they reach the shops in better shape.

Calgene's genetic engineers have inserted a gene into tomatoes that slows softening. Fruit can spend more time on the vine gathering the sugars and acids that make them sweet and tangy.

The Flavr-Savr will be on sale in America later this year. "We plan to be in the European Community in the not-too-distant future," says Stephen Benoit, Calgene's vice-president for marketing. "Market research on tomato varieties preferred by Europeans is now being done."

The Sunday Times 7.3.93

Lerntip: Tips für die Prüfungen

Welche der folgenden Strategien benutzen Sie schon? Kreuzen Sie an (X). Bezeichnen Sie dann mit einem Sternchen (*) die Strategien, die Sie in Zukunft benutzen werden.

1 Lesen

- Lesen Sie zuerst jeden Artikel schnell im ganzen durch, um das Wesentliche zu verstehen. Bleiben Sie am Anfang nicht in schwierigen Einzelheiten stecken! ❑

- Beim genaueren Lesen:
  a Raten Sie unbekannte Vokabeln vernünftig, indem Sie den Zusammenhang benutzen. ❑
  b Analysieren Sie die Satzbildung langer schwieriger Sätze, um ihren Sinn besser zu verstehen. (Siehe Seite 25 und Lerntip Seite 179) ❑
  c Benutzen Sie wenn erlaubt ein einsprachiges Wörterbuch. (Siehe Seite 57) ❑

- Wenn Sie Verständnisfragen auf deutsch beantworten müssen, vermeiden Sie es, ganze Textstücke unverändert für Ihre Antwort abzuschreiben – die Wortstellung und die Übereinstimmung zwischen Verb und Subjekt werden oft nicht stimmen. ❑

2 Hören

- Wenn Sie sich eine Kassette mit der ganzen Gruppe gemeinsam anhören:
  a Entspannen Sie sich beim ersten Durchhören. Wenn Sie sich wild drauflos Notizen machen, könnten Sie wichtige Informationen überhören. ❑
  b Entwickeln Sie vorher Ihre eigene Kurzschrift, um schneller Notizen machen zu können, z.B. Gesells. = Gesellschaft. ❑

- Wenn Sie sich die Kassette auf einem Walkman anhören (d.h. Sie dürfen sie durchspielen, so oft Sie wollen):
  Wählen Sie das richtige Tempo, damit Sie Zeit für alle Fragen haben. Bleiben Sie nicht bei einer sehr schwierigen Textstelle stecken. ❑

- Wenn Sie Fragen auf deutsch beantworten müssen, benutzen Sie einfaches, deutliches Deutsch, um die notwendigen Informationen eindeutig zu geben. ❑

3 Schreiben

- Seien Sie sicher, daß Sie den von Ihnen gewählten Aufsatztitel richtig verstanden haben. ❑

- Schreiben Sie nicht sofort drauflos! Nehmen Sie sich Zeit, ❑
  a die Struktur Ihres Aufsatzes zu planen, und
  b sich eine Liste sachbezogener Vokabeln und Ausdrücke zu notieren. Sie können später in dieser Liste nachschauen, damit Sie nicht immer dieselben Vokabeln wiederholen.

- Benutzen Sie nur Vokabeln und Konstruktionen, die Sie schon kennen. Versuchen Sie niemals, direkt aus dem Englischen zu übersetzen. ❑

- Beachten Sie alle Tips auf Blatt 30. ❑

- Nehmen Sie sich am Ende genug Zeit, um Ihren Aufsatz gründlich zu überprüfen. (Siehe die Checkliste auf Blatt 30) Benutzen Sie wenn erlaubt ein einsprachiges Wörterbuch, um Rechtschreibung, Geschlecht und Pluralformen zu kontrollieren. (Siehe Seite 57) ❑

4 Sprechen

- Geraten Sie nicht in Panik, wenn Sie ein Schlüsselwort nicht kennen oder vergessen haben:
  a Gewinnen Sie ein bißchen Zeit, indem Sie deutsche Füllwörter bzw. Ausdrücke benutzen, z. B. ‚Mmm, tja, das kommt darauf an … ' Hüten Sie sich davor, Ihre Frustration auf englisch auszudrücken! ❑
  b Versuchen Sie, das unbekannte Wort in einfachem Deutsch zu erklären oder umzuschreiben. (Siehe Blatt 26) ❑

- Nehmen Sie sich Zeit! Viele Leute beginnen undeutlich zu brabbeln, wenn sie nervös sind. ❑

- Ergreifen Sie so oft wie möglich die Initiative: Sie sollten am meisten sprechen, nicht der/die Prüfer(in). ❑

- Lesen Sie nie wortwörtlich von Notizen ab. Versuchen Sie, in Blickkontakt mit dem/der Prüfer(in) zu bleiben. ❑

1 Rätsel

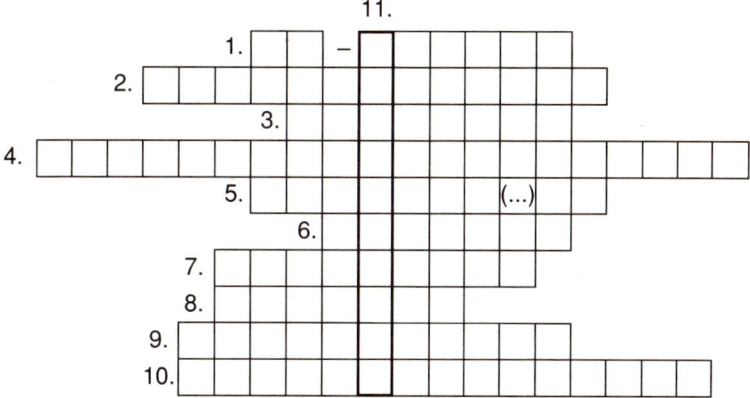

Lesen Sie sich den Text auf Seite 190 genauer durch und suchen Sie Wörter und Ausdrücke, um das Rätsel zu ergänzen. (1/6 = 1. Absatz, 6 Buchstaben)

1 Hemd für den Operationssaal (3/2-6)
2 außergewöhnlich (2/13)
3 Binden um eine Wunde (3/8)
4 Wohltätigkeitsorganisation (1/14,6)

5 zieht ... aus (3/7 ... 2)
6 geschäftiges Kommen und Gehen (4/7)
7 erschöpft; sehr müde (umg.) (3/9)
8 Dienst; Aktion (5/7)
9 erschöpft: entmutigt (9/11)
10 ärztliche Hilfe bekommen (8/9,6)
11 ohne langes Überlegen (7/10)

2 Stichprobe!

Wiederholen Sie Tabelle 4 auf Grammatik Seite 235 und Tabelle 1, 2 und 3 auf Grammatik Seite 236.

Füllen Sie dann die Lücken im Artikel unten mit den Wörtern **der, die, das, des, den** oder den Endungen **-er, -e, -es, -en, -n aus**, ohne in die Tabellen zu schauen.

Bitten Sie Ihr(en) Lehrer(in) um den ursprünglichen Text und vergleichen Sie Ihre Version damit. Wenn Sie Fehler gemacht haben, korrigieren Sie sie.

Zögernd greift der klein...... Kumar zum Spiegel. Wirft einen scheu...... Blick hinein. Zum ersten Mal nach ...... Operation. Dann huscht ein glücklich.... Lächeln über ...... Gesicht ...... achtjährigen indischen Jungen. Endlich sieht er aus wie ...... ander... Kinder!

...... Ärzte im Hospital ‚Student's Health Home' in Kalkutta haben bei ihm eine tief... Gaumenspalte korrigiert. Bei uns ein selbstverständlich... Eingriff schon im Baby-Alter. Doch in Indien – wie überall in .... Entwicklungsländer... – fehlt es an Spezialisten. Kumar hat Glück gehabt. Sein Name stand ganz oben auf ...... Liste, die von .... indisch..... Medizinern für .... deutsch.... Fachärzte zusammengestellt worden war. .... siebenköpfig.... Chirurgen-Team hat drei Wochen lang in Kalkutta operiert. Mit dabei: Katrin Bohne, 34jährige Krankenschwester aus Frankfurt.

NB die Gaumenspalte – *cleft palate*
der/die Chirurg(in) – *surgeon*

Self-study cassette transcripts

1 Wer sind wir?

Wer denkt was?

Seite 5, Aufgabe 5

Nummer 1: Als Kind hatte ich nur selten eine eigene Meinung.

Nummer 2: Erwachsene träumen nicht mehr.

Nummer 3: Ich hoffe, daß mein Leben und Beruf interessant werden.

Nummer 4: Ich möchte länger ausbleiben.

Nummer 5: Abends gehe ich gern aus.

Nummer 6: Im Moment bin ich arbeitslos.

Nummer 7: Mit dem Erwachsenwerden bekommt man immer mehr Rechte.

Nummer 8: Ich erkenne meine Grenzen und Fähigkeiten.

Nummer 9: Das Wichtigste für mich ist heute nicht morgen.

Nummer 10: Ich hoffe, daß ich später einen Job finde.

Nummer 11: Ich kann meinen Eltern viel sagen.

Nummer 12: Nicht alle Erwachsenen sind psychisch erwachsen.

Unsere Sprache: Das deutsche ‚r' und Zungenbrecher

Seite 5, Aufgabe 7

Viele Ausländer finden es schwer, das deutsche ‚r' richtig auszusprechen.

Nummer 1: Rollschuhe.

Nummer 2: Brennpunkt.

Nummer 3: Frisch gestrichen.

Nummer 4: Grüß dich! Ein Dreikornbrot, bitte.

Nummer 5: Drei reiche Schweizer sprechen französisch.

Schweizerdeutsch:
　Ich spilä,
　du spilsch, alli spiläd.
　I schpil guet, i minerä Rollä.
　Aber mängmol vergäss i dä Täxt.
　Dänn fragt mä: Was isch los?
　Nüt, säg i und dödamit goht
　s'Schpil wiiter.
　Mier alli schpiläd üseri Rollä guet.
　Uesers Theaterstück: Läbä!

　Ich spiele,
　du spielst, alle spielen.
　Ich spiele gut, in meiner Rolle.
　Aber manchmal vergesse ich den Text.
　Dann fragt man: Was ist los?
　Nichts, sage ich und damit geht
　das Spiel weiter.
　Wir alle spielen unsere Rolle gut.
　unser Theaterstück: Leben!

Desperado

Seite 6, Übung d, Blatt 2

Desperado, du reitest nun schon seit Jahren
Allein und verloren durch die Prärie
So hart und rastlos bist du auf der Suche
Doch hier in der Einsamkeit findest du dich nie
Du treibst dein Pferd die Hügel hoch
In den Canyons hängt dein Echo
Was du suchst, das weißt nur du allein
Das nächste Tal kann noch grüner sein
Und dahinter glänzt Gold im Sonnenschein
Vielleicht ist das endlich dein El Dorado
Desperado, du belügst dich, und du wirst nicht jünger
Schmerzen und Hunger brechen dich bald
Freiheit, Freiheit, so nennen's die anderen
Doch für dich wird's zum Gefängnis
Darin wirst du schwach und alt.

Werbespots

Seite 6, Übung f

Nummer 1: OK, das ist John. Der wäscht sich gründlich jeden Tag. Rick auch, logo! Johns Seife riecht ganz gut. Ricks Waschgel macht sauber, bis in die Poren. Johns Seife sieht ganz lustig aus. Ricks Waschgel killt Bakterien. Johns Seife hat einen tollen Namen. Ricks Waschgel heißt Clearasil. John hat noch was Feines: Pickel. Rick hat keine! John geht nur noch mit Helm. Rick geht mit Carola! Clearasil Waschgel – besser als Wasser und Seife.

Nummer 2: Ich liebe leben ganz spontan, wenn ich kann, ich bin so frei, Nescafé ist dabei. Ich liebe was der Tag mir bringt, wenn's gelingt, ich bin so frei, Nescafé ist dabei. Ich bin so frei.

Nummer 3: Bei dem Streß hier am Flughafen muß ich mein Deo öfter verwenden. Ich nehm' den neuen milden BAC-Stift, weil der auf der Haut nicht brennt und mild und frisch ist – „May I help you, Sir?" – mild auf der Haut, frisch für den Tag, BAC, das ist das Deo, das Sie mögen! BAC.

2 Zusammen oder allein?

Unsere Sprache: Wie man ‚u' und ‚ü' ausspricht

Seite 13, Aufgabe 3

Das deutsche ‚u' spricht man mit Umlaut ‚ü' (lang) oder ‚ü' (kurz). Wiederholen Sie ‚u', ‚ü', ‚ü'.

Nummer 1: unter

Nummer 2: über

Nummer 3: ein Bruder

Nummer 4: zwei Brüder

Nummer 5: Mach die Tür zu, bitte!

Nummer 6: Du bist so süß. Ich lebe nur für dich!

Nummer 7: Komm zurück!

Nummer 8: Mein Rückflug ist am fünften Juni.

Phone-in

Seite 15, Aufgabe 6

Dr Sommer: Und jetzt Monika aus Rüsselsheim … . Hallo Monika!

Monika: Hallo …. Ja … . Ich brauche eure Hilfe. Meine Mutter will bald heiraten. Aber ich hasse meinen künftigen Stiefvater. Er versucht, den Chef zu spielen und mir alles vorzuschreiben. Seitdem er bei uns ist, kümmert sich meine Mutter nicht mehr so um mich wie früher und meckert mich sehr oft an. Wenn ich traurig bin, fragt sie nicht, was los ist. Ich kann jetzt nicht mehr mit ihr über alles reden. Ich habe ihr gesagt, daß ich es nicht verkrafte, wenn sie ihn heiratet, aber sie kann mich nicht verstehen. Ihr Entschluß, ihn zu heiraten, steht fest. Ich kann sie einfach nicht verstehen. Bitte helft mir, denn ich glaube, daß sie mich vernachlässigt.

Können Sie Monika Rat geben? Hören Sie dann wie das Dr-Sommer-Team Monika antwortet.

Dr Sommer: Sicher empfindest du den Verlobten deiner Mutter als Eindringling, der versucht, dir deine Mutter wegzunehmen, oder? Aber keine Angst, Monika: Deine Mutter mag dich deshalb genauso gern wie früher.

Berater: Vielleicht hat sie jetzt ein bißchen weniger Zeit für dich, das kann schon sein. Aber du mußt auch verstehen, daß auch deine Mutter Liebe braucht. Schließlich muß sie ja auch mal akzeptieren, daß *du* einen Freund hast. Aber dann braucht sie doch auch nicht zu denken, daß du sie nicht mehr magst, nur weil du einen lieben Partner gefunden hast, oder? Sprich mit deiner Mutter offen über ihre Beziehung zu diesem Mann. Er sollte aber auf alle Fälle respektieren, daß du erwachsen wirst und immer mehr Verantwortung für dich selbst übernimmst.

Die Ehescheidung

Seite 17, Aufgabe 5

Vater: Ich bin der Vater. Am Anfang hätte ich niemals gedacht, daß dies passieren könnte. Anne und ich waren so verliebt. Liebe ist wie ein Urlaub – man wird sich kaum dessen bewußt, daß man da ist und schon ist es vorbei.

Mutter: Ich bin die Mutter. Wie konnte es passieren, daß diese Familie auseinanderbricht? Thomas ist mir gegenüber so kühl und heftig geworden. Ich muß hier raus. Ich habe keine andere Wahl, oder?

Sohn: Ich bin der Sohn. Ich versuche zu vermitteln, aber alles was ich tue, verschlimmert die Sache nur. Vater will einfach nicht zuhören. Ich möchte in der Familie alles wieder einrenken, Mutter zuliebe, meiner Schwester zuliebe und um meinetwillen.

Tochter: Ich bin die Tochter. Das Wort 'Scheidung' ist ausgesprochen worden. Ich meine, man hört davon, nicht wahr? Ich habe Angst. Mein Bruder Paul versucht zu vermitteln, aber Vater schreit ihn die ganze Zeit nur an. Auch ich versuche zu helfen, aber Mutter will der Tatsache einfach nicht ins Auge sehen, daß irgendetwas nicht stimmt. Warum mußte es gerade uns treffen?

Vater: Ich bin der Vater. Glücklich. Tüchtig. Stark.

Mutter: Ich bin die Mutter. Glücklich. Einfühlsam. Fleißig.

Sohn: Ich bin der Sohn. Glücklich. Sportlich. Intelligent.

Tochter: Ich bin die Tochter. Glücklich. Verständnisvoll. Rücksichtsvoll.

Zusammen: Wir sind eine glückliche Familie.

Vater: Ich bin der Vater. Angespannt. Erschöpft. Wütend.

Mutter: Ich bin die Mutter. Deprimiert. Müde. Besorgt.

Sohn: Ich bin der Sohn. Frustriert. Bitter. Beunruhigt.

Tochter: Ich bin die Tochter. Traurig. Betrübt. Ängstlich.

Zusammen: Wir waren einmal eine glückliche Familie. (Pause)

Erzähler: Heute ist Sonntag, ein Tag, an dem einige Leute die Zeit im Kreis ihrer Familie verbringen. Für andere jedoch ist der Sonntag der Wochentag, dem sie mit Bangen entgegenblicken. Niemand arbeitet, keiner geht zur Schule, und alle wissen, daß sie zu irgendeinem Zeitpunkt damit konfrontiert sein werden, Zeit mit den anderen Familienmitgliedern zu verbringen.

Sohn: Ich bin zurück.

Mutter: Paul, komm und setz dich.

Sohn: Nein, ich muß noch was machen und …

Vater: Setz dich, Paul! … Was hast du gesagt?

Sohn: Nichts. Ich habe nichts gesagt.

Tochter: Bist du heute bei Frank gewesen?

Sohn: Ja. Also, was ist los mit Frank?

Vater: Könntet ihr bitte ruhig sein – ich will mir die Nachrichten angucken.

Tochter: Nichts ist los. Ich habe nur …

Mutter: Heike, du hast gehört, was Vater gesagt hat.

Tochter: Das ist mein T-Shirt, das du da anhast, Paul. Ich hoffe, du hast …

Sohn: Nein, nichts passiert, ich …

Vater: Ruhe, verdammt nochmal! … So, wer holt mir dann mal ein Bier? Paul, du kannst das wohl machen.

Tochter: Ich hol's, Vater.

Vater: Nein, ich habe Paul gefragt. Der kann das machen.

Sohn: Nein, ich muß noch was machen.

Vater: Geh und hol das Bier. Und zwar sofort.

Mutter: Ist schon gut, ich mach's!

Vater: Das ist doch mal wieder typisch für dich. Alles läßt du deine Mutter machen.

Mutter: Fängst du schon wieder an? Immer schreist du Paul an. Ich weiß nicht, was in diese Familie gefahren ist. Die kleinsten Kleinigkeiten lösen den schlimmsten Krach aus.

Vater: Warum mußt du ihn denn immer in Schutz nehmen? Du kannst doch sehen, daß er sich extra querstellt. Alles was ich will ist meine Ruhe.

Mutter: Ich kann das nicht mehr ertragen.

Tochter: Mama!

Sohn: Ich gehe raus.

Vater: Das werden wir ja mal sehen …

3 Pause machen!

Sportreporter

Seite 23, Aufgabe 7

Jetzt kommen wir wieder, auf der rechten Seite greift Österreich an, da kommt die Flanke rein, drei Mann – Tor! Tor! Tor! Tor! 1 : 1, meine Damen und Herren! Ich glaube, Berti Vogt hat den Ball ins Netz gedrückt. So jetzt wieder. Das Leder bei … schöne Möglichkeit: Krankl – Schuß und gleich: Tor! Tor! Tor! Also ich kann nicht mehr. 21. Minute! Krieger zu Krankl, und der Krankl hat den Ball volley genommen, über'n Kopf und genau in die Kreuzecke. Damit 2 : 1 für Österreich.

Unsere Sprache: Wie spricht man ‚ch' richtig aus?

Seite 24, Aufgabe 5

Die zwei Buchstaben ‚ch' spricht man normalerweise so: Nach ‚i', ‚e' und ‚u': ‚ch', z.B. ich, Pech, Tuch. Nach ‚a' und ‚o': ‚ch', z.B. ach, doch.

Nummer 1: Küche.

Nummer 2: Lach doch nicht!

Nummer 3: Ein bißchen.

Nummer 4: Ach! Die Milch reicht nicht und riecht schlecht!

Es gibt auch Varianten bei den regionalen Akzenten, z.B. mit dem Wort ‚ich'.

Hier spricht ein Mann aus Berlin:

„Ick bin in Berlin jeboren und sprecke Berlinerisch."

Und hier spricht ein Mann aus Köln:

„Isch wohne in Köln und spresche Kölsch."

Urlaubscheckliste

Seite 27 Aufgabe 6

„Karl-Heinz! Sofort umdrehen – ich hab' was vergessen!"

Damit Sie beim Start in den Urlaub keine Panne erleben, haben Nescafé eine praktische Idee für Sie. Die Nescafé Urlaubscheckliste. Da steht alles drauf, was Sie auf keinen Fall vergessen sollten, zum Beispiel ein Glas Nescafé, damit Sie auch im Urlaub nicht auf Ihrem gewohnten Kaffeegenuß verzichten müssen.

Die Nescafé Urlaubscheckliste. Jetzt überall im Handel, oder mit einem frankierten Rückumschlag direkt bei Nescafé – Postfach 100, 6000 Frankfurt.

Algenpest

Seite 28, Aufgabe 4

Rensburg: Im nordfriesischen Wattenmeer bilden sich wieder große Algenteppiche. Experten machen die Überdüngung der Nordsee dafür verantwortlich. In den vergangenen Jahren hatten die Algenteppiche das Leben in einigen Teilen der Nordsee ausgelöscht.

4 Die Qual der Wahl?

Sieben Jahre Sinnloses gelernt?

Seite 35, Aufgabe 7

Astrid und Sebastian erinnern sich an ihre Schulzeit in der alten DDR …

Astrid: Wir wußten alle, daß der Unterricht falsch war, doch wir haben nichts gesagt; nur gelernt – sonst gab es Schwierigkeiten.

Sebastian: Präsentiert wurde uns eine ideale Welt: Keine Arbeitslosen, keine Drogen, ein perfektes Bildungswesen und glückliche, zufriedene Menschen. Auf der anderen Seite der Mauer stand das Schreckensbild des Kapitalismus: Massen von Arbeitslosen, Unterdrückung, ungesicherte Existenz … .

Astrid: Und dabei haben wir alle Westfernsehen geguckt und gewußt, wie es wirklich war.

Sebastian: Nachdem die Mauer im November 1989 fiel, war auf einmal alles anders. Die Situation war schon komisch. Plötzlich mußten wir in der Schule sagen, was wir selbst über Politik und Gesellschaft dachten und darüber diskutieren – das war etwas Neues für uns.

Astrid: Ich ärgerte mich nachher darüber, daß ich sieben Jahre lang viel Sinnloses gelernt habe. Ich wußte nichts über die USA oder die Geschichte Europas vor 1900 oder über die Europäische Gemeinschaft. Kann ich diese Lücken jemals

Brennpunkt © Thomas Nelson & Sons Ltd 1994

auffüllen?

Sebastian: Der Vorteil davon aber war, daß wir nachher eine größere Motivation zu lernen hatten. Ich wollte die verschwendeten Jahre nachholen und eine neue Perspektive kriegen. Ich glaube nicht, daß alle Lehrer früher die Partei unterstützt haben. So schlimm war der Unterricht nicht. Ich glaube eigentlich, daß wir viel kritischer waren, weil wir in der DDR wohnten. Das kann ja auch positiv wirken.

Unsere Sprache: Wie man ,s' und ,z' ausspricht

Seite 39, Aufgabe 5

Das deutsche ,s' vor einem Vokal klingt wie ein englisches ,z' … . So … . (so ähnlich wie die Aussprache des englischen Wortes ,zebra'.) Das deutsche ,z' dagegen klingt wie ,ts' auf englisch … zum Beispiel hier.

Nummer 1: So, zahlen bitte!

Nummer 2: Das ist zu sauer!

Nummer 3: Also, wir gehen zum Zoo.

Nummer 4: Jetzt, liebe Zuschauer, sehen Sie eine Sendung aus Südamerika.

Nummer 5: Zeichnen Sie bitte eine Zuckertüte, um zu zeigen, wie sie aussieht.

Nummer 6: Zwei Zentner Zwiebeln.

Nummer 7: Sollen wir zusammen singen?

Nummer 8: Mal sehen, was in der Zukunft passiert.

Nummer 9: Es ist mein Ziel, mir ein Zimmer zu suchen.

Nummer 10: Das habe ich zufällig aus Südfrankreich zurückgebracht.

ERASMUS

Seite 39, Aufgabe 9

Viele Stundenten kennen das europäische Austauschprogramm Erasmus; das steht für ,European Community Action Scheme for the Mobility of University Students'. Der Name ist kein Zufall; der europäische Humanist Erasmus reiste nämlich schon zu Beginn des 16. Jahrhunderts quer durch Europa, um in den Niederlanden, England, Frankreich, Deutschland und der Schweiz Vorlesungen zu halten. Die damalige Lingua franca der Wissenschaft, Latein, machte es möglich.

1987 hat die Europäische Gemeinschaft dieses Programm eingeführt, um die Zusammenarbeit zwischen den europäischen Hochschulen zu verbessern. Erasmus erfüllt auch den Wunsch nach immer mehr polyglotten Studenten, denn das Programm gibt Studenten die Gelegenheit, drei Monate im Ausland zu verbringen. Sie bekommen dafür ein Stipendium, und die Zeit im Ausland gilt als Teil ihres Studiums. Es nehmen bereits mehr als 50 000 Studenten EG-weit an dem Programm teil, und das Interesse nimmt weiter zu.

Sparkassenwerbung

Seite 42, Aufgabe 5

Hören Sie sich diese Werbung an.

Hallo, Eltern und junge Leute! Kennen Sie schon das Sparkassen-Startset? Mit Infos für Azubis, Berufsstarter und Studenten? Vom Startweg viel Leistung bei wenig Aufwand. Also, bei der Sparkasse abholen; einfach reinschauen. Wenn's um Geld geht, Sparkasse!

5 Heimat!

Meine Heimat

Seite 46, Aufgabe 3

Interviewer: Claudia, Sie sind in Leipzig in der DDR geboren und aufgewachsen. Wie fühlen Sie sich jetzt als Bundesbürger?

Claudia: Ich bin Ossi. Ich will meine Vergangenheit nicht verstecken: Die hat mich geprägt, die macht mich aus. Wenn mich jemand fragt, wo ich herkomme, sag' ich ,Ex-DDR'. Nicht Deutschland. Ich fühle mich vor allem als Leipziger. Das war schon immer so: Leipzig ist ja meine Heimat. Deutschland ist mir eigentlich ziemlich egal.

Interviewer: Und Sie, Olu, Sie wurden in Neuss bei Düsseldorf geboren, aber Ihr Vater kommt aus Nigeria. Was ist Heimat für Sie?

Olu: Also, ich war gerade ein Jahr alt, als meine Eltern sich entschlossen haben, nach Nigeria zu ziehen, in das Heimatland meines Vaters. Drei Jahre später ist die Familie nach Deutschland zurückgekommen, aber mein Vater ist da geblieben. Mit 12 habe ich mich entschieden, bei ihm zu leben und bin, wie ich dachte, für immer nach Nigeria gegangen.

Interviewer: Wie lange sind Sie dann dort geblieben?

Olu: Nur zwei Jahre. Mein Denken und Fühlen war geprägt von meinem Leben in Deutschland. Ich liebe Nigeria, muß auch immer mal wieder hin – für mein seelisches Gleichgewicht. Aber wenn ich etwas Heimat nennen müßte, dann ist es Deutschland.

Unsere Sprache: Die deutsche Intonation

Seite 46, Aufgabe 4

Die Intonation oder die Satzmelodie einer Sprache ist sehr wichtig. Die deutsche Intonation ist ganz anders als die englische. Die Stimme hebt und senkt sich auf eine ganz andere Weise. Hören Sie sich diese Sätze an und wiederholen Sie sie mit genau derselben Intonation.

Nummer 1: Wenn jemand mich fragt, wo ich herkomme, sage ich ‚Ex-DDR'.

Nummer 2: Das war schon immer so. Leipzig ist ja meine Heimat. Deutschland ist mir eigentlich ziemlich egal.

Nummer 3: Wenn ich etwas Heimat nennen müßte, dann ist es Deutschland.

Nummer 4: Das ist doch super!

Nummer 5: Ja. Das geht schon.

Nummer 6: Ich kenne viele Schweizer, die also typische Schweizer sind, aber auch viele, die eben nicht typisch sind.

Sommerlied

Seite 49, Übung b, Blatt 15

Die Sonne steht hoch über der Stadt,
über dem kleinen blauen Fluß,
die Schiffe ziehen ruhig durch die Strömung
der silbernen glitzernden Wellen.

Die Hitze ist schwer, die Luft ist dick,
die Straße glüht unter den Füssen.
Oh ich glaub', ich geh an einen einsamen See,
laß mich nackt ins Wasser gleiten.

Ich lege mich auf die kleinen Wellen
und seh' die Wolken durch den Himmel segeln,
hör' die Vögel singen und schrein
in den Weiden, die sich zum Wasser neigen.

6 Leib und Seele

Unsere Sprache: ‚Marktforschung'

Seite 57, Aufgabe 4

Wenn man eine Reise durch Deutschland, Österreich und die Schweiz macht, kann man große Dialektunterschiede hören. Sogar einzelne Wörter unterscheiden sich!

Tomaten, zum Beispiel, heißen ‚Paradeiser' in Österreich. Kartoffeln sind ‚Grumbeeren' im Westen und Südwesten von Deutschland und ‚Erdäpfel' im Süden und Südosten. Ein ‚Brathähnchen' in den alten Bundesländern ist immer noch ein ‚Broiler' in den neuen. ‚Kohl' in Norddeutschland heißt ‚Kraut' im Süden, wo Rotkohl ‚Blaukraut' wird!

Das ‚reinste' Deutsch, das Hochdeutsch, soll im Gebiet um Hannover gesprochen werden.

Nummer 1 Im Rheinland:
– Aiyo ... gehe' mir jetzt esse'.
– Na ja ... ich gehe jetzt essen.

– Mir drinke' gär a Glas Woi dazu!
– Ich trinke gern ein Glas Wein dazu!

Nummer 2 Im Schwabenland:
– Grüß Gott! Zwo Kilo Grumbeeren, bitte.
– Grüß Gott! Zwei Kilo Kartoffeln, bitte.

Nummer 3 In Sachsen:
– Es jibt heut' ...

Nummer 4 In Österreich:
– Zwa Pfund Paradeiser und a Pfund Marillen, bitte.
– Zwei Pfund Tomaten und ein Pfund Aprikosen, bitte.

Nummer 5 In der Schweiz:
– Grüezi, wir ham heut' ganz frische Kasspatzen.
– Grüß dich! Wir haben heute frische Käsespätzle.

Nummer 6 In Berlin:
– Eine janz jroße Bockwurst mit 'nem jehörigen Klacks Senf.
– Eine ganz große Bockwurst mit viel Senf.

Horoskop

Seite 61, Aufgabe 3

Widder: Endlich! Venus regiert in deinem Astro-Programm. Deine Anziehungskraft ist überdurchschnittlich stark. In der Schule oder im Beruf sind neue Pläne gut.

Stier: Paß auf, daß Mißtrauen und Eifersucht dich nicht bremsen! Entscheide eine schwierige Frage lieber nach deinem eigenen Gefühl, anstatt auf Ratschläge zu hören.

Zwillinge: Geduld in der Liebe. Es lohnt sich wirklich darauf zu warten. Nicht alle deine Ideen sind realisierbar. Keine Panik – abwarten, Tee trinken.

Krebs: Man mag dich wirklich. Glaub's endlich! Die Streßzeiten sind bald vorbei, also sei nicht so gereizt und empfindlich – alles hat sein Ende.

Löwe: In der Liebe hast du die Möglichkeit, alles zu bekommen, was du willst. Versuche aber Liebe und Arbeit zu trennen, sonst gibt es Streß!

Jungfrau: Verlasse dich auf dein Gefühl statt auf dein Köpfchen, denn Mars und Venus sorgen für eine aufregende Love-Story. Ärger bei der Arbeit kannst du bald vergessen.

Waage: Hast du daran gedacht, daß deine Erwartungen zu hoch sind? Manchmal steht das Glück gleich nebenan. Routine bestimmt den Alltag, aber du solltest nicht nachlässig werden.

Skorpion: Zeig mehr Verständnis für die Probleme von jemandem, der dir sehr am Herzen liegt. In der Schule oder im Beruf solltest du anderen mehr Zeit geben.

Schütze: Alles dreht sich um Liebe, und das bringt dich total aus dem Gleichgewicht. Es sind chaotische Zeiten, also konzentrier' dich auf das, was du dir vorgenommen hast.

Steinbock: Venus bringt dir endlich die ersehnte Harmonie, und dein Selbstbewußtsein macht dich besonders beliebt. Denk aber auch an deine eigenen Interessen.

Wassermann: Eine Reise – auch nur über's Wochenende – verspricht Aufregung. Keine Sorgen: Nach turbulenten Zeiten scheint die Sonne.

Fische: Sei nicht so zurückhaltend, denn du hast jetzt so viele Chancen. In der Schule oder im Beruf sieht's besonders gut aus!

7 Geld regiert die Welt

Unsere Sprache: Wo wir gerade von Geld sprechen

Seite 87, Aufgabe 5

Hören Sie sich die Aussagen von den Seiten 86 und 87 mehrmals an und achten Sie auf die verschiedenen Akzente.

Nummer 1 Kamilla aus der Schweiz: Daß ich in den Ferien arbeiten muß, finde ich nicht schlimm – mein Job macht mir viel Spaß!

Nummer 2 Carsten aus Mitteldeutschland: Eintrittskarten kontrollieren ist nicht anstrengend. Und außerdem kann ich in den Pausen sogar noch für das Abitur lernen.

Nummer 3 Tanja aus Österreich: Ein Zettel am schwarzen Brett des Supermarkts, auf Spielplätzen oder in Kindergärten – und schon bekommst du Aufträge!

Nummer 4 Joel aus Süddeutschland: Die Arbeit ist ziemlich anstrengend, besonders samstagabends, aber ohne meinen Nebenjob könnte ich nicht studieren.

Münzenmesse

Seite 87, Aufgabe 7

Besuchen Sie die internationale Münzenmesse in Stuttgart! Am Wochenende dreht sich alles in Stuttgart um Geld und Münzen! Denn am 25. und 26. April findet auf dem Stuttgarter Messegelände am Killesberg die internationale deutsche Münzenmesse statt. Kommen Sie und staunen Sie über das berühmteste Geldstück der Welt – den Dexterdollar von 1804, der heute fast eine Million Dollar wert ist. Jeder Besucher erhält ein kleines Geschenk!

Wahnsinnsreportage!

Seite 89, Aufgabe 4

Wahnsinnsreporter unterwegs. Rufen Sie uns an und sagen Sie „Stimmt" oder „Stimmt nicht". Der erste Anrufer mit der richtigen Antwort kassiert DM 1500. Hier ist unsere Wahnsinnsreportage.

– So, hier ist sie, und es geht los. Mit den Frauencafés, Frauenparkplätzen und Frauentaxis, das kennen Sie, das gibt's schon überall. Das neueste, das nur für Frauen reserviert ist, kommt aus der Stadt Marl und ist Thema unserer heutigen Wahnsinnsreportage. DM 1500 können Sie gewinnen, wenn Sie mir jetzt sagen, ob der folgende Bericht wahr oder gelogen ist.

Die Wahnsinnsreportage aus ‚Guten Morgen Deutschland' heute, Karsten Knapp und Michael Rading mußten in Marl vom Fahrrad steigen …

– Fahrrad-Macker jetzt vom Sattel hauen. Dieser hier fährt zwar auf dem Fahrradweg, aber er fährt auf dem falschen. Diese Spur ist nur den Frauen vorbehalten, dafür gibt's in westfälischen Marl ein Knüllchen: DM 20 und Abmarsch auf die andere Straßenseite. Über 120 Frauenwege sind jetzt eingerichtet, gekennzeichnet durch ein besonderes Symbol: Das Damenrad. (Ohne Stange, versteht sich.) Kein Bürokratenscherz, sondern Ergebnis umfangreicher Beobachtungen.

– Daß also männliche Radfahrer schneller sind, Frauen etwas langsamer, und da haben wir uns überlegt, daß wir die eine Straßenseite hier als Radwege für die Frauen freigeben und auf der anderen Seite den Radweg für die Männer freigeben.

– Emanzipation total, und endlich herrschen Ruhe und Ordnung auf den Radwegen, aber die Meinungen der Marler gehen noch weit auseinander.

– … ja, richtig toll, daß die Frauen ja endlich auch damit berücksichtigt werden.

– Und ist es auch jetzt angenehmer auf den Frauenradwegen?

– Auf jeden Fall!

– Quatsch ist das! Sinnlos! Blödsinn! Ein Radweg ist ein Radweg, ob das ein Herrenfahrrad ist oder ein Damenfahrrad ist. Fahrrad ist Fahrrad. Ist ja Unsinn, meine ich. Müßten doch die Kinder auch fahren können und die Männer … .

– Ich finde es also ehrlich gesagt nicht gut, wenn man mit seiner Freundin jetzt fährt oder so, soll die Freundin zum Beispiel auf der linken Seite fahren und die Herren auf der rechten Seite. Also, ich bin der Meinung für mich oder für jeden: Fahrradwege, wo er fahren will.

– Also, jede Menge ungelöster Probleme, aber die Marler Verkehrsplaner arbeiten daran. Und dann wird auch die Frage geklärt: Wo fährt dann die

Dame auf dem Herrenrad? Die Marler Polizei jedenfalls sucht bislang vergeblich im Gesetzesblatt. Aber ein Anfang ist zumindest gemacht.

– In Marl hier rollen die Räder der Gleichberechtigung also schneller. Bleibt abzuwarten, ob sich andere Städte diesem Beispiel anschließen können – oder glauben Sie uns unsere Geschichte etwa nicht? Sie müssen sich jetzt entscheiden … .

– Ja, so hat die Stadt Marl tatsächlich Fahrradwege für Frauen eingerichtet oder nicht? Das geht um DM 1500!!

♀ Und nichts als die Wahrheit?

Lesezirkel

Seite 99, Aufgabe 7

Der Lesezirkel informiert:

Düsseldorf: Viele Bundesbürger glauben immer noch, daß der Lesezirkel nur ein Standardsortiment an Zeitschriften anbietet. Wie der Verband deutscher Lesezirkel jetzt der Presse mitteilte, ist dies ein Vorurteil. Der Lesezirkel bietet Zeitschriften für jeden Geschmack, von der wöchentlichen Illustrierten bis zum hochwertigen Monatsmagazin: „Das ist ja super! Für meinen Mann die ‚Autozeitung‘, für meine Tochter die ‚Bravo‘, und für mich die ‚Für Sie‘ und für uns alle ‚Stern‘, ‚Bunte‘, ‚Geo‘ und und und …“

Wenn Sie mehr wissen wollen, rufen Sie an. Den Lesezirkel finden Sie im Telefon- oder Branchenbuch.

OÖN ‚Sommerjoker‘

Seite 99, Aufgabe 7

Was ist der OÖN ‚Sommerjoker‘? Eine Zeitungsente? Der Witz, über den man diesen Sommer lacht? Oder das Spiel, bei dem Sie täglich 500 Schilling gewinnen können! Spielen Sie einfach den OÖN ‚Sommerjoker‘! Oberösterreichische Nachrichten: Das Blatt, mit dem man Glück hat.

Werbetricks

Seite 103, Aufgabe 8, Blatt 24

Nummer 1: Mit jeder Dusche läuft Ihre Haut Gefahr, ein Stück ihrer natürlichen Schutzfunktion zu verlieren: leider für immer. Das neue ‚Art‘ verhindert das Auslaugen Ihrer Haut, denn es enthält natürlich schutzendes Rosenwachs; ‚Art‘ macht Ihre Haut dadurch fühlbar zart und geschmeidig. Neu: ‚Art‘ Badekosmetik mit schutzendem Rosenwachs.

Nummer 2:

1. Mann: Was ist einem amerikanischen Footballspieler am liebsten?

2. Mann: *71 steaks for the tigers!*

1. Mann: Richtig! T-Bone Steaks. Und was essen sie am liebsten dazu?

3. Mann: Heinz Ketchup, *what else?*

4. Mann: *Of course,* Heinz Ketchup.

5. Mann: *Oh Mister, it's Heinz Ketchup.*

1. Mann: Und was sagt der Kapitän zu Heinz Ketchup?

Kapitän: *Great!*

1. Mann: Tja, für amerikanische Footballspieler gibts nur eins.

Alle: *We all love Heinz Ketchup.*

1. Mann: Original Heinz Ketchup, seit über 100 Jahren das beliebteste Ketchup Amerikas. Natürlich gibts Heinz Ketchup auch in Deutschland.

Kapitän: *Great!*

Nummer 3: Es gibt einen Menschen in Ihrer Nähe, der läßt Sie nicht im Stich. Er steht Ihnen bei, wenn Sie anderen, versehentlich, Schaden zufügen. Er sorgt dafür, daß Sie keine finanzielle Nachteile erleiden. Wer das ist? Ihr Allianz-Fachmann natürlich. Rufen Sie noch gleich mal an. Sie finden ihn im Telefonbuch unter A wie Allianz. Wenn Sie mit ihm über eine Allianz-Haftpflichtversicherung reden, dann wissen Sie was eine Allianz für Sie wert ist: eine Allianz fürs Leben.

Nummer 4: Einfach ein paar Eier mehr nahmen badische Hausfrauen bei der Zubereitung ihrer hausgemachten Nudeln für festliche Gelegenheiten, und wenn es den Gästen dann besonders gut schmeckte, sagten sie: ‚Dies isch ja richtige Hochzeitsnudeln‘. Heute nehmen Hausfrauen Zerbler Hochzeitsnudeln. Denn Zerbler Hochzeitsnudeln werden nach gleichem altem Brauch hergestellt. Und so schmecken sie auch. Zerbler Hochzeitsnudeln machen den Alltag zu 'nem Festtag.

Nummer 5: AOK!

Interviewer: Frau Professor von Stein, Radfahren soll schön machen?

Frau Professor: Unbedingt. Radfahren kräftigt den Latissimus, den Septiceps, und die unteren Flottebereiche, und nicht zu vergessen, wenn die jungen Radler dann diese tollen strammen Hosen anhaben und die scharfen Brillen und …

Interviewer: Vielen Dank, Frau Professor. Mehr zum Thema gesundes Radfahren erfahrt ihr bei der AOK. Am besten schnell vorbeikommen, eine Radbrille zum Nulltarif abholen und mit etwas Glück eine Weekend-Tour gewinnen.

Frauenstimme: Für eure Gesundheit machen wir uns stark. AOK. Die Gesundheitskasse.

9 Warum in aller Welt?

Ein Auto für die Umwelt!

Seite 117, Aufgabe 5

Max, unser neuer Opel Astra ist da! Als Limousine, mit großem Kofferraum, Seitenaufprallschutz, Gurtstraffer. Damit zeig' ich dir Paris, Mailand … . Du atmest saubere Luft, denn unser Astra hat einen Reinluftfilter … und später wird unser Auto zurückgenommen, um es zu recyceln … für die Umwelt. Na, wie gefällt dir das?

Der neue Opel Astra als Limousine – eine Generation voraus. Jetzt bei Ihrem freundlichen Opel-Händler.

Greenpeace handelt!

Seite 120, Aufgabe 4

Das Greenpeace Schiff ‚Rainbow Warrior‘ versperrte einen Zufahrtskanal zum Verladehafen des Unternehmens ‚Arakus‘. Laut Greenpeace ist der Zellulosehersteller einer der größten Umweltverschmutzer Brasiliens. Mehr als 10 000 Hektar Urwald an der Küste seien abgeholzt worden, um dort Eukalyptusplantagen anzulegen. Die Greenpeace Aktion steht in Zusammenhang mit dem bevorstehenden Umweltgipfel in Rio.

10 Alle Menschen sind gleich …

Mondamin Fixteig für Obstkuchen

Seite 128, Aufgabe 4

1. Frauenstimme: Stör' ich?
1. Männerstimme: Ich will meine Frau zum Geburtstag überraschen mit einem Apfelkuchen.
1. Frauenstimme: *Sie* backen?!
1. Männerstimme: Geht doch einfach!
1. Frauenstimme: Ja, das wollen wir sehen!
1. Männerstimme: Hier!
1. Frauenstimme: Mmmm, Mondamin Fixteig für Obstkuchen.
2. Männerstimme: Nur Milch oder Wasser dazu, kneten, ausrollen, fertig! Und jetzt noch belegen.
Alle: Mmmm.
2. Frauenstimme: Ah! Ein Geburtstagskuchen, wie lieb von Ihnen!
1. Frauenstimme und 1. Männerstimme: Von Ihrem *Mann*!
2. Männerstimme: Leckere Kuchen im Handumdrehen mit Fixteig von Mondamin.

2. Frauenstimme: Er ist wunderbar!

11 Damals …

Unsere Sprache: Aussprache und Intonation

Seite 134, Aufgabe 4

1 Ich habe immer noch so etwas wie ein Schuldgefühl, wenn ich als Deutsche im Ausland bin.
2 Manchmal frage ich mich: Was haben wir heute damit zu tun?
3 Oft wird das Bild von den Deutschen immer noch durch Kriegsfilme beeinflußt.
4 Ich glaube, die Deutschen haben zu viele Schuldgefühle.
5 Es ist gar kein Wunder, daß uns nach so einer Vergangenheit der Stolz auf die eigene Nation fehlt.
6 Wir haben die Verantwortung, daß so etwas wie Hitler und die Nazis nicht wieder möglich wird.
7 Ältere Leute können doch stolz darauf sein, daß sie nach dem Krieg alles wieder aufgebaut haben.
8 Wir sind einfach hineingeboren worden in den 70er Jahren.

99 Luftballoons

Seite 138, Aufgabe 6

Hast du etwas Zeit für mich,
singe ich ein Lied für dich
von 99 Luftballons
auf ihrem Weg zum Horizont.
Denkst du vielleicht gerad' an mich,
singe ich ein Lied für dich
von 99 Luftballons,
und daß sowas von sowas kommt.

99 Luftballons
auf ihrem Weg zum Horizont
hielt man für Ufos aus dem All.
Darum schickte ein General
Fliegerstaffeln hinterher,
Alarm zu geben, wenn's so wär.
Dabei waren dort am Horizont
nur 99 Luftballons.

99 Düsenflieger,
jeder war ein großer Krieger,
hielten sich für Käpt'n Kirk.
Es gab ein großes Feuerwerk.
Die Nachbarn haben nichts gerafft
und fühlten sich gleich angemacht.
Dabei schaut man am Horizont
auf 99 Luftballons.

99 Kriegsminister,
Streichholz und Benzinkanister,
hielten sich für schlaue Leute,
witterten schon fette Beute.
Diesen Krieg und voll gemacht.
Mann, wer hätte das gedacht,
daß es einmal soweit kommt
wegen 99 Luftballons?

99 Jahre Krieg
ließen keinen Platz für Sieger.
Kriegsminister gibt's nicht mehr
und auch keine Düsenflieger.
Heute zieh ich meine Runden,
seh die Welt in Trümmern liegen.
Hab 'n Luftballon gefunden,
denk an dich und laß ihn fliegen.

12 Von mir aus …

Eine große Persönlichkeit

Seite 147, Aufgabe 8

Guten Tag meine Damen und Herren!

Mit einem Staatsakt in der Beethovenhalle hat das politische, wirtschaftliche und kulturelle Bonn heute Abschied vom früheren Bundespräsidenten Karl Carstens genommen. Er war am Samstag im Alter von 77 Jahren gestorben. In seiner Traueransprache würdigte Carstens Nachfolger im Amt, Von Weizsäcker, den Verstorbenen als eine große Persönlichkeit, die überzeugend in ihrer Kompetenz gewesen sei.

(Von Weizsäcker):

‚Was in Deutschland nur allzuselten gelingt, vereinigte er in seiner Person: die Verbindung eigener wissenschaftlicher Erkenntnis mit staatlicher Praxis. Sie befähigte ihn zeitlebens, die Theorie auf den Prüfstand der Lebenswirklichkeit zu stellen, andererseits aber der Oberflächlichkeit des politischen Alltags mit durchdachtem Sachverstand zu begegnen. Karl Carstens war eine noble Persönlichkeit. Mit sicherem Stil und mit Würde hat er unserem Land gedient. Er hat uns auf vorbildliche Weise nach Außen vertreten und im Inneren zusammengehalten. Er hat uns seinen guten Weg gewiesen …'

Neue Grenzen?

Seite 156, Aufgabe 3

Frau: Neue Landkarten zeichnen in diesen Tagen, das ist auch kein leichter Job! Soviel neue Staaten, veränderte Grenzen, da kann den Kartographen ein Fehler unterlaufen …

Mann: Bei der Europäischen Gemeinschaft ist etwas ganz besonders Peinliches passiert – da ist nämlich eine neue Europa-Karte 'rausgekommen, die die EG-Kommission in Brüssel verteilt hat, und da ist Madeira, die portugiesische Atlantik-Insel einfach Spanien zugeschlagen worden ....

Frau: O, Gott, o ....

Mann: Das ist natürlich – ja … alle finden es peinlich und sagen es ist eine Schande, aber es ist nun mal eine Tatsache; Madeira wird seit dem fünfzehnten Jahrhundert von *Lissabon* aus regiert.

13 Unter dem Einfluß …

Alkohol

Seite 165, Aufgabe 7

Wir haben wieder die Nacht zum Tag gemacht.
Ich nehm' mein Frühstück abends um acht.
Gedanken fließen zäh wie Kaugummi.
Mein Kopf ist schwer wie Blei, mir zittern die Knie.

Gelallte Schwüre in rotblauem Licht.
Vierzigprozentiges Gleichgewicht.
Graue Zellen in weicher Explosion.
Sonnenaufgangs- und Untergangsvision.

Was ist denn los, was ist passiert?
Ich hab' bloß meine Nerven massiert.

Alkohol ist dein Sanitäter in der Not.
Alkohol ist dein Fallschirm und dein Rettungsboot.
Alkohol ist das Drahtseil, auf dem du stehst.
Alkohol, Alkohol.

Die Nobelszene träumt vom Kokain,
und auf dem Schulklo riecht's nach Gras.
Der Apotheker nimmt Valium und Speed,
und wenn es dunkel wird, greifen sie zum Glas.

Was ist denn los, was ist passiert?
Ich hab' bloß meine Nerven massiert.

Alkohol ist dein Sanitäter in der Not.
Alkohol ist dein Fallschirm und dein Rettungsboot.
Alkohol ist das Drahtseil, auf dem du stehst.
Alkohol ist das Schiff, mit dem du untergehst.

Alkohol ist dein Sanitäter in der Not.
Alkohol ist dein Fallschirm und dein Rettungsboot …

Drogenmetropole

Seite 166, Aufgabe 3

Berlin. Experten warnen: Berlin wird zur Drogenmetropole. Man befürchtet, daß Berlin immer mehr zu einem europäischen Drehkreuz des Rauschgifthandels wird. Die Drogen-Mafia hat längst Einzug gehalten. Allein 8000 Heroinabhängige gibt es derzeit in der Hauptstadt. So schätzt die Polizei. Und die Zahl deren, die dem weißen Gift verfallen, wächst beständig. Dementsprechend nehmen auch die Straftaten zu. Der Drogenbeauftragte Berlins, Wolfgang Penkert: ‚Wenn das so weitergeht, haben wir in unserer Stadt bald amerikanische Verhältnisse.‘

14 Drück dich aus!

Unsere Sprache: Zungenbrecher

Seite 171, Aufgabe 6

Nummer 1: Esel essen Nesseln nicht. Nesseln essen Esel nicht.

Nummer 2: In Ulm, um Ulm und um Ulm herum.

Nummer 3: Fischers Fritz fischt frische Fische. Frische Fische fischt Fischers Fritz.

Nummer 4: Siebzehn Schnitzer,
die auf siebzehn Schnitzsitzen sitzen
und mit spitzen Schnitzern Ritzen in ihr Schnitzholz schlitzen,
wobei sie schwitzen,
sind siebzehn schwitzende, schnitzende,
auf dem Schnitzsitz sitzende,
spitze Schnitzer benützende
Schnitzholzritzenschlitzer.

Kunstzug

Seite 178, Aufgabe 4

In Stuttgart ist am Morgen der sogenannte ‚Red Train‘ – der Kunstzug der Bundesbahn – abgefahren. Ein Jahr lang soll der Zug junge Künstler in mehr als 60 Städten vorstellen. Diese schienengebundene Kulturtournee führt von Baden-Württemberg zunächst nach Bayern. Die nächsten Stationen sind Hessen, Nordrhein-Westfalen und Hamburg. Der Zug dient den mitreisenden Künstlern als Kleinkunstbühne, Konzertsaal und Atelier. Es werden Dichterlesungen, Konzerte, Kabarettprogramme, Theateraufführungen und Ausstellungen angeboten.

15 Es liegt an uns!

Wie ein Baum, den man fällt

Seite 189, Aufgabe 4

Wenn's wirklich gar nicht anders geht,
Wenn mein Schrein schon beim Schreiner steht,
Wenn er so hastig daran sägt,
Als käm's auf eine Stunde an,
Wenn jeder Vorwand, jede List
Ihm zu entgehen vergebens ist,
Wenn ich, wie ich's auch dreh' und bieg,
Den eigenen Tod nicht schwänzen kann,
Sich meine Blätter herbstlich färben,
Wenn's also wirklich angehen muß,
Hätt' ich noch einen Wunsch zum Schluß:
Ich möchte im Stehen sterben.

Wie ein Baum, den man fällt,
Eine Ähre im Feld
Möcht' ich im Stehen sterben.

Wenn ich dies' Haus verlassen soll,
Fürcht' ich, geht das nicht würdevoll
– Ich habe viel zu gern gelebt,
Um demutsvoll bereitzustehen –
Die Gnade, die ich mir erbitt'
Ich würd' gern jenen letzten Schritt,
Wenn ich ihn nun mal gehen muß,
Auf meinen eigenen Füssen gehen.
Eh' Gut und Böse um mich werben,
Eh' noch der große Streit ausbricht,
Ob Fegefeuer oder nicht,
Möcht' ich im Stehen sterben.

Self-study cassette answers

1 Wer sind wir?

Seite 5, Aufgabe 5
Wer denkt was?

1 Verena	5 Marc/Nicole	9 Torsten	
2 Simone	6 Torsten	10 Marc	
3 Manuela	7 Susanne	11 Susanne	
4 Nicole	8 Peter	12 Peter	

Seite 6, Übung d, Blatt 2
Desperado

1 reitest, bist, findest, treibst, hängt, suchst, weißt, glänzt, ist, belügst, wirst, brechen, nennen, wird, wirst.
2 finde, sind, verbringt, fährt, habe, macht, arbeitet, gehen, sieht, sind.

Seite 6, Übung f
Werbespots

1 ist, wäscht sich, riecht, macht, sieht … aus, killt, hat, heißt, hat, hat, geht, geht.
2 liebe, kann, bin, ist, liebe, bringt, gelingt, bin, ist, bin.
3 muß, nehm', brennt, ist, ist, mögen.

4 Die Qual der Wahl

Seite 35, Aufgabe 7
Sieben Jahre Sinnloses gelernt?

Vorteile: Nachher eine größere Motivation zu lernen; Sebastian wollte die verschwendeten Jahre nachholen, eine neue Perspektive kriegen; Schüler waren viel kritischer.

Nachteile: Unterricht falsch; präsentiert wurde eine ideale Welt; Astrid wußte nichts über die USA, die Geschichte Europas vor 1900, die EG.

Seite 42, Aufgabe 5
Sparkassenwerbung

Infos und viel Leistung bei wenig Aufwand.
Eltern und junge Leute, Azubis, Berufsstarter und Studenten.

7 Geld regiert die Welt

Wahnsinnsreportage!

Seite 89, Aufgabe 4
Es gibt tatsächlich ein Pictogramm mit dem Damenfahrrad, aber nur als Kennzeichen der Radwege allgemein, nicht zwischen Damen- und Herrenfahrwegen zu unterscheiden. Der Rest ist gelogen!

9 Warum in aller Welt?

Seite 117, Aufgabe 5
Ein Auto für die Umwelt!
Man kann ihn recyceln. Weitere Vorteile: ein großer Kofferraum, Seitenaufprallschutz, Gurtstraffer, ein Reinluftfilter.

12 Von mir aus …

Seite 147, Aufgabe 8
a Karl Carstens 1979–84 Bundespräsident
c verband eigene wissenschaftliche Erkenntnis mit staatlicher Praxis; stellte die Theorie auf den Prüfstand der Lebenswirklichkeit; begegnete der Oberflächlichkeit des politischen Alltags mit durchdachtem Sachverstand; eine noble Persönlichkeit; diente dem Land mit sicherem Stil und mit Würde; vertrat Deutschland auf vorbildliche Weise nach Außen; hielt das Land im Inneren zusammen; zeigte den Deutschen seinen guten Weg.

Seite 156, Aufgabe 3
Neue Grenzen?
Die Kartographen haben einen Fehler gemacht – Eine neue Europa-Karte ist 'rausgekommen, die von der EG-Kommission in Brüssel verteilt wurde, und die portugiesische Atlantik-Insel, Madeira, ist Spanien zugeschlagen worden. In der Tat wird Madeira seit dem 15. Jahrhundert von Lissabon aus regiert.

13 Unter dem Einfluß …

Seite 165, Aufgabe 7
Alkohol
Any three of:
Sanitäter in der Not
Fallschirm
Rettungsboot
Drahtseil, auf dem du stehst
Schiff, mit dem du untergehst

Seite 166, Aufgabe 3
Drogenmetropole
a Daß Berlin zur Drogenmetropole und zu einem europäischen Drehkreuz des Rauschgifthandels wird.
Schon 8000 Drogenabhängige in der Hauptstadt, und die Zahl wächst.
b Das weiße Gift.